本书承蒙“十二五”科技支撑计划项目“村镇区域集约发展决策支持系统开发”（2012BAJ22B03）资助出版

城镇化与城乡发展

田　莉　李永浮　沈　洁　等著

中国建筑工业出版社

图书在版编目（CIP）数据

城镇化与城乡发展 / 田莉，李永浮，沈洁等著 . —北京：中国建筑工业出版社，2016.1
ISBN 978-7-112-18709-6

Ⅰ. ①城… Ⅱ. ①田…②李…③沈… Ⅲ. ①城市化—研究—中国 Ⅳ. ①F299.21

中国版本图书馆CIP数据核字（2015）第277146号

本书内容包括城镇化的基本概念、城镇化与城乡关系的相关理论、世界城镇化进程及特征、中国城乡关系演进与城镇化进程、泛长江三角洲地区城乡空间演化、江苏省城乡发展的区域差异、城镇化中的异化现象、中国新型城镇化进程的体制与政策保障等。

本书可供广大城乡规划师、城乡规划管理者、高等院校城市规划专业师生员工等学习参考。

责任编辑：吴宇江
书籍设计：京点制版
责任校对：刘　钰　张　颖

城镇化与城乡发展
田　莉　李永浮　沈　洁　等著
*
中国建筑工业出版社出版、发行（北京西郊百万庄）
各地新华书店、建筑书店经销
北京京点图文设计有限公司制版
北京云浩印刷有限责任公司印刷
*
开本：787×1092 毫米　1/16　印张：15½　字数：284 千字
2016年6月第一版　2016年6月第一次印刷
定价：68.00 元
ISBN 978-7-112-18709-6
（27932）

技术顾问：

伍　江，同济大学副校长，建筑城规学院教授

彭震伟，同济大学建筑城规学院教授

各章著者及分工简介：

田　莉，女，同济大学城市规划系教授、博导，剑桥大学土地经济系博士，负责起草大纲和统稿，撰写第一章和第八章。

李永浮，男，清华大学城市规划系博士后，上海大学建筑系副教授，撰写第六章和第七章。

沈　洁，女，英国卡迪夫大学城市与区域规划博士，复旦大学社会学院讲师，撰写第四章和第五章。

姚之浩，男，同济大学建筑城规学院博士生，撰写第九章，参与撰写第八章。

潘晓栋，男，同济大学建筑城规学院硕士，中国城市规划设计研究院上海分院规划师，撰写第三章，参与撰写第八章。

杜　坤，男，同济大学建筑城规学院硕士生，撰写第二章，参与撰写第八章。

卢鹏鹏，男，同济大学建筑城规学院硕士生，参与撰写第八章。

“十二五”科技支撑计划项目“村镇区域集约发展决策支持系统开发”（2012BAJ22B03）课题负责人为同济大学建筑城规学院伍江教授和彭震伟教授，他们两人同时担任本书技术顾问。

同济大学建筑城规学院博士生郭旭，硕士生王博祎、李经纬参与数据收集与整理，在此一并致谢。

目 录

第一章　绪论

一、研究背景和意义

在人类社会发展过程中，城乡关系经历了漫长的演变过程。在前工业社会中，农业文明处于中心和主导地位，城市尚处于农业文明母体之中的发育雏形期，城乡关系呈农强城弱的状态。工业革命的发生改变了传统的城乡关系，城市作为先进生产力和先进文化的创造和承载主体，不断大量吞噬和聚集周边资源而迅猛崛起，农村逐步边缘化、弱势化、依附化（林聚任等，2012）。进入工业化中后期，随着二、三产业的迅猛发展，城市取代农村，城乡差距不断扩大，带来大量的农村移民，进而引发一系列社会、经济及环境问题。

改革开放 30 多年来，我国的城镇化进程突飞猛进。城镇化水平从 1981 年的 20.12%增长到 2013 年的 53.73%，超过 5 亿人农村涌入城市。同时期，城市建成区面积扩张 6 倍多，年均增长 6.01%，远超过城镇化的年均增长率 3.12%与城市人口的年均增长率 4.14%（Tian，2014）。我国城镇化进程的特点是以土地面积的粗放和快速扩张所带动的“土地城镇化”，以及由于城乡二元的户籍管理制度等造成的人口城镇化藩篱，带来了尖锐的社会和环境矛盾。为此，2012 年 12 月，中央经济工作会议正式提出“新型城镇化”的概念，指出构建新型城乡关系的重要性和迫切性。2014 年 3 月 16 日，新华社发布中共中央、国务院印发的《国家新型城镇化规划（2014—2020 年）》（下文简称《规划》），这是新中国历史上第一个国家层面的新型城镇化规划。通知指出，《规划》是今后一个时期指导全国城镇化健康发展的宏观性、战略性、基础性规划。城镇化是现代化的必由之路，是解决农业农村农民问题的重要途径，是推动区域协调发展的有力支撑，是扩大内需和促进产业升级的重要抓手。制定实施《规划》，努力走出一条以人为本、四化同步、优化布局、生态文明、文化传承的中国特色新型城镇化道路，对全面建成小康社会、加快推进社会主义现代化具有重大现实意义和深远历史意义。新型城镇化的实施，意味着要告别乃至终结传统城镇、传统农村、传统城乡关系，创建和迈入新型城镇、新型农村和新型城乡关系。

新型城镇化是当前和今后一段时期推进我国经济社会发展的重大战略选择，必将给我国政治、经济、社会、文化和生态等各个领域带来重大而深远的变革。总结改革开放30多年来我国城镇化进程的经验和教训，借鉴其他国家和地区有的先进经验和深刻教训，思考这些重大的理论和现实问题，会对我国未来可持续的城镇化进程起到积极的推动作用。

二、研究目标

（1）总结世界上其他国家、地区城镇化进程中的经验和教训，以期对我国未来的城镇化进程有所借鉴和启示。

（2）回顾我国城乡关系的演进历程，总结城镇化进程中存在的问题和矛盾，提出改善的建议和对策及相应的机制保障措施。

（3）选择具有代表性的区域，通过建构相应的指标体系，判断不同地域的城乡关系所处的阶段和特征，并提出空间优化的建议。

三、研究方法

（一）定量和定性方法相结合

本研究将相关理论与实证研究相结合，系统梳理城乡关系的相关理论，并应用这些理论分析中国城乡关系的演进特征。在案例分析中，应用GIS作为分析工具，借助相关的空间指标体系和投影寻踪等定量分析方法，对城乡发展的区域类型和发展阶段等进行分类。定量和定性分析相结合，以较为全面、系统和深入分析我国城乡关系的区域特点。

（二）案例分析法

考虑到本研究的复杂性，我们选择具有一定代表性的案例开展深入研究。结合已有的研究基础，我们选择泛长三角地区和江苏省作为案例，探讨城乡空间演化的特征和区域差异。在泛长三角案例中，以地级市作为空间研究单元，建构指标体系，分析区域的城乡差异。在江苏省案例中，以县、区作为空间研究单元，建构指标体系和城镇性指数，分析区域内部的城乡发展差异，并提出空间优化方案。对案例地区城乡关系的研究，有助于理解我国城乡关系的特点和区域差异性。

四、研究框架

本书共分为 9 个章节，依次为：

第一章 绪论。

第二章 城镇化的基本概念。解释城镇化的内涵，提出城镇化水平的测度方法及城镇化发展阶段的判定方法，并对新型城镇化的内涵与背景进行解读。

第三章 城镇化与城乡关系的相关理论。主要介绍城镇化的相关理论，包括人口迁移理论、结构转换理论等，系统梳理城镇化动力机制相关理论和城乡关系的相关理论。

第四章 世界城镇化进程及特征。概要介绍自城市产生以来，世界城镇化的发展轨迹和特征，并以美国、日本和拉美国家为例，分析其城市化进程的轨迹和特点，借鉴其经验和相关教训。

第五章 中国城乡关系演进与城镇化进程。重点分析新中国成立以来我国城乡关系的演进阶段和特征，并分别就改革开放前和改革开放后的城镇化基本特征与动力机制进行分析。

第六章 泛长江三角洲地区城乡空间演化。界定泛长三角地区的概念，通过人均 GDP、地均 GDP、城乡收入差距、工业化率、第三产业比重出口依存度、人均专利授权量等指标来分析泛长三角地区的空间分异，以地级市为空间单元，研究其社会经济差异和泛长三角地区内部差异的结构特征，提出泛长三角地区的空间结构优化方案。

第七章 江苏省城乡发展的区域差异。以县 / 市作为空间单元，分析江苏省内区域发展的差异和空间结构特点，并建立经济发展水平和投入–产出的相对效率等相关指标体系。最后，建构县市的城镇性指数，提出城镇空间优化与区域统筹建议。

第八章 城镇化中的异化现象。在我国推进城镇化的过程中，受制于制度局限性和政策管理等方面的缺陷，暴露了各种问题和异常现象。如土地城镇化、人的半城市化、城中村、空心村等，本章分析了这些现象产生的背景、负面效应、影响机制和改革方向。

第九章 中国新型城镇化进程的体制与政策保障。从分析我国城镇化发展的转型背景入手，对新型城镇化的主体和改革道路进行研判。从城乡土地制度改革、财税体制改革、户籍制度改革、基本公共服务与社会保障体制改革、政府职能转变五个方面提出政策完善的建议。

本章参考文献

[1] 林聚任，王忠武．论新型城乡关系的目标与新型城镇化的道路选择 [J]. 山东社会科学，2012，205（9）：48-53.

[2] Tian，L.Land Values，Property Rights and Urban Development：Betterment and Compensation under the Land Use Rights of China[M]. Edward Elgar Publishing，2014.

第二章　城镇化的基本概念

一、城镇化的内涵

城镇化是当今世界上重要的社会、经济现象之一。1867 年，西班牙巴塞罗那的城市规划师、建筑师伊尔德方索·塞尔达（Ildefonso Cerda）出版了《城市化概论》一书，首次创造了“Urbanization”这一术语。城镇化是一个经济、社会、生态、文化诸方面转变的动态过程，是人类生活方式、生产方式和居住方式全面转变的过程，它包括了社会、经济、人口和空间等诸多方面的含义。

（一）城镇化概念综述

城镇化和城市化，在英文中表述是同一个词：urbanization。所谓城市化，是一个学理的概念,国内外学者对城市化的概念分别从人口学、地理学、社会学、经济学等角度予以了阐述。其最本质的内涵是：城市化就是一个国家或地区的人口由农村向城市转移，农村地区逐步演变成城市地区，城市人口不断增长的过程。城镇化则是中国学者创造的一个新词汇，这一词的出现显然要晚于“城市化”。据粗略统计，近年来，关于城镇化的概念，至少有 20 种以上。城镇化是一个历史范畴，它是一个发展中的概念。中共第十五届四中全会通过的《关于制定国民经济和社会发展第十个五年计划的建议》正式采用了“城镇化”一词。城镇化的过程是各个国家在实现工业化、现代化过程中所经历的社会变迁的一种反映。城镇化的核心是：人口就业结构、经济产业结构的转化过程和城乡空间社区结构的变迁过程。城镇化的本质特征主要体现在 3 个方面：一是农村人口在空间上的转换；二是非农产业向城镇聚集；三是农业劳动力向非农业劳动力转移。从目前使用城市化和城镇化的范围来看，理论界从学理的角度出发更愿意提“城市化”。从实践和政策设计上，更多提“城镇化”。基于我国的现实发展进程，用城镇化概念更为现实。

从不同视角所提出的城镇化概念只能解释城镇化某一层面的内容，即城镇化整体概念中的一个部分。例如,有学者提出“空间城镇化”与“人口城镇化”的概念，空间城镇化主要指以开发建设为目的，占用大量的乡村土地实现城市范围的扩大；人口城镇化主要指减少劳动力流动的限制因素，鼓励农村劳动力进入城市，最终导致城市人口增多、农村人口减少。从状态上划分，城镇化可以分为动态和静态两种，动态主要反映了农村人口、生活方式、资源、产业等向城市人口、生活方式、资源和产业等转移的过程；静态主要反映了某一个时刻或是某一个时期城镇人口占地区或者全国总人口的比例。此外，高佩义指出（1991），城镇化包括3个层次：第一层次是农村的城镇化，也就是农村逐渐演变成城镇的过程；第二层次是城镇的城市化，也就是城镇从规模和结构形式上日益扩大和完善，从而形成大型城市的过程；第三层次是城市整体运动过程的城市化。

根据研究角度的不同，对于城镇化的概念的研究大体包括以下几类：

（1）基于人口视角的城镇化概念。胡日东（2007）、杜江（2005）等对城镇化的理解主要基于人口迁移的角度，认为城镇化是指乡村人口变为城镇人口以及农业人口变成非农业人口的过程。这个过程包括人口通过迁移向城镇聚集的过程，也包括居民点由乡村转变为城镇从而使居民转变为城镇人口的过程。

（2）基于地域视角的城镇化概念。张超（2000）、周加来（2001）等从地理与空间转移的角度提出城镇化的概念。城镇化是在农业生产力和非农产业发展的基础上，实现农业和非农产业、从事农业的人口和从事非农业的人口在地理空间上的分工和分离，这一过程会带来使非农产业和人口在较大的地域范围内集聚以及传统的农村生活方式向现代文明的城市生活方式转化，是农村地域向城市地域转化的过程。

（3）基于经济活动视角的城镇化概念。赵力（2002）、赵永革（2003）等从就业的角度分析，认为城镇化就是在工业化发展和市场经济的推动下，创造就业，将农村劳动力转移到城镇和非农产业，农村人口和剩余劳动力向县域和城镇集聚、转移的过程。

（4）基于生活方式视角的城镇化概念。石卿（1999）、高强（2005）等提出城镇化是在人口转移的基础上，农村人口向城镇人口转化以及乡村的生活方式向城镇生活方式转化的过程，农村人口会被城镇相对集中的财富和不同的社会、经济、科技和文化活动所吸引而向城镇聚集，城镇化体现在城市人口的增加、规模的扩大。城镇化的本质就是农村生活方式向城镇生活方式的转变过程。

（5）综合视角的城镇化概念。仇保兴（2003）、温来成（2005）等指出，城镇化是一个综合性的经济社会现象，体现在农村人口向城市的聚集，农村生活方式、乡村文明向城市文明的转化，政府的社会管理重点由农村向城市的转移过程。何忠伟（2005）、陈滢（2007）、霍叶青（2010）、姚丽芬（2010）等认为，城镇化随着第二、三产业在城镇的发展与扩张，使农村人口向城镇转移，人口规模、产业结构、生活居住方式、服务设施等发生变化，从而伴随城镇数量增加和城镇规模扩大的过程。姜太碧（2002）、郭荣朝（2003）、陈甬军（2004）等认为，城镇化是以产业的发展为依托，表现为农业剩余人口从劳动生产率低的传统的农业部门向劳动生产率高的非农业部门的转移，使原来落后的生活方式和思想观念向现代城市靠拢，以及从经济落后地区向经济发达地区，或从农村向城市的空间转移过程。彭启鹏（2003）认为，城镇化是一个复杂的动态过程，城镇化从内容上可以分为人口的城镇化、地域的城镇化、经济活动和生活方式的城镇化。

基于以上理解，对城镇化的概念可以概括为：由于社会生产力的发展，特别是工业化的全面推进，受聚集效应和规模效应递增规律影响而引起的人口和第二、第三产业向城镇集中，农村地域转化为城镇地域，城镇文明向农村扩散，人类生产方式、生活方式、组织方式由农村型向城镇型转化的历史过程。

（二）城镇化的内涵

本节将基于城镇化的相关理论，结合全面建设小康社会的现实需求，从经济城镇化、产业结构城镇化、人口城镇化、空间城镇化、生活方式（质量及环境）城镇化以及文明程度城镇化六个方面对城镇化内涵进行详细阐释。

1. 经济城镇化

在利润最大化动机下经济活动具有一种空间集中的向心力，但这种经济活动的集中倾向并非主要以空间位移来表现，而主要以生产的空间组织和企业之间联系的变化来表现。城镇化进程中经济活动的这种集中倾向，最终将在空间形成经济活动集聚。经济城镇化是城镇化的动力，城镇化的根本原因是工业化，伴随着工业化的推进，在城市经济机制的作用下，必然导致城镇化。经济城镇化的实质是分工、专业化生产以及减少交易成本的结果。经济活动的本质就是要追求利润最大化，而提高劳动生产率以降低生产成本就是一条重要的道路，这就有赖于通过分工和专业化生产来进行。亚当·斯密认为，分工与专业化的发展，会提高生产力。分工与专业化和生产率间的关系，也就是我们常说的“斯密定理”。分工与专业化生产使得劳动生产率提高、技术的进步以及分工链的加长（或中间生产部门的增加）导致协作关系的重要性概括为两方面：一是劳动生产率提高以及技术的进化使生产规模扩大，即规模经济；二是分工链的加长和部门的细化,协作关系的依赖使得在一定空间范围内集中更多的经济活动,也就是聚集经济。内部经济和外部经济都能降低成本。此外，交易费用的存在也是基于济活动的集中。由于分工和专业化生产的深入。社会上的人已经不可能完全依靠个人来实现满足最大化。每个人都是社会的一分子，这种情况下，通常是通过交易来实现个人的需要。为了进行交易，有必要告诉人们交易的愿望和方式,以及通过讨价还价的谈判缔结契约,督促契约条款的严格执行等等,这就有交易费用的问题。如何才能节约交易费用呢?除了明确界定产权外，另外就是通过集中市场来代替分散市场，这样可带来两类好处:一是信息搜集渠道的减少;二是专业化带来的好处。经济生产综合体的形成和集中市场导致的商业中心的形成都是推动城镇化的内在力量。

经济城镇化最直接的推动因素是工业化，而服务业等第三产业则是城镇化向更高层次深入的表现。也正因为如此，工业化与城镇化联系紧密，特别是在城镇化处于加速发展阶段，工业化是城镇化的主要推动力量。全面建设小康社会时期，以新型工业化经济为基础的城市聚集经济具有更突出的空间密集性，聚集可以理解为经济要素和相关经济活动处于相对密集的状态，对应于经济要素和经济活动的密集型空间组织与资源配置结构。因此必然会对新型工业化所必须依赖的共同资源、交通运输、市场以及为生产和生活服务的各种基础设施增加投入，形成相互促进的关系，从而使城市规模扩大，或建立新的城市。

2. 产业结构城镇化

产业结构的城镇化实质就是指产业结构的升级换代，即第一产业、第二产业以及第三产业符合经济规律（比较利益、规模经济等）的演变、发展过程，是实现社会、经济、生态效益最大化的过程。全面建设小康社会产业结构调整是主线，同样，产业结构城镇化也是城镇化的主线，城镇化过长就是产业结构不断由低层次向高层次演进的伴生发展过程。产业结构的城镇化是经济城镇化的一部分。因为正是伴随着经济的发展，经济的比较利益原则和规模经济原则等无形中就要求着、指导着产业结构的优化，否则，经济的增长将不可能持续，也是没有动力的。但由于产业结构的调整优化如此重要，并且可以进行单独分析，因此，本节倾向于将产业结构城镇化从经济城镇化中独立出来进行分析，以强调其重要性。

在影响一个国家或地区城镇化进程的诸多因素中，产业结构是一个十分重要的因素。这是因为，从理论上讲，城镇化的实质是由于生产力变革引起的人口和其他经济要素从农业部门向非农业部门转移的过程。这种转移的根本标志就是农业比重的下降和非农业比重的上升，实质上也就是产业结构的变迁。正如谢文蕙等（1996）指出的那样：产业结构的变动，必然体现为城镇化的变动。又有学者对城镇化与产业结构的互动关系进行研究后发现，城镇化水平与产业结构存在相互依存的内在关系：城镇化水平与第二、第三产业的比重呈正相关关系（相应地，与第一产业的比重呈负相关关系）。第二、第三产业的比重增加（亦即第一产业比重的下降），将导致城镇化水平提高。而且这种关系是双向的，即城镇化进程的加快，城镇化水平的提高，又会带动产业结构的进一步升级。产生这种互动关系的根源，则在于工业化与城镇化的内在联系。由于产业结构状况是工业化进程的最重要标志之一，因此，工业化与城镇化的高度相关性理所当然地要由产业结构与城镇化的互动关系表现出来，或者说是产业结构与城镇化互动关系的反映。

城镇化水平的提高，可以有外延式提高和内涵式提高两种。城镇化过程需要两大生产要素：土地和资本。如果没有产业结构的优化，城镇化就只是外延式的，也就不可持续，势必造成土地和资本的短缺及经济泡沫的出现。而区域产业结构的优化可以通过影响要素在市场上的潜在回报率来影响他们的投入方向，使城市的发展可以不断利用产业更替过程中置换出来的土地和资本，使城镇化走内涵式发展道路并提升城市的整体功能。

一定的产业结构是由相应的投资结构决定的，而投资一般都具有乘数效应，一项优势产业的确可以带来相关产业的联动发展，从而提高整个区域的经济发展水平和就业结构的变化，这为农村人口向城市转移开辟了产业上的空间。同时，农业人口转移到城市只是完成了城镇化的“量”的发展，“质”的城镇化应该是在产业结构升级的带动下，功能逐渐提升，就业情况不断改善，市民生活质量不断提高的过程。

3. 人口城镇化

人是社会活动的主体，也是城市的主体。人口城镇化是人类社会发展到一定历史阶段的产物，它的产生绝不是偶然的，而是社会经济发展的必然趋势，从根本上说，是社会生产力发展的结果。人口城镇化是指农业人口进入城市转变为非农业人口以及农村地区转变为城市地区所导致的变农业人口为非农业人口的过程，其实质应是人口经济活动的转移过程。因为人口城镇化的主体是经济活动人口，在人口迁移变动中，经济因素是首要因素，这种经济城镇化与人口的城镇化是无法分开的，两者的结合就形成了城市。

从比较利益驱动的作用机制看，农业人口的非农化过程是在农业的内部推力和非农产业的外部拉力和双重作用下完成的。一是农村内部的推力，在1978年以前，由于政策的强大阻力，使农村大量的剩余劳动力以隐性形式存在于农村地域，改革开放后，农村剩余劳动力逐渐成为显性，随着资金、技术、劳动力等要素在土地上的有效投入带来了劳动生产率的提高，也带来了大量剩余劳动力，并且城乡收入差距也在逐步扩大，这些都使得人口有离开农村的趋势；二是城市的拉力，城市规模的扩大、城市经济的繁荣、城市功能的增强、城市中心作用日益突出，关于现代城市化的功能，有人将其概况为五大功能：即生产中心、流通中心、对外贸易中心、金融中心和科技信息中心。城市的这种市场中心作用会形成对周围地区的市场引力，城市经济的发展特别是以商业、服务业为主的第三产业的发展产生了对劳动力的大量需求，促进城市劳动力市场的发展和扩大，成为人口城镇化的拉力。

在这个过程中，由于劳动生产率的差异，劳动力还会发生产业间的转移。正如著名的 Petty-Clark 定理所描述：随着经济的发展，劳动力将首先从第一产业转向第二产业，并伴随着人均国民收入水平的进一步提高，逐步向第三产业转移。劳动力在三次产业间分布的趋势是，随着经济发展，一次产业逐渐减少，二、三次产业相应增加。伴随着劳动力在不同产业间转移，也必然导致劳动力在空间分布上的重新配置。许多发达国家城镇化过程中就业机构的变化反映了这种趋势（表 2-1）。通过人口城镇化的过程，促进了劳动力在地区间、部门间的流动，在城镇化中不断提升落后产业。因此人口城镇化是一种调整产业结构和就业结构的途径和手段，能够促进产业结构的合理化和人口就业结构的合理化，从而实现城镇化的健康发展。

日、美、英、德四国劳动力在三大产业间的分布结构　　表 2-1

国别	产业名称	20 世纪 40 年代	20 世纪 50 年代	20 世纪 60 年代	20 世纪 70 年代	20 世纪 80 年代
日本	第一次产业	45	37	29	16	10.3
	第二次产业	24	26	31	35	34.8
	第三次产业	31	31	40	49	54.9
美国	第一次产业	17	12	7	4	3.6
	第二次产业	31	35	34	33	30.2
	第三次产业	52	33	59	65	66.2
英国	第一次产业	6	5	3	2	1.6
	第二次产业	46	47	45	40	37.4
	第三次产业	48	48	52	58	61
德国	第一次产业	27	23	12	8	8
	第二次产业	41	44	48	43	34
	第三次产业	32	33	40	44	44

资料来源：杨治．产业经济学导论 [M]. 北京：中国人民大学出版社，1985。

4. 空间城镇化

空间城镇化是指随着经济、人口城镇化所伴生的反映在载体上的现象，即农村地域向城市地域的转变、城市地域的升级、农村景观向城市景观的转变过程。空间城镇化是城镇化的载体，城镇化水平的推进必然会在空间上体现出来，即城镇化过程在地域空间的外在表现，包括具有现代文明特征的城市载体形成和交通等基础设施改善等方面。因此，衡量城镇化水平的单一指标除了常用人口比例指标之外，另一个常用指标就是城市用地比重指标，即以某一区域内城市建成区面积占区域总面积的比重来反映，这正是从空间城镇化的角度来度量城镇化发展程度思想的体现。

人口城镇化和经济城镇化最终导致的结果就是空间的城镇化。以大中城市区域为例，空间城镇化包括城市向心增长与空间集聚以及离心增长与空间扩散。大中城市向心增长的空间过程，主要表现在内城改造与更新、外城蔓延和郊区城镇化等三种增长形式。城市更新改造的推动力来源于城市自身的发展，更具体地说来自城市经济发展和社会发展需要。由于越来越多的劳动力迁移到城市，远远超过城市建成区人口的合理容量，城市就会不断向外蔓延，有人称之为“摊大饼”式发展。郊区城镇化是指郊区转变为城市地区，或在郊区城市要素逐渐增长的过程。从一些城市的发展过程来看，一般是城市郊区乡村的农业用地和组件转变为工业、住宅等非农业用地过程。随着产业结构的升级，交通条件的改善，城市离心扩散作用明显增强。“退而进三”是个形象的说法，即指第三产业向市中心区集聚，而第二产业则向市区外围扩散。离心扩散的空间过程，主要表现在轴向扩展、新城建设、城市郊区化等形式。大中城市的扩散效应加速了辐射范围内小城镇等的发展壮大，小城镇通过承担大中城市的很多原有职能而加快城镇化进程，从而达到区域在离心增长中的相对集聚效应，形成合理的城镇体系。其中，交通条件是非常重要的因素，交通状况的改善，可以增大城市的辐射范围，使城市圈的半径增大，使区域置于更强的城市影响之下，加速城镇化的进程。

5. 生活方式（质量及环境）城镇化

城镇化过程是个深刻的、全方位的变革过程。伴随着经济、产业结构、人口、空间的城镇化进程，人们的生产方式、行为习惯、社会组织关系乃至精神与价值观念都会发生转变，从而形成与乡村不同的生活方式。在城镇化进程中，既有进入城市的人口慢慢接受、学习城市的生活方式，也有城市影响力的扩散而使周围乡村生活方式转变的过程。与乡村生活方式相比，城镇生活最突出的特点是生活现代化和服务社会化水平较高，生活更加舒适、便利、快节奏、高效率，文化娱乐活动丰富，对外联络紧密，并且拥有较高的消费和较多的社会福利保障。这种城镇化的生活方式，使城市更具魅力，对乡村产生很强的吸引力。

生活方式、生活质量和生活环境的城镇化是整个城镇化过程的有机组成部分，也是全面建设小康社会城镇化内涵丰富性的具体体现。人的需求包括两个大的方面：物质的需求和精神的需求。美国心理学家马斯洛（Abraham Maslow）在《人的动机理论》中提出了人的需求分为5个层次：生理的需求（Physiological Need）、安全的需求（Safety Need）、友爱的需求（Love Need）、尊重的需求（Esteem Need）和自我实现的需求（Self Actualization Need）。他认为，人首先追求低层次的需求，只有在较低层次的需求得到合理满足之后，较高层次的需求才会突显出来。人的需求由低层次向高层次循序渐进，只有在能力支付获得这项需求的消费时，人才会刻意追求或创造这类需求消费的环境。从全面建设小康社会角度来说，城镇化应该先有物质城镇化，而后才会追求精神城镇化，两者是个循环渐进的过程。由于生活方式、生活质量和生活环境更多是属于精神层面的内容，许多转变是无形的，难以用指标进行度量，因此只能采用间接指标来反映这方面的变化。

6. 文明程度城镇化

文明程度城镇化是指在城镇化进程中从整体上看人们的素质、文明程度等的提升过程。从某种程度上说，文明程度城镇化属于生活方式、生活质量及生活环境城镇化的一部分，更是精神城镇化的一部分。城市素质对于一个城市的发展十分重要，特别是一个城市发展旅游业、高科技产业等无烟工业的话，文明程度的重要性就突显出来，因此本节也就将文明程度独立列为一类，以突显城市“质”的城镇化必须重视这个问题。文明城镇化过程，就是一个从封闭走向开放的过程，人们可以通过这样一个过程从外面获得不同的文化，受到新文化的熏陶，在这种潜移默化中人们的素质、文明程度等就会得到提升。在这个过程中，城市是一个媒介，一个载体，正是通过它，现代文明能够传播、渗透，潜移默化地影响人们的生活，提高人们的文明程度。

全面建设小康社会城镇化的内涵，更加注重文明程度的城镇化，城镇化不仅是物质文明进步的体现，也是精神文明、政治文明和生态文明的集中反映。文明程度也属于精神层面的内容，一个城市人们素质的提高、文明素质的提升，成为人们的主观感受，却无法用具体的指标来度量。因此为了能够反映一个地方人们文明程度的城镇化，只能寻求一些间接指标来反映文明程度的城镇化，或通过反映一个地方为了提升人们的文明程度所做的努力等来描述。

从我国基本国情条件出发，总结我国城镇化的实践经验，深入贯彻落实科学发展观，遵循城镇化发展一般规律，中国特色城镇化道路的基本内涵可以概括为：与中国人多地少的基本国情相适应，以功能互补的城市群为主体形态，实现大中小城市和小城镇的合理布局与协调发展；以集约利用为导向，实现资源环境可持续发展；以城乡统筹为主线，实现与农村现代化同步发展；以区域主体功能为基础，实现适应不同区域特点的多元化发展；提高各级城市和城镇的承载能力，加快农村人口向城市和城镇的转移，按照统筹城乡、布局合理、节约土地、功能完善、以大带小的原则，形成资源节约、生态良好、经济高效、社会和谐的城镇发展新格局。

二、城镇化水平的测度

（一）城镇化水平测度研究综述

城镇化水平即指城镇化发展的程度，它既反映一个国家或地区的城镇发展的水平，也反映了该地区社会经济发展的整体水平。由于城镇化是一个复杂的社会、经济现象，要准确地测量城镇化水平并非易事。

城镇化水平测度具有多层次性。马军（1999）指出城镇化水平的测度包括城镇化程度度量和城镇现代化水平综合评价两方面。城镇化程度即城镇化率，主要是通过城镇人口占总人口比重来反映，而城镇现代化水平评价是定量的综合集成法。姜爱林（2002）认为对城镇化水平评价分为三个层次：①单一指标法或主要指标法。主要包括人口比重指标法、城镇土地利用比重指标法和调整系数法。其中，人口比重指标法又主要包括城镇人口比重指标法和非农业人口比重指标法。②多项指标法或称综合指标法。主要是利用农村城镇化指标体系和现代城市化指标体系进行综合评价。③其他指标法。王德成、张领先等（2004）指出单一指标法还包括经济相关分析法，人口比重指标法还包括带眷系数法。综合指标法还包括调整系数法和指标体系法。经济相关分析法是指用经济指标预测城镇化水平，带眷系数则是指根据城镇劳动力与带眷系数的积占其总人口的比重测算。

单一指标法的指标便于统计分析，具有较强的适用性，但也存在不同地区统计口径、统计尺度差异的局限性。综合指标法综合多方面多角度反映城镇化水平，但是存在工作量大、资料收集难、指标难以量化等限制，实际运用比较困难。现有研究普遍认为单一指标法存在缺陷，不能准确衡量城镇化水平。对此，不少学者提出了改进办法。王学山（2001）借鉴物价指数计算方法，运用比较法重新界定城镇人口，利用不涉及流动人口的以及包括流动人口在内的人口城镇化水平测定公式进行修正，增强了人口比重指标法的客观性和准确性。仲盼和罗守贵（2006）通过构建一个以城镇就业人员比重和非农产业就业人员比重为自变量，以城镇化率为因变量的方程，利用多元线性回归对城镇化水平进行了测算，既降低了赡养—抚养系数干扰，又减少了就业地与居住地不统一的干扰。陈晓倩、张全景等（2011）对城镇用地指标法进行了修正，通过设置区级、街道和村居级城镇地域标准的临界值，以曲阜市为例对城镇地域范围进行了界定，为科学计算城镇化水平提供了依据。但这些方法在推广应用上都具有一定的局限性。

（二）城镇化水平测度方法

本节主要介绍主要（单一）和复合（综合）指标法两种确定城镇化指标及测度的方法。

1. 主要指标法

主要指标法是选取对城镇化表征意义最强、最具本质意义，而且便于统计分析的个别指标来反映和描述城镇化水平。

（1）人口比重指标法。人口城镇化是城镇化的重要组成部分，用人口比重指标法测算城镇化水平，不仅能够体现人口在经济活动上的结构关系，还能够反映生产力水平的高低和生活方式的变化情况，同时也能够反映生活水平的贫富程度。城镇人口比重指标法，是指用某一个国家或地区内的城镇人口占其总人口的比重来表示城镇化水平，也称为城镇化率。其中，城镇人口等于城镇建成区内的非农业户籍人口、建成区内居住的农业人口和居住在城镇一年以上的流动人口之和。这是世界上公认的衡量城镇化水平的指标，也是《中国统计年鉴》上所采用的指标。非农业人口比重指标法，是指用某一个国家或地区内的非农业人口占其总人口的比重来表示城镇化水平。这是现阶段我国人口学术界广泛采用的衡量我国城镇化水平的最主要指标。但是改革开放以后，大量束缚在农村的人口纷纷涌向城镇，已使这一口径偏小而不能正确反映我国城镇化的真实水平。人口比重指标在判断一个国家或地区的城镇化水平中一直居于主导地位，然而随着经济社会的发展，这一传统的方法面临着多种挑战：一是没有恰当而又稳定的城乡地域划分的标准，对于城镇人口的定义长期以来没有固定统一的标准。二是随着一些高科技农业的出现，已使农业的概念日益复杂，这一发展的趋势给正确区分农业和非农业带来了困难，对于那些既从事农业又从事非农业，既住在农村又住在城镇的人口更是个棘手的问题。所有这些原因导致各地区之间的城镇化水平缺乏可比性，造成其应用价值的下降。

（2）城镇土地利用比重指标法。是指以某一个国家或地区内的城镇建成区土地利用面积占区域总面积的比重来表示城镇化水平。这一指标体现的是城乡地理景观上的分野，是城镇经济和农村经济反映在地域上的差异。但由于统计上的困难，用这一指标来衡量城镇化水平难度较大，应用较少。

2. 复合指标法

城镇化是个涉及经济、社会、人口、地域、空间等诸多方面复杂的多维问题，具有丰富而又深刻的内涵。仅用单一指标法略显单薄，而且这一方法本身在理论和实践上也存在一些不足。因此为了更全面、更真实地反映城镇化水平，应采用复合指标法。复合指标法是选用能反映出城镇化各个方面基本特征的一组指标，然后根据这些指标计算出一个综合值，即城镇化水平。国外学者提出了多个复合指标，如城市成长力系数、城市度等指标。由于不同的学者研究的地域不同，获得指标数据的难易程度不同，因而选用的指标和具体所用的方法多种多样。复合指标法的最终目标是根据所选的指标体系采用多指标综合评价方法计算出一个综合评分（综合测度值），作为一个地区的城镇化水平。该方法的关键是确定各指标的相对权重，虽有层次分析法等相对较好的赋权方法，但总不可避免地具有一定的主观性。目前，在城镇化水平的综合评价中，比较常用的方法有：

（1）因子分析法。因子分析法是主成分分析法的推广，它是从研究相关矩阵内部的依赖关系出发，把一些具有错综复杂关系的变量归结为少数几个综合因子，得出一个较易揭示事物内部联系的因子负荷矩阵，以再现原始变量与因子之间的相关关系，但因子与变量之间仍是线性关系。

（2）聚类分析法。聚类分析是数值分类学的基本内容，是对统计样本进行定量分类的一种多元统计分析的方法。将这种方法用于综合评价，一方面可以对分类评价问题给出评价结果，另一方面，也为其他的综合评价方法提供训练样本，形成综合评价的框架结构以便提高综合评价的效果。

（3）主成分分析法。主成分分析法（Principal Component Analysis，PCA）是较常采用的多指标的综合评价方法，它能将众多的指标归纳化合成几个综合的指标，通过对最主要的综合指标（即主成分）的分析，便可实现对评价对象的评价分级或聚类分型。PCA 中两次线性变换采用的权系数不是人为规定的，避免了一定的主观性。

综上所述，城镇化是一个由社会、经济，文化等多方面构成的综合的、动态的发展过程。虽然人口城镇化率是世界上公认的衡量城镇化水平的指标，在我国也一直居于主导地位，但这种方法本身在理论和实践上存在着一些不足。首先，人口城镇化率只能反映城镇化水平丰富内涵的一个侧面，并不能真实、全面地反映一个地区的城镇化水平。其次，在推进城镇化进程的现实实践中，人口城镇化率存在缺陷，各级地方政府出于政绩考虑，盲目攀比求大，使得一些地区出现“被城镇化”的现象。

（三）城镇化水平的影响因素及评价指标体系

明确城镇化水平的主要影响因素对于构建完善的评价指标体系和科学合理地为指标赋权具有重要意义。沈建芬等（2003）通过对农村城镇化动力结构机制的分析发现，我国农村城镇化的动因包括政策、地理环境、外资利用、对外开放、大中城市扩散、社区政府的作用和农民主体的行为等，其中农村劳动生产率、企业集中度、三产比重和相应就业人员比重以及交通环境是导致农村城镇化进程出现差异的主要诱因。曹广忠等（2008）认为我国沿海省区的城镇化水平具有明显的个性化特征，通过主成分分析归纳出影响城镇化水平的三个主因子，分别是人口流动的强度和便捷程度、非工业化的拉动能力和综合经济实力的拉动能力，并将沿海省份划分为单因子驱动和双因子驱动两种类型，前者包括广东、辽宁和江苏、上海，后者包括山东、浙江、北京、天津、河北和福建。赵金华等（2009）认为经济发展水平和非农产业就业对城镇化具有影响显著，其中第三产业就业比重的影响大于第二产业：对外贸易规模对于城镇化水平高的地区影响显著；而教育水平对城镇化水平低的地区具有显著的正向推动作用，并且超过非农产业就业的影响。

城镇化水平指标体系的构建是运用综合评价法对城镇化水平进行评估的关键环节。现有研究对城镇化涵盖的范围看法各有不同，导致目前尚未形成完善、统一的评价指标体系。马世骁等（2012）构建的指标体系相对全面，他们按照不同的属性，从人口、经济、社会、科教文卫、环境卫生 5 个方面构建指标体系。人口系统包括第三产业从业人员占城镇人口比重、城镇人口占总人口比重、城镇人口密度、城镇人口自然增长率，经济体系包括人均 GDP、人均社会消费品零售总额、人均第三产业占 GDP 比重、人均实际使用外资金额、人均工业总产值、人均固定资产投资总额。社会系统包括城镇居民人均可支配收入、人均城镇居民年消费支出、人均城镇道路面积、人均拥有公共汽车数、人均国际互联网用户数、每日人均用电量、家庭生活每日人均用水量。科教文卫系统包括人均公共图书馆藏书数、人均剧场和影剧院数以及医院和卫生院床位数。环境系统主要包括人均公共绿地面积、人均建成区绿化覆盖率、人均“三废”综合利用产品产值、人均工业废水排放达标量、人均环境污染治理投资额。曹广忠等（2008）则是按照不同时期选择传统指标和转型期指标，传统指标包括人均 GDP 和二产增加值占 GDP 比重，转型期指标包括反映区位条件的路网密度和海港吞吐量，反映产业结构的三产增加值占比，反映城市经济活力的城镇居民人均可支配收入、城镇失业率和外来人口占比，反映投资强度的人均全社会固定资产投资和人均外商直接投资等。

（四）城镇化水平的计量方法及类型划分

计量方法是开展城镇化水平测度工作的重要手段，计量方法的选择直接影响评价的结果。选择合适的计量方法，是得到客观真实公正的评价结果的前提条件。计量方法中的关键是在构建城镇化水平评价体系的基础上合理确定指标权重，目前使用较多的方法有层次分析法、专家直观判断法、熵值法等。学者还进行了其他尝试，比如霍叶青和何跃（2010）采用离差最大化法，即根据指标的属性值差异来判别指标对决策和排序发挥的作用进而确定权重，属性值偏差越大的指标则赋予越大的权重，反之亦然。因存在地区差异，不同地区指标权重不尽相同，关于指标权重在此不再赘述。关于对城镇化水平指标体系的综合测度，目前使用较多的有多指标综合评价方法、模糊数学法以及人工神经网络等方法以及各种方法的综合运用，多指标综合评价方法主要有主成分分析方法、主成分聚类方法、因子分析方法等。王文博和蔡运龙（2008）采用两级模糊综合评价方法，分别计算各项指标的模糊运算因子和得分，将各级指标归类为可相互比较的等级差异，进而测算综合得分。专家学者使用各种方法在城镇化综合评价上作了尝试，但是如何在综合评价基础上合理评估城镇化水平，形成统一的评估体系，尚需进一步研究。

各地城镇化进程不同，导致城镇化水平存在差异。在对城镇化水平进行综合评测的基础上，对区域进行类型划分，这对科学合理的城市规划与政策制定具有参考意义。现有研究从不同角度进行了尝试，有的按照城市化水平高低和发展速度快慢进行划分，有的从不同侧面进行比较进而分类，这些尝试都具有参考价值。赵金华和曹广忠（2009）采用面板数据模型按照城镇化水平及其提高速度将我国各省划分为 4 种类型：城镇化水平高、提高速度快的东部沿海，城镇化水平高、提高速度慢的东北三省、山东、内蒙古和湖北，城镇化水平低、提高速度快的西南和中南地区，城镇化水平低、提高速度慢的西北和西南地区。王洋等（2012）采用熵值法，根据县域人口城镇化得分和经济社会城镇化得分与全国平均水平相比，将全国划分为4种类型：分别是人口城镇化滞后区、经济社会城镇化滞后区、人口经济社会城镇化滞后区和综合城镇化滞后区，人口城镇化滞后区主要为长三角外围地区、山东半岛、珠三角外围地区和中原城市群地区，经济社会城镇化滞后区主要为东北北部和新疆北部，综合城镇化滞后区主要为省会和发展水平高的地级市市区，而人口经济社会城镇化滞后区分布最为广泛。另外，在构建指标体系的基础上，运用聚类分析方法对研究对象进行分类，也是类型划分的常用方法，使用该方法可以得到各地区的比较优势和不足，避免受到主观因素的影响。

（五）我国城镇化水平测度研究述评

1. 城镇化的内涵和外延有待明确和统一

现有研究对城镇化的认识和界定主要基于三个角度，即经济学角度、产业角度和人口角度，具体来说分别是农村经济向城市经济的演化。产业结构特别是二、三产业的提升，农村人口生产生活方式的转变。对城镇化的内涵和外延尚未有统一的观点，这导致在城镇化指标的选取、指标体系的构建以及评测结果等方面存在争论，再加上不同地区统计口径的差异，致使城镇化水平的测度研究还有很长的路要走。

2. 城镇化水平测度模型的目的性有待增强

测度模型的优劣应以模型对现实的解释力和预测能力作为评判标准。测度模型应最大限度地满足研究目标的实现，即可以在测度模型的基础上得到有价值的结论并提出相应对策建议。现有关于城镇化水平的评价模型基本是满足对不同地区的城镇化水平进行比较并划分类型的目的，而预测模型基本是为了预测未来一段时间内研究地区所能达到的城镇化水平，研究目的的深度、多元化和应用价值有待加强。

3. 城镇化指标体系的人本性有待突出

城镇化应该是以人为本的城镇化，城镇化的出发点和落脚点应是为人民谋福祉，城镇化水平的度量应从侧重民生的角度出发，构建人本城镇化指标体系，从为居民生产生活带来便利的角度综合考量经济发展、社会生产、居民生活、社会事业、城市建设、生态环境等诸多方面，实现高质量的人本城镇化综合测评。

三、城镇化的发展阶段判定

不同国家与地区在城市化起步时间、发展速度和目前的城市化水平上都有较大的差距，但总体来说，城市化过程大体遵循初始、加速和终级三个不同的历史阶段的发展过程。美国城市地理学家诺瑟姆（Ray M. Northam）用一条稍被拉平的S形曲线描述这种渐进过程的趋势（图2-1），这就是著名的城市阶段发展的三阶段理论。该理论认为城市化水平低于30%，属缓慢发展阶段；城市化水平为30%~70%，属加速发展阶段；城市化水平高于70%，属稳定发展阶段。用数学模型表述为：

$$Y=1/(1+C_e\text{-}rt)$$

其中：Y为城市化水平；C_e为积分常数，表明城市化起步的早晚；t为时间；r为积分常数，表明城市化发展速度的快慢。随着系数R和C的取值不同，可以给出各种发展经历的S形曲线：C越小，表明城市化起步越早，反之则越晚；R越小，表明城市化发展越快，反之则越慢（谢文蕙、邓卫，1996）。城市化S形曲线是推力和拉力共同作用的S形曲线。美国等发达国家的城市化发展轨迹基本上与这一曲线相吻合，从而验证了城市化发展速率的这一基本规律，也就是说城市化过程的缓慢与迅速，根本上是取决于社会的经济发展水平（图2-2）。

一般情况下，一个国家的城市化发展遵循S形曲线规律，并以得到世界公认。但中国学者方创琳等(2008)认为城市化发展的三阶段的理论过于粗略，无法与经济发展的四阶段论一一对应，无法与经济增长的四阶段论一一对应。三段论只是基于美国20世纪70年代的经济发展阶段与城市化发展阶段所进行，不能反映20世纪70年代以后世界各国城内经济发展的总体变化趋势和基本规律；而且城市化发展三阶段论中的第二阶段的划分区间过长过粗。基于此，方创琳等将S形曲线划分为四个阶段，即城市化初期阶段（城市化水平1%～30%，为起步阶段），城市化中期阶段（城市化水平30%～60%，为成长阶段），城市化后期阶段（城市化水平60%～80%，为成熟阶段），城市化终期阶段（城市化水平80%～100%，为顶级阶段）。

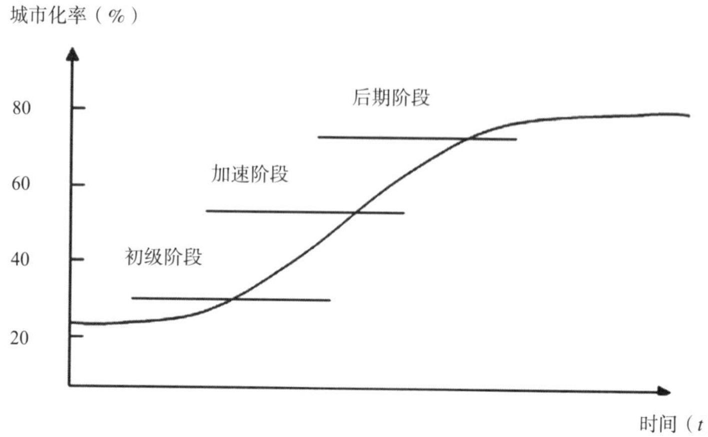

图 2-1　世界城市化进程阶段性规律图

资料来源：樊纲，余晖 . 长江和珠江三角洲城市化质量研究 [M]. 北京：中国经济出版社，2010

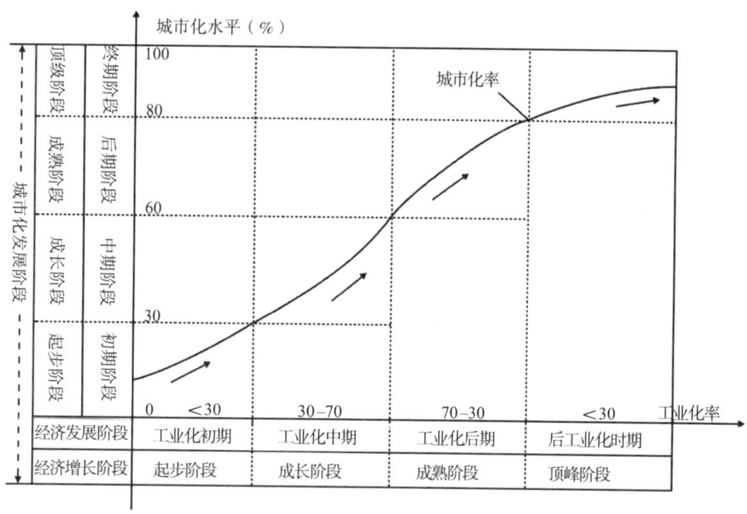

图 2-2　城市化发展阶段与经济发展阶段对应关系示意图

资料来源：樊纲，余晖 . 长江和珠江三角洲城市化质量研究 [M]. 北京：中国经济出版社，2010

四、新型城镇化的内涵与背景解读

（一）新型城镇化定义

“新型城镇化”一词由来已有 10 余年，公认最早是伴随党的十六大“新型工业化”战略提出，主要依托产业融合推动城乡一体化（李程骅，2012）。然而，“新型城镇化”被广大中国百姓熟知是在党的十八大，特别是 2012 年中央经济工作会议首次正式提出“把生态文明理念和原则全面融入城镇化全过程，走集约、智能、绿色、低碳的新型城镇化道路”及其将之确立为未来中国经济发展新的增长动力和扩大内需的重要手段之后，才越来越受到各行业和学界人士的关注。

“新型城镇化”是在“城镇化”概念的基础上进一步展开的，其在人口集聚、非农产业扩大、城镇空间扩张和城镇观念意识转化四个方面与“传统的”城镇化概念并无显著差异，但在实现这种过程的内涵、目标、内容与方式上有所区别：实际上，由于各行业领域的针对性和研究的侧重点不同，“新型城镇化”至今尚无统一和明确的定义，但普遍认可新型城镇化是以民生、可持续发展和质量为内涵，以追求平等、幸福、转型、绿色、健康和集约为核心目标，以实现区域统筹与协调一体、产业升级、低碳转型、生态文明和集约高效、制度改革和体制创新为重点内容的崭新城镇化过程。

推行新型城镇化是为了：①积极应对国内外政治、经济发展的新形势；②弥补长期以来高速城镇化带来的弊端和损失；③最大限度地将改革开放成果惠及广大人民；④促进未来中国城乡建设的可持续发展。

（二）新型城镇化内涵框架构建

新型城镇化是新时期中国全面建成小康社会的核心策略，它描述和展现的是未来经济健康可持续发展、社会和谐稳定、生态绿色优美、城乡建设朝气蓬勃的美好愿景。为了实现新型城镇化愿景，必须尽快明确新型城镇化的内涵框架、目标体系和核心内容，以及各地实施新型城镇化战略的路径和可能遇到的误区等若干重大问题。

1. 从四个角度解读新型城镇化

能否准确地阐释新型城镇化的内涵是未来10年中国城市发展能否稳步进行、各行业领域能否相互协调的关键。站在国家战略发展全局的高度，采用系统化的思维解读新型城镇化内涵十分必要，具体包括：①从国内城镇化应对未来不确定需求的角度；②从反思过去中国城镇化过程中错误做法的角度；③从城镇化国际经验教训借鉴的角度；④从当届政府执政的角度。

1）从国内城镇化应对未来不确定性的角度

进入21世纪10年代，全球形势已发生重大变化，国内城镇化面临的挑战也越来越多，不确定因素骤然增加，可以概括为优势的不确定性和需求的不确定性。首先，不断深入的全球化是一把双刃剑。一方面，自改革开放以来，中国凭借土地和人力低成本、丰富的资源成为“世界工厂”，国内生产总值和综合实力不断上升；另一方面，国内劳动力成本的不断上涨促使部分劳动密集型产业开始向周边地区迁移；各项资源存量的日趋下降导致以往大面积、大规模的以资源采掘为主的资源依赖型产业开始衰败，中国已出现了数批“资源枯竭型”城镇（杜永红，2012）。其次，随着国内老龄化的不断加速与人口红利逐步消失，未来能否继续保有上述优势尚未可知。因此，新型城镇化必须努力摆脱土地、资源和人口的三重依赖，必须走可持续发展的道路。再者，中国未来的城镇化发展面临诸多不确定需求。一方面，长期依赖出口和投资的国内经济贸易正遭遇全球经济动荡的威胁，美国缓慢的经济复苏、欧盟茫然的未来和日本的持续低迷均给未来出口经济和海外投资带来巨大的不确定性；另一方面，随着国民收入的不断提高，人们对于生活质量和精神层面的要求越来越大，长期以经济和物质建设为主的中国城镇化模式正面临着从外向型向内向型转变的挑战。因此，新型城镇化务必以改善人民生活质量为基本要义，以人为本，从而有助于刺激内需，激活本地经济。

2）从反思传统城镇化过程中错误做法的角度

自新中国成立以来，国内城镇化发展大体经历了顺利与超速、倒退与停滞、快速与稳定等6个阶段（方创琳等，2008），总体上实现了城镇化的快速发展。持续高速的城镇化进程遗留了众多历史性问题，比如：①对农业经济的忽视导致“三农”问题始终动力不足，农民生活质量无法提高；②对城市空间管治的不到位导致基本农田不断被侵占，城镇蔓延日趋肆意，浪费与紧缺并存；③对生产技术创新的投入不足致使大量城镇长期处于产业链的末端，同质化现象与内耗愈发激烈；④对传统能源和材料的过度依赖导致资源几近枯竭；⑤对节能意识的薄弱和对环境监管力度的放松导致长期的高污染、高耗能和高排放等等。近年来爆发的雾霾天气殃及全国半数省区，30余个城市，首都部分监测点PM2.5实时浓度超过800μg/m^3，已严重影响人民的安全和健康水平。为此，新型城镇化必须以可持续发展为重要内涵，走结构优化、绿色低碳、安全健康、集约高效之路。

3）从城镇化国际经验教训借鉴的角度

2011年，国家官方数据公布的城镇化率已达到51.3%，突破50%大关。按照国际城市发展经验教训，城镇化率逾越50%以后，一方面城镇化速度会持续加速突破60%～70%，另一方面长期高速城镇化导致的诸多弊病将不断涌现，包括城乡差距问题、生态环境问题和社会公平公正问题等。此外，世界银行数据显示中国2011年人均国民生产总值达5414美元，已步入中等收入国家行列，内需压力将进一步增强。为此，新型城镇化必须尽快从片面追求城镇化速度向城镇化质量转变，必须尽快从城市维度向城乡维度转变（仇保兴，2012），在城乡公共服务质量、生态环境保护等方面加大投入，避免落入“中等收入陷阱”，保障经济健康繁荣，促进社会和谐稳定。

4）从当届政府执政的角度

在2012年召开的中央经济工作会议上，最引人关注的莫过于本届政府提出的一系列“改革”措施。其中，无论是提高经济增长质量和效益，保持物价稳定，增强消费政策，还是完善结构性减税，保持人民币汇率稳定，坚持房地产市场调控，积极稳妥推进城镇化等都根本性地指向两项重要内容：一是促进“新型城镇化”概念内涵、目标内容、规划策略及认知误区解析经济持续健康发展，二是保障和改善民生。因此，在此背景下的新型城镇化必将民生和经济两手抓，走发展与惠民并举的新道路。

2. 新型城镇化的三大核心内涵

综上，“新型城镇化”应具有三大内涵，可以概括为：强调民生，强调可持续发展和强调质量。每个内涵均可以从经济、社会、体制制度和城市建设四个层面解读其具体内容（表2-2）。

新型城镇化内涵框架　　表2-2

	新型城镇化三大内涵	不同层面	具体内容
新型城镇化内涵框架	内涵一：民生的城镇化	经济层面	收入差距、农村人均收入、城镇居民人均可支配收入
		社会层面	福利水平、社会保障能力、医疗服务水平、教育水平、老年群体及弱势群体关注度
		体制制度层面	户籍制度、土地制度、行政管理体制、城乡统筹、收入分配制度
		城镇建设层面	生态建设、公共服务均等化、基础设施覆盖水平、保障房安居工程
	内涵二：可持续发展的城镇化	经济层面	产业转型与升级、现代农业、现代服务业发展、产业结构调整
		社会层面	文化事业、社会网络、非政府团体机构
		体制制度层面	服务型政府、民营发展、民间投资、政务及资产公开
		城镇建设层面	低碳理念、自然环境、历史文脉、绿色建筑、垃圾循环、新能源、新材料

续表

	新型城镇化三大内涵	不同层面	具体内容
新型城镇化内涵框架	内涵三：质量的城镇化	经济层面	区域协调与一体化、低污染、低耗能、低排放
		社会层面	文明及综合素质、受教育能力与水平、食品安全、市民健康
		体制制度层面	门槛调整、准入制度、监管制度
		城镇建设层面	速度与质量、土地集约、空气及水环境质量、公用服务便捷程度、品质生活

资料来源：沈清基. 论基于生态文明的新型城镇化 [J]. 城市规划学刊，2013(1)：29-36。

1）民生内涵

经济层面体现在缩小收入差距，提高城镇居民可支配收入和提高农村人均净收入等方面；社会层面体现在提高社会保障和福利水平，提高社会医疗救助水平和提高社会教育水平等方面；体制制度层面体现在对城乡户籍制度、土地制度、收入分配制度和行政管理体制的革新等方面；城市建设层面体现在促进城乡公共服务均等化，加快完善道路交通、市政等基础设施以及不断推进保障房安居工程建设等方面。

2）可持续发展内涵

经济层面体现在加快产业转型升级，着力产业结构调整，加快现代农业和现代服务业发展等方面；社会层面体现在繁荣文化市场，提高社会网络化水平，鼓励非政府团体和机构引导公众参与等方面；体制制度层面体现在创建服务型政府，推进政务消费及人员财产的公开透明，鼓励扩大民间投资等方面；城市建设层面体现在强化区域生态环境保护，树立区域低碳发展理念，鼓励新能源、新材料利用，提倡垃圾回收，倡导历史文化保护以及大力推进绿色建筑革命等方面。

3）质量内涵

经济层面体现在实施经济发展的“低污染、低耗能、低排放”以及加快区域与城乡协调；社会层面体现在提高全社会文明程度，提高全社会受教育水平，提高全社会市民健康水平和保障全社会食品安全等方面；体制制度层面体现在提高有关食品、民众健康、医疗卫生等公共服务的监管门槛，加大处罚力度，建立及完善相关法律法规等方面；城市建设层面体现在从追求建设速度向谋取建设质量转变，关注城乡公共服务质量，关注城市环境质量（空气质量、水环境质量等），坚持土地利用的节约集约与高效，最大限度地提高市民的生活品质和便捷程度。

(三)新型城镇化的特征与意义

1. 新型城镇化的特征

(1)科学发展观是新型城镇化的指导思想。部分地方政府单纯追求人口和规模的城镇化，城镇化的发展也因此不可避免地步入了片面城镇化的误区。这导致城镇化发展不但脱离了城市发展的经济基础，破坏了人们赖以生存的环境，牺牲了子子孙孙的利益，而且违背了人口与经济、环境、资源协调发展的规律。新型城镇化道路必须以科学发展观为指导思想，科学发展观强调的是以人为本、全面可持续发展，它要求在城镇化的进程中实现人口、资源、环境协调发展，突破片面城镇化的局限。

(2)集约化、生态化是新型城镇化的发展模式。新型城镇化道路明确了集约化、生态化的发展模式，这两种模式是符合我国城镇化道路实际的。集约化发展模式是指一种科学的、合理的、内涵式的城镇化发展模式，通过对城镇内部现有资源的整合，优化城镇结构，完善城镇功能、提升城镇内涵。城镇化的快速推进凸显了长期以来资源和产业粗放式发展的弊端，要求资源和产业由粗放式发展向集约化发展转变。新型城镇化要求城镇化过程中要做到人口、资源和产业等要素量变和质变的统一，量变只是数量上的增长，质变才是城镇化的本质要求，是城镇化科学发展的具体表现。生态化发展模式强调人类在生产生活过程中对自然环境的保护，强调人与自然、环境和谐发展。生态化是科学发展观的必然要求，也是我国新型城镇化道路的必然选择。一方面，环境是人类赖以生存的基本条件，保护环境是我们必须承担的责任。另一方面，生态环境又是极为脆弱的，是非常容易受到人类活动的影响和破坏的，由于它不易甚至不能恢复到原有状态，一旦生态环境遭到破坏，将造成不可挽回的损失。城镇化是通过改造特有的自然环境而达到经济增长的目的，只有走生态化的城镇化道路才能维持人类和环境和谐发展的现状，否则会受到大自然的惩罚。

(3)功能多元化、体系合理化是新型城镇化的基本内容。功能多元化是新型城镇化的基本内容之一，城镇是区域范围内经济文化中心，具有多方面的综合功能。一方面，城镇化过程中，人们的生产生活方式从第一产业逐渐过渡到二、三产业，人们的生产和生活环境有了一定的提高；另一方面，城镇化过程会带来新的劳动力、资本和技术，这些新的生产要素的聚集会带来城镇经济的发展。体系合理化也是新型城镇化的基本内容之一，城镇体系是指一定区域内通过组合多个空间关系密切的小城镇而形成的城镇群体组织，城镇群体组织无论在聚集还是辐射功能上都具有强大的效应，是以往那些中小城市所无法替代的。体系合理化的城镇化道路是在科学发展观的指导下形成的，是符合我国客观实际的，我们要在协调发展各类大中小城镇过程中，构建出一个结构完整、聚集和辐射功能强大的城镇体系。

（4）城乡一体化是新型城镇化的基本目标。长期以来，我国一直实行城乡二元体制，城市公共服务与农村公共服务不论是供给数量还是供给水平都存在较大差距，导致长期以来我国城乡公共服务不均等，城乡之间的差距不但没有缩小，反而拉大，城镇居民生活水平不断提升，生活日益宽裕，与“农村真穷，农民真苦，农业真危险”的反差也越来越明显。这给城镇化加大了难度，城乡二元体制严重阻碍了城镇化进程，影响了城镇化的质量。因此，新型城镇化就是要实现城乡一体化，真正做到经济、社会、居民生活水平共同发展。

2. 新型城镇化的意义

（1）新型城镇化是保持经济平稳较快发展的持久动力。经济能否平稳发展得益于市场的发展水平，城镇化将人口、产业聚集在城镇，改变了许多农村居民以往自给自足的生活方式，对市场的要求也随之提高，市场的发展水平随着人们对市场的依赖性而提高，需求的增加大大刺激了市场的有效供给，加速了市场的发展。随着城镇化的进一步推进，将为经济发展提供广阔的市场，成为经济平稳较快发展的持久动力。

（2）新型城镇化是转变经济发展方式的重要内容。一方面，城镇化能带动工业化的发展，促进工业结构的调整；城镇化能大幅度积聚产业，特别是第三产业，加速产业结构的升级。城镇化能辐射到周边地区，优化区域结构。城镇化能拉动城乡一体化发展的进程，促进城乡结构进一步完善。另一方面，城镇化将人口、资源、要素、产业聚集在一个集约的空间内，通过对其进行合理的配置，形成合理的城镇布局和形态，辐射到周边，从而促进大、中、小城市和小城镇协调发展，有效发挥城镇的特殊功能，用资源要素等成本的最低消耗，尽可能取得最大的效益。

（3）新型城镇化是统筹城乡发展的重要途径，是解决“三农”（农业、农村、农民）问题的总钥匙。党和政府把“三农”问题放在重要战略高度，要解决“三农”问题，就必须加快城镇化的速度，提高城镇化的质量。首先将农村富余劳动力从传统的农业生产中解放出来，其次加快农业、产业现代化的发展，提升城镇经济实力，依靠工业促进农业、城市带动农村，加快城乡经济社会的发展。

（4）新型城镇化是促进区域协调发展的战略支撑点。城镇化形成的产业聚集可以辐射到周边地区，它是带动区域协调发展的重要途径。城镇化强大的聚集和辐射作用能促进区域同步协调发展。

（四）传统城镇化与新型城镇化对比

1. 传统城镇化存在的问题

新型城镇化是相对于传统城镇化而言的，就传统城镇化所存在的问题很多学者给予严厉的批评，“1949 年以来中国城市化发展一直是‘不健康’的”（闫小培等，2008）。总结相关文献的内容，可以将中国传统（以往）城镇化存在的问题归纳如下：①城镇化与工业化不匹配；②土地城镇化超越人口城镇化；③“不完全城市化”。导致土地浪费、不利于农业规模经营、进城农民难以转变角色、非市民待遇等；④“城市病”与“乡村病”。前者指城市经济系统的脆弱性（过度依赖外贸，内需不足，经济转型乏力）、社会脆弱性以及“安全性”降低等；后者主要指“留守问题”；⑤城镇化负面效应。包括：城镇化的高成本影响了农民生活质量的提高，城镇化进程中的人口流动影响农村劳动力素质的提高，城镇化导致农村中大量生产要素的流失；农业的相对弱化和城乡差别的扩大等（秦加军等，2005）；城市扩张对耕地资源的侵占；城镇化导致农村环境污染，引起农村秩序的混乱，使农民不断被边缘化，对传统农村文化的冲击等（王瑶，2009）。此外，中国传统城镇化问题还包括当前城市（镇）化发展存在的“战略性”弊端（五个“非”）：①城市化明显滞后于工业化所对应的非匹配（非均衡）；②城市化进程中明显表现出土地城市化快于人口城市化的非规整；③城市化亟须克服“城市和农村、户籍人口与常住人口”的非公平；④城市化偏重城市发展的数量和规模，忽略资源和环境的代价，呈现出粗放式生产的非持续；⑤城市化亟待解决如何实施现代管理制度，消除城市病（牛文元，2012）。

2. 传统城镇化与新型城镇化的比较

从理论基础、关注重点、发展侧重、城乡关系等方面，沈清基（2013）总结了传统城镇化与新型城镇化在理论基础、关注重点、发展侧重等方面的诸多区别（表 2-3）。

传统城镇化与新型城镇化比较　　表 2-3

比较方面	传统城镇化	新型城镇化
理论基础	经济聚集理论、比较成本理论、效率理论，工业主导理论和城市支配理论等	科学发展观、城乡统筹、生态文明等

续表

比较方面	传统城镇化	新型城镇化
关注重点	以“业”为主，偏重经济发展，出发点、立足点、关注点都是城市	以人为本，追求城乡经济、社会、环境的协调发展
发展侧重	城市数量增加、规模增大、人口增加，城镇化率快速提升	以提升城市的文化、公共服务等内涵为中心，追求城镇化的发展质量
产业发展	以满足传统工业化发展和需要为主，城镇化发展过分依赖工业化	以适应新型工业化发展和需要为主，同时结合农业现代化、现代服务业等的多力支撑体系
资源与环境	以主要消耗自然环境为代价，以资源与环境遭受过度破坏为代价	以生态环境为基础，以资源集约高效利用、开发新型资源（包括能源、信息、技术、管理等）为特色，创建经济循环、宜业宜居的人居环境
城乡关系	扩大了城乡二元结构，郊区农村和农民被置于次要的、依附的、服从的、被动的地位	以统筹城乡协调发展为指针，推进城市文明向农村辐射，农民与市民具有统一的公民待遇
推进主体	政府为主导	政府、企业、个人
人与自然关系	人支配自然	人与自然和谐

资料来源：沈清基．论基于生态文明的新型城镇化 [J]. 城市规划学刊，2013(1)：29-36。

本章参考文献

[1] 曹广忠，王纯洁等．我国东部沿海省区城镇化水平影响因素的空间差异 [J]．地理研究，2008（6）：1399-1406．

[2] 陈滢．城镇化与产业集群的互动关系分析 [J]. 经济纵横，2007（10）：53-55.

[3] 陈晓倩，张全景等．城镇化水平测定方法构建与案例 [J]．地域研究与开发，2011（4）.

[4] 陈甬军，陈爱贞．城镇化与产业区域转移 [J]. 当代经济研究，2004(12)：52-57.

[5] 杜江，刘渝，王雅鹏．中西部城镇化发展的阶段划分与比较 [J]. 统计与决策，2005（24）：30-32.

[6] 樊纲，余晖．长江和珠江三角洲城市化质量研究 [M]. 北京：中国经济出版社，2010.

[7] 方亮．中国城镇化概念与水平测度研究综述 [J]. 北华大学学报（社会科学版），2013，14（6）：46-50.

[8] 高强 . 影响城镇化发展的因素探析 [J]. 经济与管理研究，2005（02）：13-17.

[9] 郭荣朝 .“边缘效应”与城镇发展空间组合研究 [J]. 城市规划汇刊，2003（04）：34-37，95.

[10] 卢海燕 . 试论我国城镇化的内涵 [J]. 辽宁教育行政学院学报，2005，22（9）：24-25.

[11] 何忠伟，匡远配，罗永华，侯胜鹏 . 城镇化与中小企业集群协调发展的机制与对策 [J]. 中国科技论坛，2005（04）：78-80，73.

[12] 胡日东，苏梽芳 . 中国城镇化发展与居民消费增长关系的动态分析——基于 VAR 模型的实证研究 [J]. 上海经济研究，2007（05）：58-65.

[13] 霍叶青，何跃 . 基于离差最大化和 Ward 系统聚类的四川城镇化水平研究 [J]. 软科学，2010（06）：71-73+84.

[14] 牛文元主编. 2012 中国新型城市化报告 [M]. 北京：科学出版社，2012.

[15] 姜爱林. 城镇化水平的五种测算方法分析 [J]. 中央财经大学学报，2002（8）：76-80.

[16] 姜太碧 . 经济增长极理论与农村城镇化研究 [J]. 农业技术经济，2002（04）：51-55

[17] 李程骅. 科学发展观指导下的新型城镇化战略 [J]. 求是，2012（14）：35-37.

[18] 马军. 城镇化水平的度量、评价和预测 [J]. 浙江统计，1999（12）：18-21.

[19] 欧名豪，李武艳，刘向南等 . 城市化内涵探讨 [J]. 南京农业大学学报（社会科学版），2002，2（4）：13-22.

[20] 彭启鹏，曾文棣 . 广东城镇化进程分析 [J]. 南方人口，2003（02）：36-44.

[21] 秦加军，尤季仙，邓涛 . 城镇化对农村的负面效应及对策 [J]. 今日科技，2005（03）：15-16.

[22] 沈建芬，刘葆金. 农村城镇化水平区域差异的实证分析——以江苏省为例 [J]. 南京农业大学学报，2003（3）：542-548.

[23] 沈清基 . 论基于生态文明的新型城镇化 [J]. 城市规划学刊，2013（1）：29-36.

[24] 单卓然，黄亚平 ."新型城镇化"概念内涵、目标内容、规划策略及认知误区解析 [J]. 城市规划学刊，2013（2）：16-22.

[25] 石卿，马军 . 城镇化水平的度量及评价 [J]. 统计与决策，1999（12）：17-18.

[26] 王德成,张领先等．城镇化水平计算方法比较分析 [J]．农机化研究，2004（3）：61-66.

[27] 王冰 . 我国城镇化水平测度研究综述 [J]. 上海金融学院学报，2013（2）：10

[28] 王蕾 . 甘肃城镇化水平测度及战略选择 [D]. 兰州：兰州大学，2010.

[29] 王璠 . 新农村建设需重视城市化的负面效应 [J]. 天水行政学院学报，2009（04）：69-71.

[30] 王学山．人口城镇化水平测定方法的改进 [J]．经济地理，2001，21（3）：315-318.

[31] 王洋，方创琳等．中国县域城镇化水平的综合评价及类型区划分 [J]．地理研究，2012（7）：1305-1314.

[32] 温来成 . 城镇化税收政策与城乡区域经济协调发展 [J]. 税务研究，2005（04）：9-12.

[33] 吴雪莲 . 县域城镇化发展水平测评研究——以仁寿县为例 [D]. 重庆：西南大学，2007.

[34] 谢文蕙，邓卫 . 城市经济学 [M]. 北京：清华大学出版社，1996：32-36.

[35] 谢金宁 . 重庆市城镇发展对耕地保护的影响研究 [D]. 重庆：西南大学，2006.

[36] 肖金成 . 中国特色城镇化道路的内涵和发展途径 [J]. 发展研究，2009（7）：4-8.

[37] 夏悦瑶 . 新型城镇化背景下地方政府公共服务研究 [D]. 长沙：湖南大学，2012.

[38] 闫小培，魏立华．健康城市化、和谐城市与城市规划的转型 [J]. 规划师，2008（5）：46-51.

[39] 杨光 . 城市化发展水平测度研究——以四川省为例 [D]. 成都：西南交通大学，2006.

[40] 杨治 . 产业经济学导论 [M]. 北京：中国人民大学出版社，1985.

[41] 姚丽芬，刘爱英，龙如银 . 基于中国城镇化水平和居民收入间均衡

关系之验证 [J]. 现代财经（天津财经大学学报），2010（12）80-84.

[42] 郁鸿胜 . 中国新型城镇化的内涵、演绎和作用 [J]. 上海企业，2013(8): 13-15.

[43] 仲盼，罗守贵．中国城镇化水平测定中存在的问题及调整方法 [J]. 经济体制改革，2006（3）: 162-166.

[44] 周英 . 城市化模式研究——以河南为例的分析 [D]. 西安：西北大学，2006.

[45] 张超 . 我国农村城镇化发展的原则与对策 [J]. 学海，2000（05）: 92-95.

[46] 张诚 . 改革开放以来东北区经济转型对城市化空间演变的影响研究 [D]. 长春：东北师范大学，2007.

[47] 张少辉 . 河南省城镇化水平的综合测度研究 [D]. 郑州：郑州大学，2004.

[48] 赵金华，曹广忠等．我国省（区）人口城镇化水平与速度的类型特征及影响因素 [J]．城市发展研究，2009（9）: 54-60.

[49] 赵力 . 城镇化与“二元结构”的破解 [J]. 城市问题，2002（03）: 5-9.

[50] 赵永革 . 就业压力下推进城镇化的产业结构战略选择 [J]. 城市规划，2003（06）: 11-18.

[51] 周加来 . 城市化·城镇化·农村城市化·城乡一体化——城市化概念辨析 [J]. 城市，2002（01）: 51-53.

第三章　城镇化与城乡关系的相关理论

一、城镇化的相关理论

（一）人口迁移理论

1. 人口迁移与城镇化

所谓“人口迁移”，是指人口分布在空间位置上的变动。人口迁移这一现象自人类社会诞生一日就存在，由于各学科研究角度不同，学术界对人口迁移的概念存在多种界定。联合国《多种语言人口学辞典》中对人口迁移作出一个接受度较高的定义（朱杰，2008）：

人口在两个地区之间的地理流动或者空间流动，这种流动通常会涉及永久性居住地由迁出地到迁入地的变化。这种迁移被称为永久性迁移，它不同于其他形式的不涉及永久性居住地变化的人口移动。

城镇化水平最核心的判断依据就是城镇人口（常住人口）与总人口的比率，可见人口的变化是城镇化的根本变化，人口的迁移是因，城镇化的变化是果。

2. 人口迁移的理论

基于地理学、政治经济学、发展经济学等不同学科视角，人口迁移出衍生了多种不同的理论解释，比较著名的包括对人口迁移理论具有开创性意义的“拉文斯坦人口迁移法则”、从微观视角解释人口迁移动力的“推拉理论”以及“刘易斯二元模型”等，其中刘易斯模型从发展经济学视角，深刻阐述了城镇化过程中人口流动的原因与机制。

1）拉文斯坦的移民法则

对人口迁移最早研究的是19世纪的英国学者拉文斯坦（E. G. Ravenstein），他对比了英国1871年和1881年人口普查资料，将移民去向和来源分为吸引（absorption）中心和离散（dispersion）中心，总结了著名的移民法则（Law of Migration）（方少勇，2009）：

（1）多数移民只倾向短途迁移。

（2）迁移目的地为吸引中心，移民迁移至吸引中心，在原来地区留下间隙，被来自较偏远区域的移民所填补，这种次第顺序流动一直涉及最偏远区域。

（3）离散过程与吸引过程对应。

（4）每次移民必有回流补偿。

（5）长途移民的目标是向商业与工业中心大城市迁移。

（6）农村居民较城镇居民的移民倾向明显。

（7）女性迁移倾向较男性明显。

2）人口迁移的推拉理论

人口学上最重要的宏观理论是“推拉理论”。这一理论可以说是“移民法则”的进一步演化。首先提出这一理论的是巴格内（D. J. Bagne）。他认为，人口流动的目的是改善生活条件，流入地的那些有利于改善生活条件的因素就成为拉力，而流出地的不利的生活条件就是推力。人口流动就由这两股力量前拉后推所决定。E. S. 李（E. S. Lee）在《移民人口学之理论》一文中，在巴格内理论基础上，认为流出地和流入地实际上都既有拉力又有推力（马侠，1992），同时又补充了第三个因素：中间障碍因素和第四个因素：个人因素。中间障碍因素主要包括距离远近、物质障碍、语言文化的差异；个人因素是移民本人对于以上这些因素的价值判断。李认为人口流动是这四个因素综合作用的结果。根据“推拉理论”，城市与乡村同时存在对人口的推力与拉力，中间因素包括身份转化的制度成本以及社会网络变化的成本等等。城镇化的过程就是四个因素产生了推动人口向城市迁移的正向力量（朱杰，2008）。

3）刘易斯—费—拉尼斯二元模型

美国经济学家威廉·阿瑟·刘易斯（W. A. Lewis）1954 年在《曼彻斯特经济和统计研究》上发表了发展经济学的经典之作《劳动无限供给条件下的经济发展》，系统地阐述了二元经济模型。这一理论从发展经济学角度深刻阐释了城市化过程中人口流动的原因与机制，将人口的流动变化与产业发展紧密联系起来。

刘易斯 1954 年提出了两部门模型，该模型后来经过拓展被广泛应用到解释人口迁移和城乡劳动力的就业均衡问题。他创立的“二元经济体系下的人口流动模型”认为：处于经济发展早期阶段的国家普遍存在着二元经济结构，即传统农业部门和现代工业部门共存。大量的农村剩余劳动力的出现，导致农业部门边际生产率低下。与之相反，工业化与技术进步极大地提升了工业部门的劳动生产率。两者之间的劳动生产率边际差异引导农业人口源源不断地从农村流向城市，其结果导致农业劳动生产率提高，工业劳动生产率下降，渐次持平（图 3-1）。最终结果就是城乡差别缩小，二元经济结构变为一元的经济结构，朝着工业化和城市化迈进（包小忠，2005）。

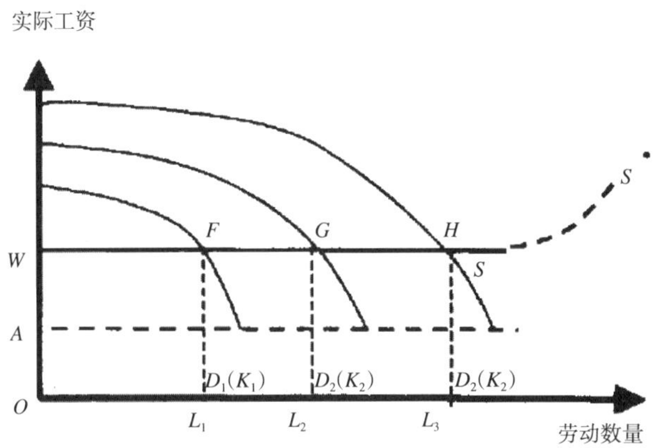

图 3-1　刘易斯二元模型

资料来源：包小忠 . 刘易斯模型与“民工荒”[J]. 经济学家，2005（4）：55-60

1961 年，费景汉和拉尼斯对刘易斯二元结构模型作了重要的补充和修正，形成了“拉尼斯—费景汉”模型（Ranis-Fei Model）。他们认为因农业生产率提高而出现农业剩余是农业劳动力流入工业部门的先决条件，而刘易斯模型中忽略了农业发展对工业增长的促进作用，没有注意到农业由于生产率的提高而出现剩余产品应该是农业中的劳动力向工业流动的先决条件。费景汉、拉尼斯更加详细地论述了在经济结构转换中就业结构转换的条件和阶段，重视人口增长因素，提出了部门间平衡发展的思想，并把农业剩余力转移过程的实现由一种无阻碍过程变成一种有可能受阻的三阶段发展过程（图 3-2），进一步丰富了农业剩余劳动力理论的内容。

经济发展过程可分为三个阶段：第一阶段与刘易斯模型没有区别。在这一阶段，经济中存在着隐蔽性失业，即相当一部分劳动的边际生产率为零或接近于零，因而劳动力是无限供给的。当隐蔽性失业的劳动力向工业部门转移时，农业的总产量不受任何影响，会出现农业剩余，它正可以满足转移到工业部门的劳动力对粮食的需求。因此，农业部门的人均收入没有改变，工业部门的工资也保持不变。当这部分劳动力转移完毕，经济发展就进入第二阶段。第二阶段，工业部门所吸收的劳动力是那些边际生产力低于农业部门平均产量的剩余劳动力。由于这一部分劳动力的边际生产率大于零，当他们转移出去以后，农业总产量就会下降，而剩下的农业劳动力仍按以前水平消费，所以，提供给工业部门的农产品就不足以按平均消费水平来供应工业部门的劳动力。这样，经济中开始出现农产品特别是粮食的短缺，工农业之间的贸易条件变得有利于农业部门，工业部门的工资水平开始上升。第三阶段，当农业中全部剩余劳动力被吸收到工业部门就业以后，经济就进入了第三阶段。在这一阶段，经济已进入商业化过程，农业开始资本主义化，农业和工业中的工资水平都由劳动力的边际生产率来决定（赵显洲，2006）。

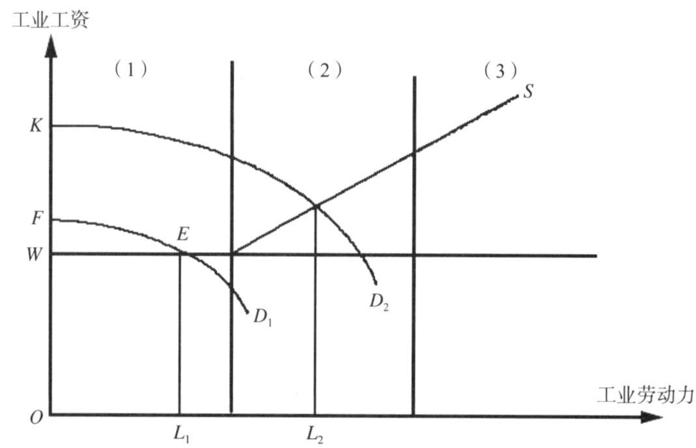

图 3-2　农业剩余劳动力转移过程的三阶段

资料来源：赵显洲 . 我国城市化与经济发展相互关系的动态分析 [J]. 中国软科学，2006(9)：116-121

费景汉与拉尼斯认为这一过程顺利进行的关键的问题是如何把隐蔽性失业人口全部转移到工业中去，并且困难在于第二阶段，随着劳动力的转移，农业总产量下降，粮食短缺，工资上涨，工业贸易条件恶化，工业劳动供给曲线逐渐陡峭，劳动力的转移受到阻碍，工业部门的扩张有可能在全部剩余劳动力被吸收完毕之前就停止。要解决这一问题，就要在工业部门扩张的同时，努力提高农业劳动生产率，使农业发展与工业发展同步进行，才能保证生产足量的农业产品，维持工资水平，推动第二阶段向第三阶段发展。

移民法则与推拉理论的主要观点都是人口的迁移的主要目的是改善自己的生存状况，其中经济状况是非常重要的一个因素，或者可以说是第一影响因素（朱杰，2008）。而刘易斯模型从经济学视角出发，说明了人口城镇化的动力机制。从以上几个理论可以看出，在大规模人口迁移的背后，以追求经济效益最大化始终都是导致人口自主迁移的最根本因素。

（二）结构转换理论

结构转换理论认为城市化、工业化、就业结构和产业结构之间的协同性、一致性是经济发展的关键所在，如果存在不协调不一致的情况，将影响城乡协调发展和经济长期稳定增长。通常一个国家在经济发展水平低时，经济活动以农业为主，人口主要集中在农村；随着经济的发展，制造业、服务业产值份额增加，农业产值份额下降，同时农业就业人口比重下降。工业化发展所带来的资源和要素向城市聚集，并推动城市经济增长和城市规模扩张，人口也从农村逐渐转移到城市（宋洪远，2009）。

结构转换理论以发展经济学家，如刘易斯、钱纳里、罗斯托等的工业化理论与发展阶段理论为代表，其中以钱纳里的工业化阶段理论影响力最大。钱纳里利用第二次世界大战后发展中国家，特别是其中的 9 个准工业化国家（地区）1960~1980 年间的历史资料，建立了多国模型，提出了标准产业结构。即根据人均国内生产总值，将不发达经济到成熟工业经济整个变化过程划分为三个阶段六个时期（表 3-1），从任何一个发展阶段向更高一个阶段的跃进都是通过产业结构转化来推动的。

1. 第一阶段，初级产品生产阶段

在此阶段，占统治地位产业是农业，这也是可交易商品产出增长的主要来源，极少有工业，生产力水平很低，产品需求量较少。一般说来，初级产品生产增长的速度慢于制造业，也是此阶段增长速度较慢的原因之一。从供给看，此阶段的特点是资本积累低速至中速增长，劳动力增加迅速，全要素生产率增长非常缓慢。

2. 第二阶段，工业化阶段

这一阶段按照工业发展水平（人均收入）可以划分为四个时期。第一时期是工业化初期。产业结构由以农业为主的传统结构逐步向以现代化工业为主的工业化结构转变，工业中则以食品、烟草、采掘、建材等初级产品的生产为主。这一时期的产业主要是以劳动密集型产业为主；第二时期是工业化中期。制造业内部由轻型工业的迅速增长转向重型工业的迅速增长，非农业劳动力开始占主体，第三产业开始迅速发展，也就是所谓的重化工业阶段，这一阶段产业大部分属于资本密集型产业；第三时期是工业化后期阶段。在第一产业、第二产业协调发展的同时，第三产业开始由平稳增长转入持续高速增长，并成为区域经济增长的主要力量。这一时期发展最快的领域是第三产业，特别是新兴服务业，如金融、信息、广告、公用事业、咨询服务等；第四时期是后工业化社会。

制造业内部结构由资本密集型产业为主导向以技术密集型产业为主导转换，同时生活方式现代化，高档耐用消费品被推广普及。技术密集型产业的迅速发展是这一时期的主要特征。

从表 3-1 可以看到，由于国际美元币值的变动，工业化阶段以人均 GDP 的不同年份美元来反映有很大的差别。以 1970 年美元计算，人均 GDP 280 ~ 560 美元为工业化的第一个阶段，2100 ~ 3360 美元为工业化的结束阶段；而以 2008 年美元来衡量，人均 GDP 1412 ~ 2825 美元才进入工业化的第一个阶段，到 10592 ~ 16948 美元才是工业化的最后阶段。准工业国家的人均收入水平一般处于第一至第三个阶段。

3. 第三阶段，发达经济阶段

此阶段是六个变动时期的最后一个时期，第三产业开始分化，知识密集型产业开始从服务业中分离出来，并占主导地位；从需求看，人们消费的需求呈现多样性，制成品的收入弹性开始降低。从某一点起，制成品在国内总需求中所占的比重也开始下降。 当然，出口持续增长可以在一定时期内抵消这种趋势，但最终还会以 GNP 和劳动就业中制造业份额的下降而得以表现。从供给看，与前两个阶段相比，要素投入的综合贡献减少了（范桂汕，2008）。

钱纳里等关于按人均收入划分的结构转变时期 表 3-1

结构转变模拟分析期	经济发展阶段		人均收入（美元）			
			1964 年	1970 年	1982 年	2008 年
1	初级产品生产		100 ~ 200	140 ~ 280	364 ~ 728	707 ~ 1412
2	工业化	I	200 ~ 400	280 ~ 560	728 ~ 1456	1412 ~ 2825
3		II	400 ~ 800	560 ~ 1120	1456 ~ 2912	2825 ~ 5649
4		III	800 ~ 1500	1120 ~ 2100	2912 ~ 5460	5649 ~ 10592
5		IV	1500 ~ 2400	2100 ~ 3360	5460 ~ 8736	10592 ~ 16948
6	发达经济		2400 ~ 3600	3360 ~ 5040	8736 ~ 13104	16948 ~ 25422

注：2008 年美元折算根据 ECONOMICWAHCH 网计算。

资料来源：H·钱纳里等 . 工业化和经济增长的比较研究 [M]. 吴奇等译 . 上海：上海三联书店，上海人民出版社，1989。

（三）空间机制理论

空间理论主要是基于不同规模的城市之间、城市与其所处区域之间（主要是城乡之间）的视角来研究城市化现象。

空间理论中，平衡发展理论和非平衡发展理论占据重要地位。非平衡发展理论中最为典型的“增长极理论”由法国经济学家佩鲁（E·Perroux，1950，1955）在1950年提出。佩鲁指出各种企业的建立在地理上是分散的，并形成各自的一定的势力边界。佩鲁认为空间是一种受力场，只要在某种客体之间存在抽象的联系结构，就存在空间；经济空间是存在于经济要素之间的关系，与一般意义上的地理空间完全不同，其着眼点是经济联系；增长极（growth pole）的概念是从极化空间的概念伸展出来的，佩鲁指出增长并非同时出现在所有地方，它以不同的强度首先出现在一些增长点或增长极上，然后通过不同的渠道向外扩散，并对整个经济产生不同的最终影响，带动周边地区的共同发展（安虎森，1997）。增长极最先由具有创新能力的企业形成，在其特定产业处于支配地位，在“经济聚集效应”的作用下，吸引更多的相关企业汇聚在一起，构筑主导型的产业群，并进而成为更为宏观意义上的区域性增长极。显然，从增长极的角度，包括人口在内的要素的空间聚集成了经济发展的必由路径，而这也在相当程度上解释了城市化的特征。

默达尔（Myrdal，1957，1968）和赫希曼（Hirschman，1958）则分别创设了内容大致相当的“扩散效应”—“回波效应”及“极化效应”—“涓滴效应”等概念及理论，用以解释区域之间尤其是城乡之间的发展不平衡过程现象。所谓“回波效应”或“极化效应”，是指某些地区的经济发展会引起另一些地区的经济衰落；所谓“扩散效应”或“涓滴效应”，是说某地区的经济发展后，会逐渐形成经济中心，由此促进该地区及周围地区的经济发展。后来的研究者以实证方式论证了在工业化初期“回波效应”或“极化效应”对区域副作用会逐渐增大而产生发展失衡，导致地区间差异扩大，出现两极化境地。尔后随着区域的综合协调发展，“回波效应”或“极化效应”的影响强度不断减弱，增长极逐渐为整个区域所兼容，“扩散效应”或“涓滴效应”开始显性化，并在一定时期超过“回波效应”或“极化效应”，最终使区域经济发展达成均衡，整个经济发展过程呈现出倒U形趋势。

在此基础上，克鲁格曼（Krugman，1991）提出的中心—外围模型揭示了产业地理集中形成的重要特征：在初始均衡的两个地区，随着贸易成本的逐渐降低，当聚集力大于离心力时，劳动力的移动最终会导致产业的不对称地理分布。在这一过程中，最初贸易成本的削减对厂商生产区位并没有任何影响，当贸易成本一旦下降到“均衡点”，聚集力将起主导作用，所有的产业则会移到一个地区，而此时劳动力和产业区位的转移并不是逐渐发生的，而会发生突变。中心—外围模型的意义在于它可以预测一个经济体中经济地理模式的渐进化过程。初始状态时，一个国家的地理区位可能有某种优势，它对另一地区的特定厂商具有一定的吸引力，并导致这些厂商生产区位的改变，一旦某个区位形成行业的地理集中,该地区的聚集经济就会迅速发展并获得地区垄断竞争优势(赵民等，2012)。许学强、周一星和宁越敏等（1997）的研究发现，中国的城市空间分布是动态的，其发展演变与经济、社会发展密切相关，具有明显的阶段性（图 3-3）。

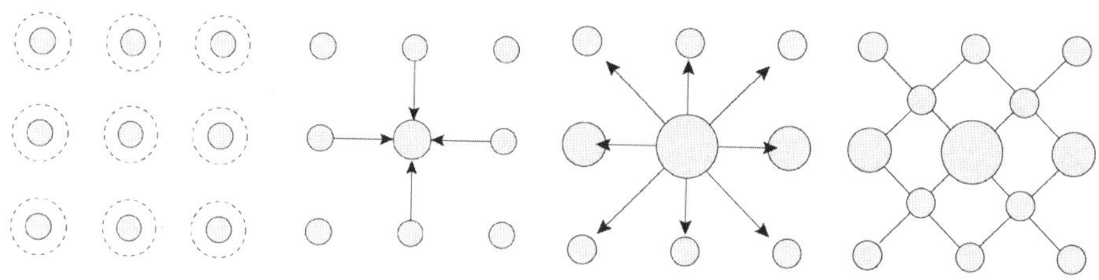

图 3-3　中国城市空间分布发展阶段

资料来源：许学强，周一星，宁越敏 . 城市地理学 [M]. 北京：高等教育出版社，1997

离散阶段（低水平均衡阶段）：对应于自给自足式，以农业为主体的阶段，以小城镇发展为主，缺少大中城市，没有核心结构，构不成等级系统。

极化阶段：对应于工业化的兴起、工业迅速增长并成为主导产业的阶段，中心城市强化。

扩散阶段：对应于工业结构高度化阶段，中心城市的轴向扩散带动中心城市发展，“点—轴”系统形成。

成熟阶段（高级均衡阶段）：对应于信息化与产业高技术化发展阶段，区域生产力向均衡化发展，空间结构网络化，形成“点—轴—网络”系统，整个区域成为一个高度发达的城市化区域（许学强等，1997）。

二、城镇化动力机制相关理论

（一）产业发展与城镇化

1. 农业发展与城镇化

农业满足人类发展的最基本的要求，提供食物、水与能量。农业现代化可以说是城镇化稳定发展的基石。工业化与城镇化不能以牺牲农业、农民为代价，相反农业现代化本身就是工业化过程中不可分割的一部分，也是推动城镇化发展的重要环节。

中国著名经济学家张培刚（1945）在其著作《农业与工业化》中阐述了人口转移与农业发展、工业化的关系：工业化初期阶段，由于存在着大量剩余劳动力，可以用来生产粮食和原料以满足新增的需要，对采用新的农业技术的要求不是很紧。到工业化后期阶段，剩余人口被工商业所吸收，农业劳动力变得稀缺起来，这时采用新的农业技术就是变得必不可少。农业工业化的意义在于能提高农业生产的效率，从而释放出大量剩余劳动力。

对于城镇化发展的直观理解是农村人口向城市人口的转变，而在这一复杂的转换过程中，产业的发展变化与其密切相关。农业现代化发展对于推动城镇化的发展具有举足轻重的意义，可以从释放农村劳动力，拉动二、三产业发展与刺激就业、推动农村经济发展三个方面解析其对城镇化发展的促进作用。

（1）农业现代化发展释放了劳动力，加速了农村富余劳动力向城市的转移，推动了城镇化进程（刘玉，2007）。

（2）农业现代化发展可以有效拉动二、三产业的发展，推动城镇化步伐。一方面促进了农业企业的集中壮大，另一方面刺激与农业相关产业的发展，包括农用机械设备、农产品物流服务、农业企业的金融、咨询、法律等服务，扩大二、三产业就业岗位，为繁荣城市经济和加强城乡联系创造着越来越多的机遇与条件。

（3）农业现代化带动农村经济走向繁荣，带领农民走上致富道路，城乡差距逐渐缩小，城乡一体化进程加快。

2. 工业化与城镇化

收入增长和工业化发展往往可以带来城市化水平的同步上升。产业结构、就业结构和城市化水平，三者之间的变化是紧密相关的，如果城市化水平没有随着工业化水平同步提高，就业结构与产业结构之间、工业化水平与城市化水平之间将表现畸形偏差，结果形成工业产值份额和就业份额奇高的局面，对健康的城市化进程不利。

从世界各国城市化与工业化进度关系来看，城市化发展可以分为同步城市化、过度城市化和滞后城市化三种模式。

同步城市化，是指城市化进程与工业化和经济发展的水平趋于一致的城市化模式，以经济合作与发展组织中的发达国家为代表。在城市化加速时期，工业化与城市化的相关系数极高。例如，1841 ~ 1931 年间英国为 0.985，1866 ~ 1946 年间法国为 0.970，整个发达国家为 0.997。工业化率与城市化率曲线几乎是两条平行上升的曲线。在城市化进程中，农村劳动力的地域迁移先于职业转换比较普遍。

过度城市化，又称超前城市化，是指城市化水平明显超过工业化和经济发展水平的城市化模式。以巴西等拉美国家、南非等非洲国家为代表。大量农村人口涌入少数大中城市，造成城市人口过度增长，而城市建设的步伐赶不上人口城市化速度，城市不能为居民提供就业机会和必要的生活条件，农村人口迁移之后没有实现相应的职业转换，造成严重的“城市病”。过度城市化形成的主要原因是二元经济结构下形成的农村推力和城市拉力的不平衡，以及政府宏观调控措施失衡的结果。

滞后城市化:是指城市化水平落后于工业化和经济发展水平的城市化模式。以中国、东欧等国家为代表。滞后的原因主要是政府为了避免城乡对立和“城市病”的发生，采取种种措施来限制城市化的发展，结果不仅使城市的集聚效益和规模效益得不到很好的发挥，而且还引发了诸如工业乡土化、农业副业化，农业人口“两栖化”和城镇发展无序化等“农村病”现象。这是一种违背工业化和现代化发展规律的城市化模式。

改革开放后，随着经济的快速发展，中国的城市化进程也大大加快，然而相比于工业化进程，我国处于滞后城市化状态。张颖和赵民（2003）根据2001年之前的有关数据对中国城市化进程与经济发展的关系进行了研究认为，我国的城市化水平略落后于经济发展水平，呈现低于“正常区间”的特征。

3. 服务业与城镇化

制造业是工业的主体,因为制造业的生产与消费在时间和空间上可以分开,因此其发展不依赖于当地的市场容量。与制造业不同，服务业的生产和消费在时间和空间上是不可分的，服务业的规模对当地的市场容量依赖性很强，服务业基地需要聚集于大城市。实证分析也表明，服务业的发展与城市化具有同步性。国际化大都市服务业的比重一般在70%以上。

与制造业相比，服务业是城市化发展并提升城市化质量的加速器，而城市化是服务业发展并实现产业结构升级的推进器。制造业的发展对城市发展的影响基本上是量的影响，即影响城市规模的扩大和城市人口的增加；服务业的发展对城市发展的影响则基本上是质的影响，即强化城市功能、提升城市形象。当产业发展到一定阶段，产业分工细化，服务业对其他产业的作用也日益重要，可以提升其他产业的附加值，助推产业的进一步发展与提升。

服务业的作用不仅仅是解决就业问题，还应该发挥倍增器的作用实现生产效率加成，激活一产、二产发展潜力，并且使一产、二产的产业链不断延伸，创造更多的附加值，从而提高整个国民经济运行的效益和质量。美国从事农业生产领域的人口只占总人口的2%，但从事与农业生产有关生产资料的生产、供应和农产品（7.91，－0.09，－1.12%）销售以及为农业生产服务的人口至少占到了总人口的15%以上，正是这15%的人口，激活了2%人口的生产力，两者相得益彰[①]。

生产要素、市场、公司、现代服务业向城市集聚构成了城镇化的新内容。在当下中国的城镇化发展阶段，第三产业将逐步取代第二产业成为城市化的主要推动力量，以第三产业为代表的新型产业特别是服务业吸纳了更多的农村剩余劳动力，推动了城市化的快速发展。

（1）服务业发展具有较大潜力。服务业具有门类广、就业容量大、门槛低的比较优势（辜胜阻、李正友，1998）；一直以来，在我国城镇化的进程中，工业一直发挥着无可替代的作用，但是受制于产能严重过剩，发展空间受到了压缩。目前中国服务业对于人口的吸纳作用仍未完全发挥出来。

（2）服务业对生态承载力要求更低，更符合中国当下发展的生态环境要求。与工业相比，服务业对于土地、固定资本和环境资源要素要求更低；同时，服务业不产生废气、废水等工业垃圾，对环境的破坏程度较小。

（二）二元机制下的城镇化

由于中国长期二元社会经济结构形态和城乡分隔制度，改革开放以来的中国城镇化道路始终呈现出二元化特征，即以政府为主导，以城市地域经济、人口集聚为特征的自上而下的城镇化和农村地域以乡镇企业为主体、通过乡村工业发展建立农村城市的自下而上的城镇化。

1. 外来影响——自上而下的城镇化模式

1）自上而下城镇化的含义

“自上而下”的动力机制强调的是政府作用在城市化进程中起主导地位，是政府按照城市发展战略和社会经济发展规划，运用计划手段发展城市并安排落实城市建设投资的一种政府包办型的强制性变迁模式。在自上而下的城镇化模式中，政府的行政决策及相关的制度安排起了主要作用，包括生产力的宏观布局及产业结构的调整、城镇规划、开发区的建设等方面的政府行为，户籍制度、就业制度、社会保障等制度安排（许抄军等，2007）。这些因素会加快或减缓城市化进程，如对外开放、政府的基础投资，都会加速城镇化进程，而户

① 资料来源：吴胜武.服务业是助推城镇化的主引擎[ED/OL].2013-10-11.http：//finance.sina.com.cn/zl/china/20131011/115116959975.shtml。

籍制度则会延缓城镇化进程。

2）自上而下城镇化模式的特征与问题

自上而下的城镇化是我国长期以来的城镇化进程的一个主要特征，表现在以下三个方面：一是政府通过户籍管理制度控制农村人口向城市的转移；二是城市化初始阶段的资金积累以政府政策为保障；三是政府控制城市发展的速度。

自上而下的城镇化发展模式以政府的行政力为后盾，用较短的时间和较快的速度建立了中国门类齐全的独立的工业体系，奠定了中国城镇化体系和社会经济发展的基础（辜胜阻、李正友，1998）。但是，这种城镇化模式存在许多弊端，随着中国经济体制改革的逐步深化，已越来越不适应加速城镇化进程的目标要求，成为中国社会经济全面发展的重要障碍。

这种模式的弊端主要有以下几种表现：

（1）不均衡的城镇化和人为波动：自上而下的城镇化模式下，传统体制、制度、政策使生产要素的空间流动和集中缺乏合理性，造成城镇化的不均衡状态和人为波动。

政府单一投资过分集中于各省市政府机关驻地和一些大型工矿企业所在地，从而形成了城市发展布局头重脚轻的现象，造成大中城市投资过多，小城市和镇发展不足的失衡格局。同时，改革开放以后，地方政府的政绩牵引和利益驱动，构成了中国城镇化特有的制度背景与体制条件，使中国城市化面临更多陷阱和困境。当前的城市建设监管、政绩考核、城市财政、土地使用制度导致城市政府的执政行为与中央统筹城乡发展、借助城镇化扩大内需、解决“三农”问题、促进城市集约化发展的初衷发生了一定程度的背离，使城市倾向于集聚生产，而城市的人口集聚功能相对弱化，从而在制度层面上造成城市化滞后于经济发展。

（2）扩大城乡差异，提升了城市门槛：政府通过工农业产品的剪刀差推动了城镇与工业的发展，这一过程中农民作出了巨大牺牲，同时种种计划性壁垒将农民排除在城镇化利益之外，这不仅导致了中国城乡社会经济差距的日益扩大，也激化了城乡之间的利益冲突。

城乡由于种种计划性壁垒的存在，农村居民向城镇的人口流动性极低，只有少量的农村人口通过招生、提干、招工等狭窄渠道进入城镇，大量的农村剩余劳动力沉淀于有限的耕地上，成为中国现代化进程中的一个最大障碍。户籍制度、现有农地征用制度和失地农民利益补偿机制的缺陷造成城市化成本高昂、城中村和城乡结合部问题严重等不良后果。

（3）城镇化发展滞后于非农化和工业化发展：自上而下的城镇化模式中，

政府是单一的推动主体，在城市发展建设方面力量有限，难以跟上市场步伐，使改革以来大量的非农化和工业化在城镇以外无序进行。同时由于城乡门槛的存在，促使流动人口大军的形成，产生了大量的半城市化人口，影响城镇化进程，导致城镇化发展落后于工业化发展。

（4）单一投资主体造成了巨大的财政包袱：自上而下的城镇化模式中，政府作为主要发动者，同时也是城市建设的主要投资者，这也是造成目前政府财政赤字，负债累累的主要原因。它不仅使国家背上沉重的城镇建设包袱，也造成了中国城镇基础设施建设的滞后性，严重阻碍了中国的城镇化进程。

（5）文化消失与文化隔绝：城镇数量相对集中，规模较为庞大，城镇文明程度较高，极小比例的农民进入城镇，很快就被原有的城镇文明所同化，融合进市民阶层，如此以往，导致地方文化与习俗的消失。并且，在这种发展模式下，城镇文明不能辐射到广大农村地区，城乡文明处于一种相对隔绝和封闭的状态。

但是，政府干预对中国城镇化进程起着关键性的调控作用，改革开放过程中，我国政府通过制定和执行相关公共政策，在农村劳动力向城市转移、土地权属与使用模式、区划调整、城市数量的增加和规模的扩张等方面发挥着主导作用，人口迁移政策、市镇建制政策促使行政区变动、新城镇产生，推动了人口城镇化。甚至政府对自下而上城市化和外向型城市化也起促进作用，正是在国家方针政策的影响和政府、农民、内资、外资力量的共同作用构成了自下而上的动力机制，才形成由村镇集体主导的自下而上的城镇化发展模式。

2. 内生模式——自下而上城镇化

1）自下而上城镇化的含义

相对于以政府作为推动主体的自上而下城镇化模式，自下而上的城镇化的基本发动和投资主体是农村社区政府、乡镇企业、农民家庭或个人等民间力量，是由农村地区农业剩余的压力（表现为数量庞大的剩余劳动力及资本和农产品剩余）和农民追求收益最大化的动力综合作用的结果（辜胜阻、李正友，1998）。可以将自上而下认为是一种“外部力量”拉动城镇的发展，而自下而上则表现为“内在动力”推动城镇的发展。

2）中国自下而上城镇化发展的背景

1980年以来，随着中国经济体制改革的逐步深入，民间发动的自下而上的发展模式在城镇化的发展中显示出重要的作用，并日益成为中国城镇化加速发展的重要动力。这种模式的体制包括：

（1）由传统计划经济体制转向市场经济体制，村集体、企业和个人也可以成为城镇化的策动者。同时，市场取向的经济体制改革解放了农村劳动力，扩大了城镇化的隐性需求，形成了由农业向非农产业、由农村向城镇转移的推力。

（2）中央与地方的行政分权改革使各级地方政府独立的利益倾向日益强化，在这种情况下，由权力中心确定的自上而下的城镇化发展模式难以通过各级地方政府而顺利实施。各级地方政府出于发展地方经济的需要，大力推行自下而上的城镇化。

（3）改革开放以来，中国国民收入重心逐步转到居民收入和企业收入。1978 年中国国民总储蓄中，居民储蓄占 3.4%，政府储蓄占 43.3%，企业储蓄占 53.2%，也就是说社会总储蓄的 96.6%来自国有部门；到 2010 改变为居民储蓄占 52.56%，政府储蓄占 4.15%，企业储蓄占 43.29%。政府财政收入在国民收入中的比重显著下降，在这种情况下，政府已无法全部承担城镇化发展所需资金，城镇化投资主体的多元化无可避免。

（4）政府放开了城镇化发展政策，允许个人与企业进行土地开发以及农村土地流转使用。

3）自下而上城镇化发展与乡村工业

（1）自下而上的城镇化发展

自下而上城镇化的最突出的表现形式是改革开放初期乡镇企业的发展促使了农村富余劳动力的就地城市化。乡镇企业在城镇的发展和集聚带动了一系列产业的发展，成为农村城镇化的最主要动力。借助“乡镇企业”这一形式，通过市场导向机制，实现资金、劳动力等生产要素向非农产业和城镇的集聚过程；正是在这一点上，使其成为不同于计划经济体制下“自上而下”城镇化传统模式的新模式。

以乡镇企业发展特别是面向外部市场的工业发展为动力、带动农村城镇发展的战略在沿海地区取得了广泛的成功，这种发展模式之所以取得成功，有着多方面的有利条件，它与当地资本供给、技术条件、区位因素有着紧密的联系（杨云彦等，2000）。江浙模式和广东模式是我国自下而上城镇化的典型代表，并呈现了不同特征。浙江省首先利用高速的农村工业化，促进大量的农村人口涌向城镇，尤其是依托乡镇企业和专业市场带动小城镇联动发展，推进自下而上的农村城市化；江苏省从以发展小城镇为特征的农村城市化起步，主要依靠农村内部非农产业的发展和从事非农产业的农村人口的集聚形成新的城镇，实现农村内发型城市化。广东模式以珠江三角洲为代表，其特点是乡镇工业的大力发展，形成“自上而下”与“自下而上”共同发展、城市拓展和乡村城镇化的双向作用的城镇化发展模式。

（2）乡村工业的发展

乡村工业在原始的工业化基础之上，通过与城市大工业的“嫁接”而不断成长壮大，并逐步形成与城市大工业竞争的局面，乃至在结构上不断趋同，在城市大工业之外建立了“第二国民经济体系”（杨云彦，2000）。乡村工业的发展，在封闭的“城市大工业”道路外，在计划经济体制外实现了另一条道路的工业化，不仅促进了农村城镇化的发展和农民生活水平的提高，更重要的是它为农村经济实现产业化和土地使用制度的改革提供了新的组织选择，如以企业集团的形式将农村经济在一定范围内实行有效的组合。因此，乡镇企业的发展是对传统计划经济体制下的工业化道路的突破，对农村经济现代化具有积极意义。据国家统计局统计，1998 年乡镇企业实现增加值 22186 亿元，占国内生产总值的比重达 27.9%；上交国家税金 1538 亿元，占全国税收总额的 20.4%。

我国乡镇企业的前身是农村手工业和社队企业。20 世纪 50 年代农村工业开始兴起，到 1978 年社队企业产值已达 493 亿元。改革开放以后，乡镇企业的发展进入迅猛崛起阶段（图 3-4）。这一阶段出现两个发展高峰，1978~1988 年为第一个高峰，到 1988 年，乡镇企业个数达 1888 万个，从业人员达 9546 万人，总收入达 4232 亿元；1992 ~ 1994 年为第二个高峰，涌现出一批大中型企业和现代化企业集团。1992 年完成总产值 17975 亿元，比上年增长 54.7%，1993 年又比上年增长 75.5%，1994 年比 1992 年总产值增长 1.4 倍，纯利润增长 1.3 倍。1995 年以后，乡镇企业进入稳步发展的新时期，经过改制和优胜劣汰，开始趋于平缓发展。到 1998 年年底，乡镇企业个数发展到 2004 万个，从业人员为 1.25 亿人，实现营业收入 89351 亿元，净利润 4635 亿元，上缴税金 1538 亿元，分别比 1995 年增长 56%、43% 和 10%。1998 年，全国农民从乡镇企业获得的收入人均 700 多元，农民收入新增部分 1/3 来自乡镇企业[①]。

乡镇企业的发展经历过一次调整和一次改革。1988 年，国家采取“调整、整顿、改造、提高”的方针，集中治理经济过热、整顿经济秩序，关、停、并、转了一批经济效益差、浪费原材料、污染严重的企业。这一期间乡镇企业的发展遭受严重打击，亏损上升，发展势头放缓。

1997 年 1 月，《中华人民共和国乡镇企业法》的正式实施，标志着乡镇企业进入了深化产权制度改革的时期。自该法出台后，通过兼并、重组、改制、拍卖等手段，将大量集体所有制企业改制成为股份制、股份合作制和个体私营等多种形式，使乡镇企业逐步成长为自主经营、自负盈亏、自我发展的企业法

① 乡镇企业成为国民经济重要生力军[ED/OL].1999-10-13.http://www.people.com.cn/rmrb/199910/13/newfiles/wzb_19991013001027_2.html。

人主体和市场竞争主体。这场以产权制度改革为核心的乡镇企业改革，为乡镇企业建立现代企业制度奠定了基础（王宝文，2012）。

1997 年受到东南亚金融危机和改革的影响，乡镇企业的发展一度陷入低谷；随着 2001 年中国加入 WTO 后，乡镇企业再次迎来新的发展机遇，企业运行状况有所好转，生产规模和出口规模不断扩大。2006 年乡镇企业数量增至 2314.5 万家，从业人员 14680 万人，总农村经济产值 249708 亿元。随着经济结构转变和市场化、国际化程度的提高，乡镇企业发展呈现出新的特征：①乡镇企业的创新意识增强，研究开发机制逐步建立起来。2005 年中国乡镇企业研发机构达到 25541 个。②产业集群化的发展格局开始出现。2008 年乡镇企业各类园区达到 7879 个，入园企业 67.5 万家，总产值 98411.5 亿元（王宝文，2012）。乡镇企业发展开始由量的增长转为质的提高，然而相较于总体乡镇企业规模来看，研发机构远少于乡镇企业数量，园区规模仍较小，大量乡镇企业仍然处于零散无序状态。

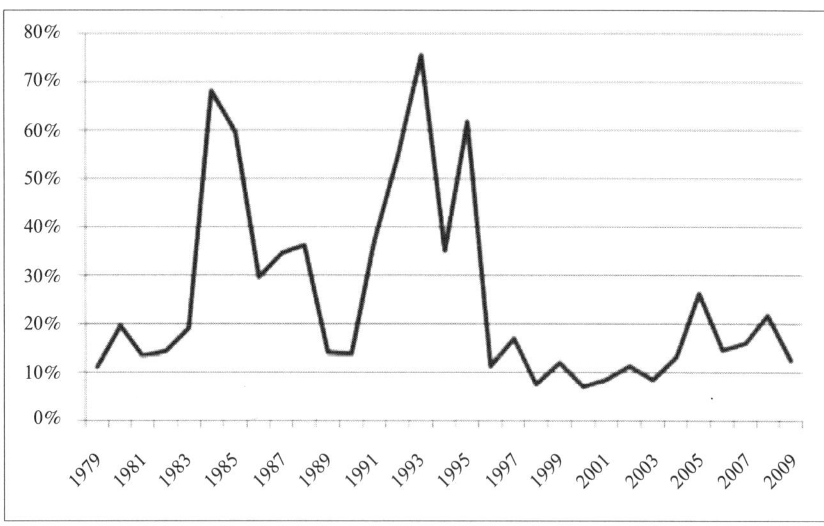

图 3-4　1979～2009 年间乡镇企业总产值年增长率变化

资料来源：王宝文 . 中国乡镇企业发展历程及转型研究 [J]. 经济视角，2012(2)：65-67

总体来看，而自下而上的城镇化则基本上是把分散的农村工业适度集中而形成的农村工业地域载体，就产业结构而言，农村工业层次较低，以劳动密集型产业为最大特色，第三产业的发展相当滞后。

4）自下而上城镇化的意义

20 世纪 80 年代以来自下而上城镇化的发展实践证明：这种新型的模式顺

应了中国向市场经济转轨的要求，成为转轨时期社会经济发展的基本动因。这种模式对社会经济发展的作用主要有以下几种表现：

（1）加速了中国城镇化的发展进程，改善了城镇结构体系。改革开放以前，囿于投资主体的单一化，中国的城镇化进程十分缓慢，而且城镇结构头重脚轻，不甚合理。20 世纪 80 年代以来兴起的自下而上的城镇化则大大调动了各种民间力量的积极性，通过行政职能导向、本地资源开发、商品集散流通、工贸结合等形式，使得中国中小城镇得到长足发展。

（2）吸纳了大量的农村剩余劳动力，缓和了农村就业压力。自下而上发展起来的“农村城镇”对农民具有很强的吸纳能力，准入“门槛”较之大中城市要低得多，因此为农村大量剩余劳动力从事非农业生产经营提供了广阔的舞台；同时，“农村城镇”也成为大中城市对广大农村辐射的中继站，农村城镇繁荣和发展，对农民的影响力日益加大。1982 年和 1990 年的两次人口普查结果表明，规模在 20 万人以下的小城镇，在吸纳农村流动人口方面的能力不断增强，吸纳农村人口的比重上升较快，已成为不可缺少的重要力量。

（3）打破了原有城乡隔绝局面，成为农村由封闭走向开放的桥梁。在自上而下的城镇化发展模式下，城镇和乡村在户籍、口粮、住房、就业等制度约束下基本上是两个独立的、相互封闭的社会子系统。自下而上地发展农村城镇则很少或基本上不受上述制度约束，世代为农的农民通过进入农村城镇从事非农产业的生产经营，走进城市。同时教育以及技术在农村城镇普及，为广大农民流进城镇铺设了新的阶梯，使之成为农村人口向城镇流动“三级跳”中的第一级。

（4）增加了农民的收入，使农民直接享受到工业化、非农化的利益。自下而上地发展农村城镇，使农民普遍有机会进入到过去可望而不可即的城镇从事较高收益的非农业生产经营，大大增加农民收入。剩余的农村劳动力被城镇非农产业部分吸纳后，农业生产者的劳动生产率相应提高，也增加了务农农民的收入。

（5）推动了乡村工业的大发展，成为带动农村区域经济进步的增长极。通过自下而上地建设农村城镇，把分散的乡村工业适当集中到城镇，产生规模效应，降低乡村工业生产经济成本；同时大量工业的集聚为城乡第三产业的发展提供了需求拉力，促进农村产业结构优化。

5）自下而上城镇化的问题

自下而上的城镇化在补充了自上而下城镇化的不足的同时，也带来了社会、经济和环境方面的诸多问题。20 世纪 80~90 年代，乡镇企业发展热火朝天，“村村点火、户户冒烟”式的农村工业的发展，形成了“村村盖楼、乡乡建镇”，遍地开花，首尾相连的农村城镇格局。乡镇企业的发展占用了农田，吸引了大量的农村劳动力，造成了农业副业化，无形中影响了农业的发展；缺乏统一规划的分散的小城镇占用了大量的耕地，造成了土地的破碎化；城镇基础设施投资大，利用效率低，规模不经济；小城镇规模过小，非农业人口比重低，难以有效地担当起现代工业和其他非农产业发展载体的功能和发挥城市规模效益，导致农村非农产业乡土化和封闭化而难以扩大规模、提高档次；规模过小而又封闭的小集镇只是传统农村村落的变种，现代城市文明难以得到传播和普及；同时，乡镇企业往往是低端的三类工业，而又缺乏统一的管理和约束，对环境造成了较大的破坏。

需要指出的是，自上而下的城镇化和自下而上的城镇化并不是相互对立、相互排斥的，它们之间是一种相互联系、相互制约、相互补充的关系。事实上，自上而下的城镇化和自下而上的城镇化是很难完全划分开的，它们共同推动着中国城镇化的发展，而随着经济体制改革的深入，非政府主导的自下而上的城镇化将逐步成为中国城镇化的基本动力。

三、城乡关系的相关理论

城乡关系理论的核心是二元结构，城市偏向理论、乡村偏向理论和城乡一体化发展理论，都是围绕城乡二元结构展开的，或者以其中一者为重点，或寻求二者的均衡发展。

（一）城市偏向论

城市偏向论是基于阿瑟·刘易斯的“二元经济结构”以及弗朗索瓦·佩鲁的“增长极”理论发展而来。刘易斯“二元经济结构”将经济部分划分为工业、农业两个部分，从产业发展与人口转移角度阐述了城乡二元经济模型并成为城市偏向论的理论基础。弗朗索瓦·佩鲁从空间经济研究的角度，为“城市偏向”战略提供了理论支持；佩鲁的增长极理论认为，增长并非以等概率机会出现在各经济地理区域，而是以不同的强度首先出现在一些增长点或增长极上。主要原因有：城市工业部门强烈的技术创新愿望及其扩散能力；源于创新的发展而诱致的资本聚集以及随后的输出；基于前两者的作用而产生的规模经济效益；并进一步产生积聚经济效果（孙海波、杨新华，2009）。

“城市偏向论”以城市现代工业为核心，通过调整工农关系，加强城市基础设施建设等措施，促进发展中国家的社会经济快速发展（孙海波、杨新华，

2009）。“城市偏向”的发展战略是发展中国家实施“赶超战略”的具体表现，而处于工业后期的国家以及已经完成工业化的发达国家，并不存在明显的“城市偏向”问题。由于资金和技术不足是发展中国家发展的最大障碍；城市现代工业在国民经济中占据核心地位并有极强的拉动效应，因而大部分发展中国家都采取集中有限的资金和资源，发展城市现代工业，也就是“城市偏向战略”。政府通过制定一系列倾向于城市现代工业发展的政策措施，如工农产品的“剪刀差”价格政策、城乡二元户籍政策、财政金融以及城市基础设施建设等制度安排，为城市现代工业的快速发展创造有利条件。

随着“城市偏向”战略的持续性实施，城市现代工业在获得了廉价资源后却走上了畸形发展的道路，农村经济也陷入了恶性循环的困境，几近崩溃。长期以来我国工业化超前、城市化滞后的困境，与自新中国成立以来一直推行的“城市偏向战略”可以说有根本的关系。这一现象正是“维护城市”的偏向主导了体制与政策，阻挠了人的城镇化，促生流动人口大军，导致城镇化滞后工业化进程；另一方面，城市偏向战略将资源集中于城市，过度发展城市而轻视了乡村与农业的发展，造成了严重的城乡差异。

发展中国家的社会经济结构是理解“城市偏向”战略的关键。首先，农业在发展中国家国民经济中占有较大的比重，但劳动生产率低下，主要原因是生产技术落后、物质资本与人力资本投入不足。在工业落后、服务业不发达的前提下，社会经济的发展依赖于农业生产和初级产品程度较高；其次，二元结构是发展中国家所具有的最明显的社会经济特征，这主要是发展中国家在由传统社会向现代化过渡过程中，在政府经济政策的干预下，长期致力于城市现代工业的发展，而农村仍然以农业生产为主，生产效率低下，收入水平远低于城市；再次，农业部门存在着严重的隐性失业问题；最后，发展中国家在国际贸易以及国际上政治经济地位处于非常不利的境况。由此可以看出，发展中国家工业不发达、农业落后，经济发展缓慢。但发达国家的经济发展历程表明，可以通过促进工业化的快速发展拉动社会经济的全面发展，这正是发展中国家发展经济的“后发优势”。因此，一方面，发展中国家具有非常强烈的追赶愿望，另一方面可以通过借鉴和吸收发达国家的技术创新和制度安排，实现快速的工业化，于是“城市偏向”战略自然成为发展中国家的首要考虑（孙海波，杨新华，2009）。

（二）乡村偏向论

“城市偏向”理论的提出引发了对自下而上发展战略的探索。与“城市偏向论”相对，“乡村偏向论”是以乡村为主，城市为辅，强调乡村、乡村经济的发展，以各地的自然、人文和制度、资源最大利用为基础，以满足当地居民的基本需要为首要目标。

弗里德曼和道格拉斯（Friedmann and Douglas，1975）首次提出了乡村城市发展战略。他们主张与城市发展相关联，乡村的发展才可能取得最好的效果；他强调城镇应作为非农业和行政管理功能的主要场所而不是作为一个增长极。龙迪内利（Rondineli）主张以农村为基础、自下而上的发展战略，同时强调城乡经济联系的重要性。他认为政府应该在相对分散的一些聚居区进行战略性投资，以便为农村人口提供自下而上发展的基本条件，同时致力于中小城市和城镇网络的建设和完善，以缩小城乡社会经济发展水平的差距。20 世纪 80 年代，斯特尔和泰勒提出了自下而上的“选择性空间封闭”（Selective Spatial Closure）发展理论。他们反对“自上而下”的发展模式，而提倡“自下而上”的发展模式，这种发展一般以农村为中心，以各地的自然、人文和制度、资源最大利用为基础，以满足当地居民的基本需要为首要目标（刘荣增，2008）。

综上所述，乡村偏向论中主要突出的是农业的基础地位以及中小城镇发展的重要性和战略意义。改革开放之后，我国开始重视农村的发展，放开了发展政策。这一时期，乡村工业快速发展，小城镇大量涌现，可以说是对乡村发展理论的实践。

（三）城乡一体化和城乡统筹

1. 城乡一体化的理论缘起与含义

西方经济学家普遍认可城乡关系的最高阶段将走向城乡一体化。从渊源上来看，城乡一体化有两个来源：一个是马克思主义经典作家关于城乡关系的论述，比如城乡融合、消灭三大差别等思想；第二个来源是西方城市学家的思想，如著名的英国城市学家霍华德 1898 年提出了“田园城市”，倡导用城乡一体的新社会结构取代城乡对立的旧社会结构。之后沙里宁提出了“有机疏散城市”，美国著名城市学家芒福德从保护人居系统中的自然环境出发提出城乡关联发展的重要性，这些理论主要从空间布局上绘制了理想的城乡关系。城乡一体化要求统一城乡规划，打破城乡分割的体制和政策，加强城乡间的基础设施和社会事业建设，促进城乡间生产要素流动，逐步缩小城乡差别，使农村与城市一样共享现代文明，以实现城乡经济、社会、环境的和谐发展。

20 世纪 50 年代，张培刚（1945）在其博士论文《农业与工业化》中提出农业是工业化的基础，并强调了农业工业化是工业化过程的重要一环，农业和工业化是不可分割的整体。20 世纪 70 年代，费景汉和拉尼斯对刘易斯的二元模型进行修正，突出了农业发展与非农产业发展对经济结构推进以及城镇化发展具有同样重要的作用。

石忆邵（2003）在《新世纪上海城乡一体化发展研究》中对城乡一体化作了如下阐述：城乡一体化是指在生产力高度发达的基础上，城乡之间通过资源和生产要素的自由流动和优化配置，相互协作，优势互补，以城带乡，以乡促城，互为市场，互相服务，城市经济、社会、文化和生态持续协调发展的动态过程。也可以理解为城乡融合的经济、社会、文化和生态符合系统与时俱进、持续趋优的综合变迁模式。

综上可见，城乡一体化发展涉及社会、经济、文化等各个层面，不仅包含城乡在物质空间的协调关系，更是在经济、产业以及资源分配上的协调发展，同时还包括城乡在社会文化上的相互沟通促进。城乡一体化的核心仍需要落脚在城乡二元结构，要实现城乡一体化，必须破除城乡分割和对立，优化资源分配，工农互补互促，深化城乡联系，推进城乡平等与融合发展。

2. 城乡统筹发展理论

从长远和整体看，城乡的统筹和协调发展才是最终目标。城乡关系在世界普遍存在，国外学者同样对城乡一体化发展进行了相关研究。

龙迪内利（1983）提出了“次级城市发展战略”，他认为，城市的规模等级是决定发展政策成功与否的关键，发展中国家政府要获得社会和区域两方面的全面发展，必须分散投资建立一个完整、分散的次级城市体系，在城市和乡村之前起到过渡和联系作用。日本学者岸根卓郎（1990）根据日本的“第四全综国土规划”，从系统论角度出发，强调城乡融合发展，他认为“要充分利用城市和农村这一强大的引力，形成融合，破除二者之间的界限，建设一个能够不断向前发展，总体环境优美的美好定居之地——作为自然—空间—人类系统的‘城乡融合社会’”。道格拉斯（1998）分析了以往各种发展理论与规划中普遍存在的将城市和乡村分割的问题，从城乡相互依赖的角度提出了区域网络发展模型。加拿大学者麦吉（McGee1972）在对亚洲一些国家进行长期研究后提出了 Desakota 概念，Desakota 是建立在区域综合发展基础上的城市化形态，其实质是城乡之间的统筹协调和一体化发展。

3. 我国的城乡统筹发展历程

城乡一体化在我国的提出与发展可以划分为 4 个时期：

第一个时期是改革开放后到 20 世纪 80 年代中后期，是城乡一体化的提出与探索阶段；我国苏南地区在 1983 年最先使用城乡一体化这一概念，这一概念的提出背景是乡镇工业发展超过农业产值，城乡人民生活水平和生活方式的差距在逐步缩小。1984年中共中央关于经济体制改革的决定中，提出了要充分发挥中心城市的作用，逐步形成以城市特别是大、中城市为依托的，不同规模的，开放式、网络性的经济区。

第二个时期是20世纪80年代末期到90年代初期，这一时期开始对城乡边缘区进行研究；城乡边缘区兼有城市和乡村两种地域的特征，并与城市、乡村构成了三元地域结构。这一时期对城乡边缘区的概念、特性、类型、空间演变机制等进行了探讨，上海、江苏、辽宁等地区开始了对中心城市与周边乡村地区的发展通盘考虑的城乡一体化发展战略。

第三个时期是20世纪90年代中期至2007年，是城乡一体化理论框架与理论体系开始建立、研究内容日臻完善的时期。20世纪90年代中后期城乡一体化研究开始了理论上的探索，讨论城乡一体化目标、战略、特征、发展方向、动力机制、实现条件、阻碍因素与具体措施等等。在研究内容上趋向于具体化与系统化，注重从某一个领域入手来研究城乡一体化，我国城乡一体化理论体系日臻成熟。

第四个时期从2007年至今，这一时期开始了城乡一体化发展新一轮的实践发展。2007年国务院批准通过成立重庆市和成都市全国统筹城乡综合配套改革试验区，同年，新型城镇化观念提出，这标志着我国城乡一体化发展开始了新的实践阶段。

4.城乡一体化发展举措

归纳起来，城乡一体化发展思路包括以下几个方面：

（1）城乡一体化发展的关键是消除城乡分离的二元结构，通过取消户籍制度，推进城乡体制改革，协调城乡社会关系，实现城乡劳动力自由流动来实现城乡协调发展。

（2）城乡一体化发展需要形成完善的城镇体系。走多元化的城市发展道路，形成大中小城市和小城镇协调发展的城镇体系，发挥大城市的核心影响力，并以小城镇带动乡村地区发展，与乡村地区紧密联系。

（3）建立完善的制度体系，逐步消除城乡制度门槛。从行政制度、户籍制度、土地制度、劳动力流动制度、就业制度、社会保障制度、住房制度、医疗制度、教育制度等方面深化改革以达到城乡协调发展，实现“人”的城镇化。

（4）产业的协调发展与布局：通过合理布局城乡产业、优化城乡产业结构来实现城乡资源的优化配置和生产要素的合理流动。乡镇企业向小城镇集中、规范乡镇企业、深化乡镇企业的产权制度等来探讨实现产业协调；大力发展农业、提高农民收入水平，为工业与服务业的发展奠定基石。

（5）加强农村基础设施投入。增加农村教育投入，建立功能齐全的区域基础设施和公益服务设施；构建城乡一体的商品流通网络、交通运输网络、教育科技网络、经济信息网络和资金融通网络。

（6）提高人口素质和劳动技能，从人口和劳动力方面来保障城乡协调发展的实现。

本章参考文献

[1] 安虎森 . 增长极理论评述 [J]. 南开经济研究，1997（1）：31-37.

[2] 包小忠 . 刘易斯模型与“民工荒”[J]. 经济学家，2005（4）：55-60.

[3] 范桂汕 . 经济增长阶段理论的演化 [J]. 商业研究，2008（4）：26-30.

[4] 方少勇 . 拉文斯坦移民法则与我国人口的梯级迁移 [J]. 当代经济，2009（3）：44-46.

[5] 龚建平 . 费景汉和拉尼斯对刘易斯二元经济模式的批评 [J]. 求索，2003（3）：35-190.

[6] 辜胜阻，李正友 . 中国自下而上城镇化的制度分析 [J]. 中国社会科学，1998（2）：60-70.

[7] 刘荣增 . 城乡统筹理论的演进与展望 [J]. 郑州大学学报（哲学社会科学版），2008（4）：63-67.

[8] 刘玉 . 农业现代化与城镇化协调发展研究 [J]. 城市发展研究，2007（6）：37-40.

[9] 马侠 . 人口迁移的理论和模式 [J]. 人口与经济，1992（3）：38-46.

[10] 石忆邵 . 城乡一体化理论与实践：回眸与评析 [J]. 城市规划汇刊，2003（1）：49-54+96.

[11] 石忆邵 . 新世纪上海城乡一体化发展研究 [J]. 城市规划汇刊，2003（3）：37-41+51.

[12] 宋洪远 . 结构转换理论与中国城乡经济一体化 [N]. 中国社会科学报，2009/08/20.

[13] 孙海波，杨新华 . 论城乡二元经济结构下的城市偏向战略 [J]. 中国集体经济，2009（1）：43-45.

[14] 王宝文 . 中国乡镇企业发展历程及转型研究 [J]. 经济视角，2012（2）：65-67.

[15] 许抄军，罗能生，王家清 . 我国城市化动力机制研究进展 [J]. 城市问题，2007（8）：20-25.

[16] 许学强，周一星，宁越敏 . 城市地理学 [M]. 北京：高等教育出版社，1997.

[17] 杨云彦，陈浩，陈永金 . 乡村工业嬗变与“自下而上”城镇化 [J]. 广东社会科学，2000（1）：107-113.

[18] 张培刚 . 农业与工业化 [M]. 武汉：华中科技大学出版社，2009.

[19] 张颖，赵民 . 论城市化与经济发展的相关性——对钱纳里研究成果的辨析与延伸 [J]. 城市规划汇刊，2003（4）：10-18+95.

[20] 赵民，栾峰 . 城市经济学 [M]. 北京：中国建筑工业出版社，2012.

[21] 赵显洲 . 我国城市化与经济发展相互关系的动态分析 [J]. 中国软科学，2006（9）：116-121.

[22] 周其仁 . 城乡中国（上）[M]. 北京：中信出版社，2013.

[23] 朱杰 . 人口迁移理论综述及研究进展 [J]. 江苏城市规划，2008（7）：40-44.

[24] （美)H · 钱纳里等 . 工业化和经济增长的比较研究 [M]. 吴奇等译 . 上海：上海三联书店，上海人民出版社，1989.

[25] （日）岸根卓郎 . 迈向 21 世纪的国土规划：城乡融合系统设计 [M]. 高文琛译 . 北京：科学出版社，1990.

[26] Freidmann，J. and Douglass.M.Agropolitan development：towards a new strategy for regional planning in Asia[M]. University of California，Los Angeles，1975.

[27] Rondinelli，D.A.Secondary Cities in Developing Countries：Policies for Diffusing Urbanization[M]. Beverly Hills：Sage Publications，1983.

[28] 吴胜武 . 服务业是助推城镇化的主引擎 [ED/OL].2013-10-11.http：//finance.sina.com.cn/zl/china/20131011/115116959975.shtml.

[29] 乡镇企业成为国民经济重要生力军 [ED/OL].1999-10-13.http://www.people.com.cn/rmrb/199910/13/newfiles/wzb_19991013001027_2.html.

第四章　世界城镇化进程及特征

随着资本和劳动力的全球流动性增加，大规模的城市化运动在全球展开，对于发达国家而言，已经步入后城市化阶段，而大多数发展中国家当前还处于城市化从起步到快速发展的过渡期。世界各国的城镇化模式在遵循一般规律的同时,也存在显著的时空差异。本章首先回顾了世界城镇化的发展轨迹和特征，并以美国、日本和拉美各国为例，阐述了不同国家的城镇化轨迹，以期对我国的城镇化进程有所启示。

一、世界城镇化的发展轨迹和特征

（一）城市的起源与古典时期的城镇化

在人类的历史长河中，城市和城镇化的历史并不算悠久。世界上最早产生城市的地方与文明的发源地紧密相连。在历史学与考古学研究普遍认为，最早的城市出现于公元前 3500 年，即发育在底格里斯河和幼发拉底河的肥沃的河谷的美索不达米亚（位于现代伊拉克境内）。农业生产技术的创新以及由此带来的农业剩余产品管理与贸易的需求为城市聚落的出现提供了基础（Wittfogel，1957）。在此之后，北非的埃及、南亚的印度河峡谷、东亚的黄河流域以及中美洲的墨西哥湾地区相继成为城市与文明的发源地，也成为世界上城镇化最早开始的地方。

至公元 8 ~ 9 世纪，城市开始在世界上多个地区出现。在这一时期，城镇化发展最为突出的地方是希腊。早在公元前 800 年，古希腊人受美索不达米亚的影响，建造了雅典、斯巴达和科林斯等城市。但是，随着人口日益增长与陆地上有限的耕地之间的矛盾日益突出，古希腊人向南远征，并且沿着海岸线建设一个个独立城邦。城市沿着伊奥尼亚海、西西里岛、意大利南部一直到黑海扩张，形成了相对完整的城市体系（Pacione，Urban Geography）。早期的希腊城邦的建设以“卫城”（acropolis）的形式为主，即用防御城墙将各种宗教、商业和行政建筑和居住区包围。但到了公元前 5 世纪，以集市、庙宇、法庭和其他公共建筑和空间为特征的“城市广场”（agora）变得重要起来。此外，古希腊的城邦还开创了的民主参与式的城市管理形式，对后来全世界的城市管治模式产生了深远的影响。

公元前 1 世纪前后，古希腊为罗马帝国统治，但城市建设的传统却保留了下来。罗马人不仅通过城市建设，不断扩张其疆域，也将城市作为广阔帝国管理的机制。与古希腊独立城邦所不同，古罗马城市以罗马为中心，根据等级进行设计，反映出古罗马严格的阶级系统。同时，古罗马完善了城市之间的道路建设，大大促进了区域内的贸易交流。公元 7 世纪，罗马帝国的灭亡标志着城镇化的古典时期的结束。

回顾城市的出现以及早期的城镇化发展，有许多因素起到了关键作用：

（1）产品剩余。蔡尔德和伍利（Childe,1950；Wooley 1963）认为，农业剩余产品的管理需求和贸易需求，导致新的社会分工与社会组织的出现；而这些非农生产活动正是在城市中进行的。

（2）水力与灌溉。威特福格尔（Wittfogel,1957）指出，剩余农产品实际上大型灌溉项目出现的结果，精密的灌溉项目需要新的劳动分工与大规模的合作，从而促进了人口的集中和城市的发展（Wittfogel,1957）。

（3）人口压力。人口日益增长打破了很多地方人口与耕地等资源之间的平衡，从而促进了技术的革新以及贸易等非农活动的兴起（Boserup,1981）。

（4）贸易需求。这种观点认为城市是长距离贸易的中心。与此同时，大尺度的市场贸易也需要建立管理商品的流通系统，不断强化生产和职业的专门化，从而促进城市经济的发展。

（5）防卫需求。城市的起源也与人们的防卫需求有关，即人们需要聚集在军事防御系统中得到保护（Wittfogel,1957）。

（6）宗教因素。不少学者认为，城市出现需要有宗教作为社会制度架构，即权力需要通过宗教来促进那些引起城市发展的社会变化的发生。因此，宗教建筑以及宗教在早期城市居民生活中十分重要（Sojberg,1960）。

（二）现代世界城镇化发展趋势与特征

1. 现代世界城镇化的总体趋势

从 11 世纪开始，伴随着封建体系的逐渐弱化、商业资本主义的成熟以及全球贸易的扩张，城市的规模不断增长。1800 年，全球人口超过 10 万人的大城市达到了 65 个。全球最大的 100 个城市中，29 个在欧洲，64 个在亚洲（United Nations，1996）。但此时，人口在城市—农村之间的分布仍是保持在一个相对稳定的均衡状态，即人口的大多数在农村从事农业生产活动，而少数人聚居在城市中从事手工业生产与贸易。1800年，世界城市人口的比例约为总人口的5.1%（Grauman，1976）。城镇化是社会中居住在城市中的人口比例增加的过程，这一时期的城市增长并不是城镇化的表现，而是人口增长的结果。

现代世界大规模的城镇化真正兴起于工业革命时期。工业革命彻底改变了人类社会的生产方式。工业生产无法如农业和手工也一样自给自足，工人必须集中到有机器的厂房中协作完成。农业生产的机械化解放了大量的劳动力，使他们可以到制造业部门工作。于是，城市成为了工业生产的集聚地点，并通过为工业生产提供工厂、仓库、管理办公室以及其他交通基础设施与生活设施，迅速吸收农村的剩余劳动力。与此同时，工业也受益于集聚经济而快速发展。

自工业革命以来，在19世纪的100年里，全球人口增加了70%，而城镇人口增加了340%，全球居住在城镇中的人口比重从5.1%提升到13.3%。20世纪的100年里，全球人口增加了26.7%，城镇人口足足增长了13倍，城镇人口比重上升为47.2%（表4-1、图4-1）。2007年，世界城镇人口达33亿，历史上第一次超过总人口的50%（UNFPA，2007）。根据联合国最新发布的预测，到2025年，这一比例将高达66%。世界从此进入了一个"城市时代"（Urban Age）。

1950～2050年世界城乡人口变化　　表4-1

年份	总人口（万）	城镇人口（万）	城镇人口比重（%）
1800	97800	5000	5.1
1850	126200	8000	6.3
1900	165000	22000	13.3
1950	251900	75000	29.8
1960	302000	101700	33.7
1970	369000	135600	36.8
1980	442900	175600	39.6
1990	525400	228500	43.5
2000	605600	286100	47.2
2010	697400	363200	52.1
2014	724300	388000	54.0
2050	955000	633800	66.0

资料来源：Grauman，J.V. Orders of magnitude of the world' s urban population in history [Z]. United Nations Population Bulletin，No.8，1976；World Urbanization Prospects: The 2001 Revision, Data Tables and Highlights [R]. UN, Department of Economic and Social Affairs (DESA), Population Division, 2002；World Urbanization Prospects：The 2011 Revision，Data Tables and Highlights[R]. UN，Department of Economic and Social Affairs(DESA)，Population Division，2012；World Urbanization Prospects：The 2014 Revision，Data Tables and Highlights[R].UN，Department of Economic and Social Affairs(DESA)，Population Division，2015。

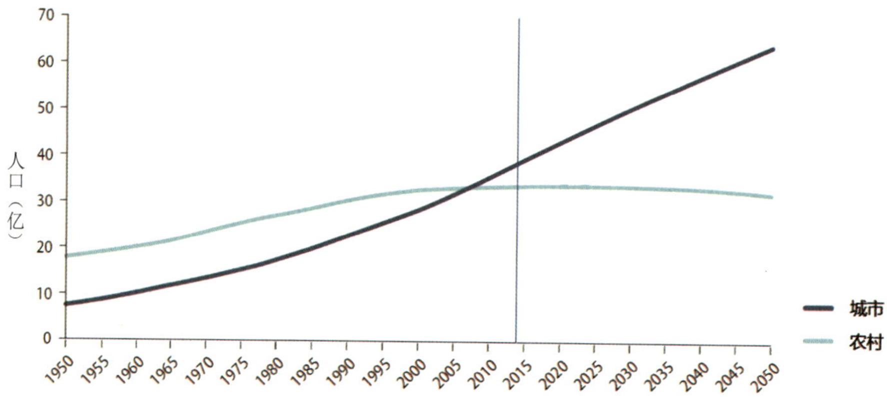

图 4-1　1950～2050 年世界城乡人口变化

资料来源：World Urbanization Prospects: the 2014 revision (highlights) [R]. UN, Department of Economic and Social Affairs (DESA), population division, 2014

2. 现代世界城镇化的地域差异

现代城镇化发展迅速过程中的一个重要特征是，以美国、英国和日本等为代表的发达国家和以亚洲、拉美和非洲为代表的发展中国家在城镇化发展时机和趋势上存在重大差异（图 4-2）。从 20 世纪中叶开始，城镇化发展的主流逐渐从发达地区转移到欠发达地区。

图 4-2　2014 年 50 万人口以上的城市聚集区的城市化率和分布

资料来源：World Urbanization Prospects：The 2001 /2011/2014 Revision，Data Tables and Highlights [R]. UN，Department of Economic and Social Affairs，Population Division，2015

1）发达国家的城镇化

发达国家是现代城镇化的发源地。例如，英国在 1850 年即成为第一个由一半以上的人口居住在城镇的国家。20 世纪初，美国的城镇化达到高潮。

1950年以前，60%的世界城市人口集中在发达国家。但是，自从1950年开始，这些国家的城市增长逐渐趋缓。伴随着人口自然增长率的降低，在过去的30年，这些国家人口减少的城市多于增长的城市。1990～2000年，发达地区40%的城市经历了人口衰减。

发达地区城市发展的另一个新趋势是分散化。自1920年起，发达国家城市先后经历了人口、工业、零售业和办工业从城市中心往郊区迁移的浪潮，城市发展从高密度集中向低密度扩张转变。伴随着人口和产业的郊区化，大城市的核心区增长缓慢或者出现负增长。而增长最快的反而是大城市周边的新兴小城镇，被学者们称为快速发展的郊区城市（Boomburbs）（Lang and LeFurgy，2005）。这一现象在北美地区尤为突出。例如，美国得克萨斯州达拉斯郊外的普莱诺（Plano）1990～2000的年均增长率为5.5%。加拿大大多伦多地区的沃恩（Vaughan），10年时间人口翻了一番。

2）发展中国家的城镇化

发展中国家的城市人口则从1950年开始飞速增长。到20世纪70年代，欠发达地区的城市人口数超过了发达国家。2014年，亚洲已是城市人口数最多的地区，其城市人口占全球城市总人口数的53%。从城镇化率来看，2014年，非洲与亚洲的城镇化率分别为40%和48%，城镇化水平仍然与北美、欧洲、澳洲和拉美等发达地区高达70%～80%的城镇化水平有一定差距。但是根据联合国的预测，在未来的几十年里，这两个地区将是城镇化发展速度最快的区域。并且，从现在到2050年的城市人口增长总数中，将有1/3来自中国和印度（United Nations，2014）（图4-3）。

与发达国家经济发展促进城市人口增长的经验所不同，发展中国家的城镇化则是由人口增长先于经济发展推动。这一过程主要的形式包括：

（1）内聚城镇化。人口转变（即死亡率相对于出生率的快速下降）的到来造成发展中国家人口迅速增长。结果，不少乡村聚落的人口密度很快达到甚至超过了可以定义为城市聚落的阈值。

（2）乡城迁移。在农业经济逐渐衰落的农村出现了大量剩余劳动力。他们迁移到城镇或者更大的城市谋生，以满足他们对就业岗位以及医疗、教育等公共服务的需求，从而导致城市人口的增加。这类由迁移导致的城市人口机械增长占城市增长的40%（DESA，2006）。在城镇化的初级阶段，乡城迁移往往是城镇化的主要动因。

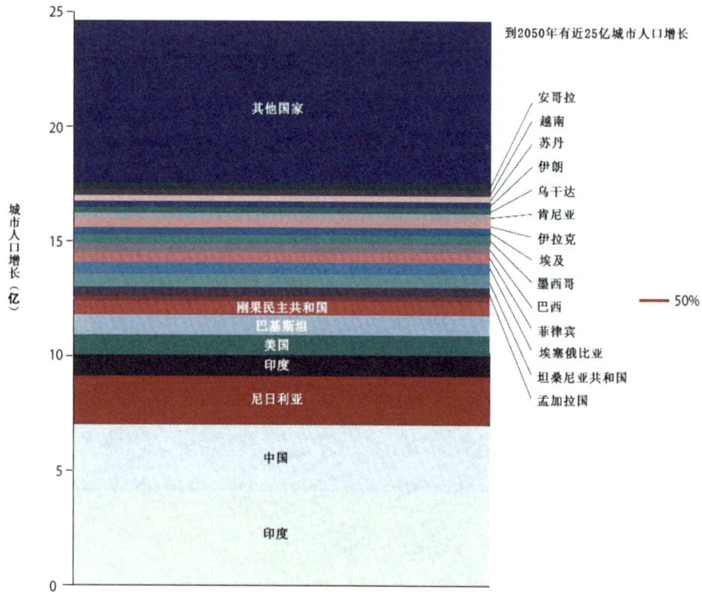

图 4-3　各国对全球城市人口增长的贡献，2014～2050

资料来源：World Urbanization Prospects: the 2014 revision (highlights) [R]. UN, Department of Economic and Social Affairs (DESA), population division, 2014

（3）自然增长。由于从乡村迁入城市的移民大多数是青壮年，导致城市人口的自然增长率也保持在一个相对较高的水平。在许多欠发达地区，城市人口的增长是大于净迁移率的。例如，在拉丁美洲和加勒比地区，几乎 80% 的人在城市居住，人口自然增长占城市人口增长的 60% 以上（UN Habitat，2008）。

（4）环境状况。在不少边缘地区，如撒哈拉以南的国家，当沙漠扩张至乡村，或者发生荒漠化、过度放牧等生存环境的恶化时，也是人们迁往城市的重要因素。

（5）宏观经济政策与基础设施建设。越来越多的发展中国家，特别是在亚洲，政府通过采取各种政策促进城市与经济的发展。宏观经济改革，例如设立特定经济特区，疏通了资本的进入通道，是非常有效的措施。交通和通信基础设施则在很大程度上改善城市的连通性，从而促进人口与资本的集聚。还有许多城市通过建设经济基础设施和生活服务设施，使城市居民受益，吸引人口。

（6）行政变更。行政和法律地位的变动是很多国家城市人口增长的动力。例如，将农村地区划分入城市所带来的城市人口增长占发展中国家城市人口增长的 1/4。在中国，大量县级市被并为城市辖区。例如，安徽六安、河南信阳等在升级为城市辖区之后，每年以超过 15% 的速度增长。

3. 现代世界城镇化的规模特征

伴随世界城镇化水平的迅猛增加，另一个突出的特征是人口越来越向巨型城市和大城市集中。人口 1000 万以上的巨型城市（Megacities）和 500 万以上的大城市（Large cities）不断增多，其所占世界总城镇人口的比重也不断提高。1990 年，全球一共有 10 个巨型城市，21 个大型城市。到 2014 年，巨型城市总数上升为 28 个，大型城市总数上升为 43 个，两者的人口数占全球总城镇人口数的 20%。人口数量排在前三位的城市分别是日本的东京、中国的上海和印度的德里。根据联合国的最新预测，这种趋势仍将延续。到 2030 年，全球将有 41 个巨型城市和 63 个大城市（图 4-4）。

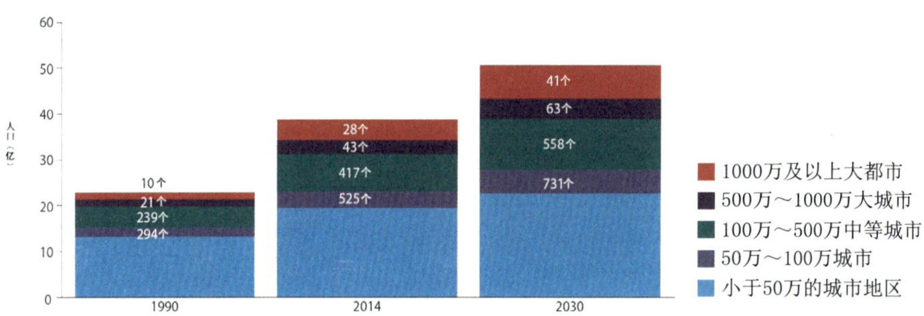

图 4-4　全球城镇人口在不同规模城市的分布

资料来源：World Urbanization Prospects：The 2014 Revision，Data Tables and Highlights [R]. UN，Department of Economic and Social Affairs，Population Division,2015

伴随人口向巨型城市和大城市集中的变化，是城市在地域空间的不断扩展，形成了以一个或几个城市为中心的密集城镇化区域。20 世纪 50 年代，法国学者戈特曼（Gottman，1957）观察到了美国东北海岸一带，沿北部波士顿向南至华盛顿约 500 英里的地域范围内，连绵密集地分布着若干大都市区（Metropolitan areas），从而提出了“大都市带”（Megalopolis）的概念。大都市带代表着人类居住形式的重要转折，不仅标志着城镇化在区域尺度上的外延、区域内多个城市之间交互的加强，更重要的是，大都市带往往承担着全国最核心的经济与服务功能。霍尔（Hall，1966）在欧洲也发现了类似的地域空间，如英国大伦敦地区（Greater London）、荷兰兰斯塔德地区（Randstad Holland）、德国莱茵—鲁尔地区（Rhine-Ruhr）。至 20 世纪 90 年代，加拿大地理学家麦吉（McGee,1994）在亚洲观察到了同样的现象,并用“扩展都市区”（Extended Metropolitan Regions，EMR）来描述成片的城镇化区域。联合国将此类地域空间统称为城市集聚体（urban Agglomeration）。目前，大东京是世界上人口最多的城市集聚体，包含东京及其周围含横滨、川崎和千叶在内的 87 个大小不一的城市。根据联合国的数据，大东京地区 2014 年的总人口达到 3800 万，而这一数字远高于许多国家的总人口数（United Nations，2014）。

4. 新世纪世界城镇化的发展趋势

联合国经济社会事务部长期追踪世界城镇化发展的现状，并在此基础上对发展进行预测，发布《世界城市化展望》报告。通过回顾 2000 年以来的报告，可以识别出 21 世纪世界城镇化发展的重要趋势。

（1）世界总城镇人口将持续增长，根据预测，2014 ~ 2050 年，全球城镇人口将再增加 25 亿，世界城镇化率将达到 66%。其中，欠发达地区将是城镇化增长的主要地区，其城镇人口的增加将占城镇人口增加总数的 90%。

（2）城镇化地域差异继续存在。发达地区城镇化率增长缓慢，但仍将维持在较高的水平。发展中地区城镇率继续快速提升，亚洲和非洲是增长最快的地区，但到 2050 年，亚洲 64% 和非洲 56% 的城镇化率仍将低于发达地区 80% 以上的水平（图 4-5）。

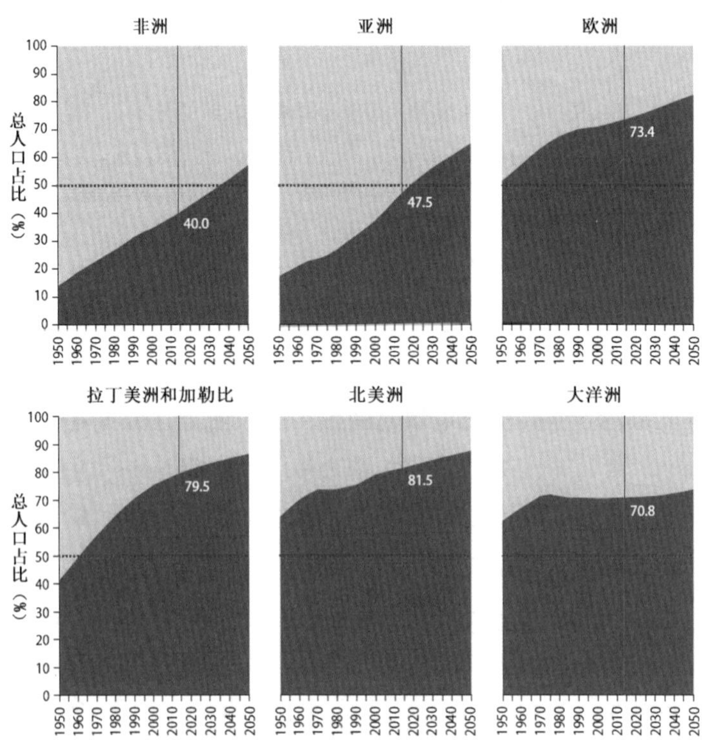

图 4-5　不同地区城镇化率变化轨迹

资料来源：World Urbanization Prospects: the 2014 revision (highlights) [R]. UN, Department of Economic and Social Affairs (DESA), population division, 2014

（3）乡村人口仍在增长，但峰值会出现在不久的将来。2014 年，全球仍然有大约 34 亿人居住在乡村。但根据预测，2020 年这一数字将开始下降，到 2050 年估计为 32 亿。这些乡村人口的增长主要集中在少数非洲国家，如尼日利亚、埃塞俄比亚和乌干达。乡村人口减少最多的国家将是中国和印度，其预测减少的乡村人口数分别为 3 亿和 5200 万。

（4）中等规模城市增长最快。尽管 1000 万以上人口的巨型城市和 500 万以上的大城市的数量和人口比重将继续增加，增长最快的是人口在 100 万～500 万之间的中等城市。2000～2014 年，中等规模城市人口的年均增长率为 2.4%，但其中 43 个城市以年均 6% 的增长率实现了人口总数翻番。

（5）少数城市经历衰退。自 2000 年以来，一些城市的人口不增反减。在亚洲和欧洲，例如日本、朝鲜以及俄罗斯，低生育率造成一些城市出现了衰退的迹象。在美国，经济紧缩以及自然灾害迫使人们离开他们原来生活的城市。例如，由于就业机会的减少，布法罗和底特律两个城市都经历了人口减少与城市衰退。在新奥尔良，2005 年的一场飓风也导致了人口的大规模迁出。

二、美国的城镇化发展与特征

（一）美国城镇化的历史进程

美国是世界上经济最发达的国家，同时也是高度城镇化的国家。美国自 18 世纪开始了从农村社会向城市社会的转变。1790 年，美国的城镇化率仅为 5%。20 世纪 20 年代，城镇化发展达到高潮，实现了过半人口居住在城市的历史性转变（表 4-2）。至 2010 年，城市人口已占全国总人口的 80.7%（U.S. Census Bureau，2012）。

美国城市化的历史沿革　　表 4-2

年代	5000 人口以上的城市数目	总人口（万人）	城市人口比例（%）
1790	12	390	3.4
1800	21	530	5.2
1810	28	720	6.3
1820	35	960	6.2
1830	56	1290	7.8

续表

年代	5000 人口以上的城市数目	总人口（万人）	城市人口比例（%）
1840	85	1700	9.8
1850	147	1220	13.9
1860	229	3140	17.9
1870	354	3860	22.9
1880	472	5020	24.9
1890	694	6290	31.5
1900	905	7590	35.9
1910	1202	9190	41.6
1920	1467	10570	47.1
1930	1803	12270	52.3
1940	2042	13160	52.7
1950	2449	15070	54.5
1960	3293	17930	59.8
1970	4140	20320	61.7
1980	5084	22660	66.2
1990	5831	24870	71.2

资料来源：Yeates，Maurice. The North American City[M]. Addison-Wesley Educational Publishers Inc.，1988：72.

1. 萌芽时期（1609～1830 年）

美国最早的城市起源于 17 世纪初，来自欧洲的移民在美国东海岸建立起承担贸易中转功能的城市，如纽约、波士顿、查尔斯顿、费城。这些城市规模很小，大多拥有优良的港口和富饶的腹地，成为美洲农产品出口到欧洲的重要枢纽。至 1690 年，这四座城市伴随着商业贸易发展起来，人口均已超过 2500 人。其中拥有人口 7000 人的波士顿是当时最大的城市。

18 世纪美国在政治上获得独立，尽管农业仍然占国民经济的主导地位，大量农产品如棉花等出口英国，在城市中从事商业、制造业以及其他服务业的人口比例逐渐增加。伴随着纽约伊利运河（Erie Canal）的开通，中西部城镇迅速发展起来。1830 年，美国 2500 人口以上的城市数有 90 个，约占总人口比例的 9%。全国城市体系初步形成。

2. 快速发展时期（1830～1920 年）

从 1830 年开始，美国城镇化水平迅速上升。在这一阶段，影响城镇化发展的因素主要有4个：①工业化和制造业的发展，带来劳动力结构转变。伴随纺织工业的兴起，制造业逐渐在美国东北部发展起来。南北战争以后，美国工业经济走向成熟，至20世纪20年代，全国仅有25%的就业人口从事农业，而75%的就业岗位分布于制造业、建筑业、交通和通信、商业和其他服务业。②大规模的移民，给工业化提供了大量的廉价劳动力。1830～1920年，美国人口从1200万增加至1亿，而其中40%是移民。③交通运输技术以及基础设施的完善，特别是横贯东西大铁路，进一步促进了劳动力、资本和工业产品的流通，推进了工业化和城镇化的西进。④农奴制度的废除，使南部大量农业劳动力得以释放，南部工业经济和城市经济得到发展。

到1920年，全国5000人以上的城市已有2722个，全国总人口的51.2%居住在城市，初步完成了从乡村社会向城市社会的转型。这一阶段城镇化发展以集中发展为特征，即乡村人口向城市集中，城市以商业区为核心，工业区和居住区以同心圆形式不断向外扩展。

3. 稳定发展时期（1920年至今）

美国的城镇化增长在20世纪20年代达到高潮。此后，全国人口增长逐渐趋缓，城市增长趋于饱和，城市内部与城市之间的迁移——而非乡城迁移成为人口迁移的主流。这一阶段城镇化表现为分散式发展，即城市人口与功能向大城市郊区集中，并且在边缘地区形成新的中心。1920年，全美郊区居民的比例为18%；1950年，这一数据上升为23%；至2010年，全国已有69%的人口都居住在郊区（Short and Mussman，2014）。

根据城镇化发展的特征，这一时期可又可以分为两个阶段。

第一个阶段从20世纪20年代至70年代中后期，城镇化发展以大规模郊区化（mass suburbanisation）为特征。从20世纪20年代开始，前一阶段人口在城市中心的快速集聚给中心区带来了巨大的压力。住宅开发商开始在地价相对便宜的郊区投资，吸引新兴富裕阶层与中产阶级搬离拥挤的城市中心。二战以后，汽车拥有量的大幅增长与郊区住宅规模化开发带动大量人口外迁，郊区化进程进一步加速。

第二个阶段从20世纪70年代中后期至今，后福特主义经济结构转型越发加剧了城镇化的离心趋势。城镇化在更远的郊区发生。同时，伴随着城市的经济功能的外迁，大城市边缘出现了居住—就业更为平衡的大小不一的城市综合体，中心城与郊区传统的核心—边缘关系逐渐弱化。关注这一现象的学者们，纷纷提出了“外都市”（exopolis）（Soja，2000）、“后郊区”（post-suburbia）（Teaford，1997）等概念，来描述郊区化的新阶段。

但是，郊区化并未带来大城市或大都市区的衰落。20 世纪 70 年代，美国出现了短暂的逆城市化发展，即大都市区的发展减速，而非大都市化的乡村出现人口的增长（Berry，1976）主要是由于当时小城镇和乡村的基础设施得到明显的改善，以便宜的土地和廉价劳动力吸引了不少的企业。但是到了 20 世纪 80 年代，大都市区再次经历了人口的增长，而非大都市区中最快的增长也都发生在大都市区附近。这种增长一直延续到 21 世纪。至 2000 年，美国有超过 50%的人生活在 100 万人口以上的大都市区。

因此，离心化的结果实际上是城镇化在更大的空间尺度——巨型都市区（megapolitan area）以多中心的空间形式展开。巨型都市区是由几十个主要城市、都市区、郊区及其网络所组成的区域（Lang and Dhavale，2005）。2005 年，罗伯特·兰等识别出全美 10 个巨型都市区[①]。这些巨型都市区遍布美国 37 个州，包含美国 15 个最大的都市区，其总人口为 2.05 亿，占全国总人口的 70%。根据研究者的预测，在未来几十年，这些区域仍将是美国城镇化的中心，2040 年，10 个巨型都市区的总人口将增加 8500 万人口，占全国总人口增加的 3/4。

（二）美国城镇化发展的特征

1. 离心分散

与其他许多国家相比，美国的郊区化趋势及大都市区、巨型都市区的特色尤为突出。影响郊区化进程的因素，首先是来自人口与社会的变化：二战以后美国人口迅速增长（即婴儿潮）和家庭规模的减小，大大增加了住房市场的需求；随着移民法中移民人数上限被废除，移民人数急剧增加，进一步增加了城市住房和其他公共设施的需求。20 世纪 90 年代以后，新移民越来越多地直接定居在郊区。从 1990~2000 年间，美国郊区的亚洲人数增长了 84%，西班牙人增长了 72%，黑人也增长了 38%。到 2008 年，全美大约有 63%的亚洲人、59%的西班牙人和 35%黑人居住在郊区（Knox and McCarthy，2009）。

小汽车的普及与交通基础设施的完善（如大量州际高速公路建设）使大规模的郊区化成为可能。特别是二战以后，私人拥有小汽车迅速增长，从 1945 年不超过 2600 万辆骤升至 1955 年的 5200 万辆和 1972 年 9700 万辆，大大扩大了人们可活动的空间范围（Knox and McCarthy，2009）。与此同时，政府利用汽车及相关消费品的税收，大规模进行高速公路建设，为城市扩张提供基础。

① 美国的十个巨型都市区分别是亚利桑那州的阳光走廊、卡斯卡迪亚（西雅图—波特兰）、佛罗里达半岛、大湖区、墨西哥湾沿岸、I-35 走廊、东北大都市带、北加地区（旧金山—萨克拉门托）、皮埃蒙特（亚特兰大—夏洛特）、南加地区（洛杉矶—拉斯维加斯）。

2. 市场主导

就动力机制而言，美国的城镇化发展轨迹，很大程度上由市场机制主导，城市发展可视为经济发展的空间产出，同时政策支持也起到一定的塑造作用。20 世纪 70 年代以后，美国经历了去工业化和后福特经济转型，信息化的发展模式取代了原有的工业发展模式，实现了经济重构。新的生产技术和信息交流手段让企业得以自由的进行资源的空间重组。由于新技术、网络化信息和通信设施的选择性，导致各种专业化次中心和飞地的出现。都市区结构的多中心化进一步扩大了城镇化的空间尺度。地理学家格雷厄姆和马尔温（Graham and Marvin，2001）将这种由经济重构引发的现象称之为“碎片城市化”（splintering urbanism）。

自 20 世纪开始，联邦政府启动高速公路计划，持续资助高速公路的建设和完善。与此同时，为了刺激建筑业的发展，美国政府于 1933 年设立了联邦住房管理局，针对住房贷款采取了低首付、固定利率的长期抵押贷款政策。一系列的政策支持，对战后大规模郊区建设起到了至关重要的作用，也对美国城镇化产生了深远的影响。

3. 非均衡发展

郊区化以及分散式发展，进一步强化了城市的非均衡发展与社会、种族隔离，特别是导致中心城市财政危机、失业、种族骚乱、贫困等问题持续恶化，成为社会问题与矛盾的中心。近年来，随着城市进一步向更远的郊区蔓延，最早发展起来的郊区社区逐渐衰落，类似的社会经济问题开始向郊区蔓延。例如，最新的数据显示，自 2000 年以来，郊区贫困率的增长甚至超过了城市中心，给城市规划和管理者提出了新的挑战（Hanlon and Vicino，2007）。

三、日本的城镇化发展与特征

（一）日本城镇化的历史进程

日本城镇化开始于明治维新时期，但直到 1940 年，城市化水平仍落后于当时欧美工业化国家。二战以后，日本快速的经济发展带动城市社会的转型，城镇化水平迅速上升。1945 年，日本城镇化率为 27.8%，相当于美国 1890 年的水平。到 1970 年，这一数字上升为 72%，是同一年美国的城镇化水平（表 4-3）。20 世纪 70 年代以后，城镇化发展速度放缓。最新的数据显示，2014 年中日本城镇化率已高达 93%（United Nations，2014）。

日本城市化水平的变化（1945 ~ 2005） 表 4-3

年份	总人口（人）	城市人口（人）	城市化水平（%）
1945	71998104	20022333	27.8
1947	78101473	25857739	33.1
1950	84114574	31365523	37.3
1955	90076594	50532410	56.1
1960	94301623	59667885	63.3
1965	99209137	67356158	67.9
1970	104665171	75428660	72.1
1975	111939643	84956269	85.9
1980	117060396	89187409	76.2
1985	121048923	92889236	76.7
1990	123611167	95643521	77.4
1995	125570246	98374289	78.3
2000	126925843	99865289	78.7
2005	127768000	110264000	86.3

资料来源：日本总务省统计局统计调查部国势统计科“国势调查报告”。

1. 战前城镇化发展（1868~1945 年）

19 世纪中叶，明治维新极大地促进了日本工业化和城市化的发展。政府推行了一系列的农业政策改革，通过促进农业的发展，为工业积累了原始的资本。与此同时，政府大力进行工业与交通基础设施建设，并鼓励新兴工业的生产。至 20 世纪初，钢铁、造船以及纺织业等工业迅速发展起来，并形成了四大工业带，即京滨工业带、中京工业带、阪神工业带与北九州工业带。大量农业人口迁移至工业区附近的城市。至 1940 年，全国已有 37.7%的城市人口。

2. 战后起飞阶段（1945~20 世纪 70 年代）

二战后的日本经济萧条，人民生活水平下降，自明治维新以来的工业化成果几乎化为乌有。1945 年，城镇化率下降为 27.9%。1950 年朝鲜战争爆发，日本作为西方各国的物资基地，开始走上了快速复兴之路。1953 ~ 1971 年，日本国民生产总值以年均 9.7%的速度增长。在太平洋沿岸地区东京—大阪和名古屋一线，得益于战前工业区的港口和铁路等基础设施建设方面的优势，工业迅速发展，就业机会增多，吸引了大量农村剩余劳动力的迁入。移民的高峰时期（1960～1964 年），有超过 300 万来自农村、小城镇和小城市的人口迁移到这一地区（图 4-6）（顾杨妹，2006）。

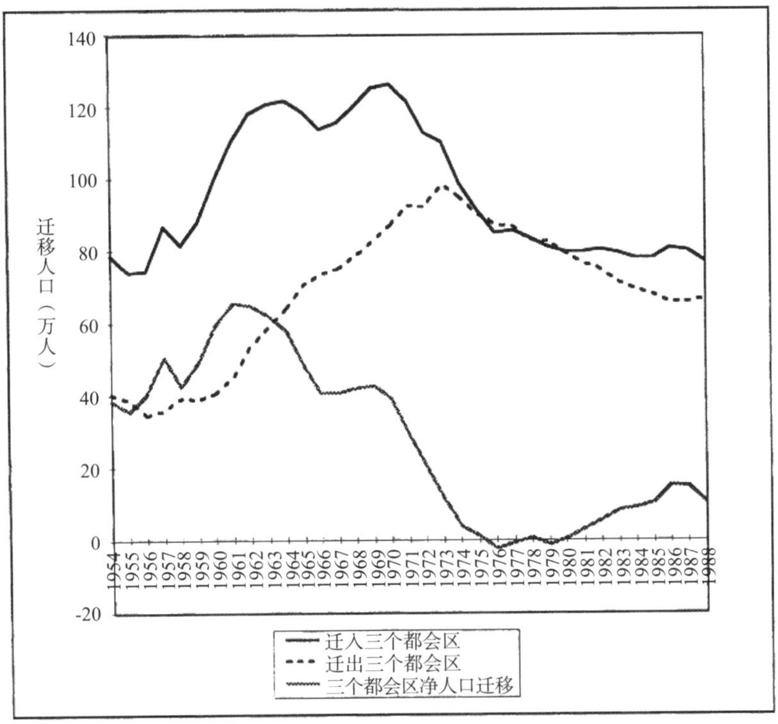

图 4-6　三个大都市区的年迁入迁出移民数

资料来源：Kuroda T. Urbanization and population distribution policies in Japan [J]. Regional Development Dialogue, 1990, 11(1):112-29

3. 稳定发展期（20 世纪 70～80 年代）

20 世纪 70 年代，日本城镇化速度逐渐趋缓。一方面，受美国政府宣布美元和黄金脱钩以及 1973 年石油危机的影响，日本的经济增长速度放慢。另一方面，前一阶段快速、集中城镇化发展带来的环境问题日益凸显。在这样的背景下，不仅向大都市圈迁入的人口数量开始下降，而且许多原来居住在三大都市圈的人们迁往都市圈周边甚至以外的地区。例如，从 20 世纪 60 年代开始，尽管东京都市圈的总人口仍然在增长，但中心区的人口却持续减少。20 世纪 60 年代初，东京增长最快的地区是距离中心 20~30km 环带，但到了 20 世纪 80 年代末，增长最快的地区为距中心 50~60km 的地方（表 4-4）。

基于 MMAs 算法的不同距离带内的人口增长　　表 4-4

面积	距离（km）	增长率（%）							
		1955～1960	1960～1965	1965～1970	1970～1975	1975～1980	1980～1985	1985～1990	1990～1995
东京	0～10	13.4	−1.4	−6.5	−6.5	−6.3	−1.7	−6.9	−5.4
	10～20	**29.8**	25.3	11.9	6.2	2.1	3.1	4.1	0.8
	20～30	22.7	**40.4**	31.6	22.5	9.2	8.3	11.7	9.3
	30～40	15.4	37.0	**43.6**	**29.7**	14.2	8.5	12.8	−1.7
	40～50	3.1	14.9	19.6	22.1	**16.1**	**10.2**	18.6	7.4
	50～60	NA	NA	NA	NA	NA	9.2	**22.3**	7.5
	60～70	NA	NA	NA	NA	NA	4.4	15.6	3.6
	总计	18.5	19.7	15.9	12.7	6.4	5.8	8.0	2.7
大阪	0～10	**20.7**	12.3	202	−3.4	−3.7	−0.4	−0.7	−1.0
	10～20	19.5	**41.3**	**32.5**	19.5	7.2	3.7	2.5	−0.4
	20～30	13.3	20.7	25.0	**22.3**	8.4	5.6	6.7	0.3
	30～40	7.8	12.9	15.5	13.2	**8.6**	**6.2**	**7.1**	2.6
	40～50	7.4	4.5	5.2	6.7	3.1	2.4	5.4	**4.8**
	总计	13.8	16.7	13.0	9.0	3.7	3.0	3.2	0.9
名古屋	0～10	**19.1**	13.8	6.3	2.5	−0.3	0.9	2.4	−0.4
	10～20	12.4	**24.3**	**23.4**	**19.6**	9.3	4.8	15.3	5.1
	20～30	7.8	14.0	19.6	15.7	**11.1**	**8.1**	**20.2**	4.2
	30～40	7.4	8.7	6.5	7.5	4.7	3.8	12.2	2.8
	40～50	−1.0	1.0	3.3	6.7	5.4	3.4	12.6	1.6
	总计	10.9	13.0	11.1	9.7	5.4	4.0	10.0	2.7

注：黑体表示各带最高的增长率，NA 表示无数据。

资料来源：日本各年人口年鉴。

这一阶段另一个影响城镇化的重要变化是东京成为具有全球影响的世界城市。20 世纪 80 年代，日本经济发生了从重工业向新经济部门如精密仪器、电子、汽车和金融等转型。同时，日元升值令许多日本企业开始向海外投资，令东京在全球金融体系中的地位上升，也从此成为日本经济的“单极核心”。东京大都市圈在经历了 20 世纪 70 年代迁入人口减少之后，由于新增大量的服务业就业岗位，又吸引了新一轮的人口迁入。

4. 20 世纪 90 年代至今

由于20世纪80年代中后期日本的经济繁荣在很大程度上由投机活动支撑，随着 20 世纪 90 年代初泡沫破裂，日本经济出现大倒退，此后进入了平成大萧条时期。受经济衰退的影响，1993~1996 年间，三大都市圈曾一度出现迁出人口高于迁入人口的情况。一直到 20 世纪 90 年代末期，向三大都市圈迁入的人口数量开始回升，但延续了 20 世纪 80 年代主要向大东京都市圈集中的趋势。与此同时，区域性中心城市发展逐渐停滞，而小城市则由于日益增长的人口迁出面临进一步的衰退（顾朝林等，2007）。

（二）日本城镇化发展的特征

1. 城市发展高度集中

日本的城镇化最突出的特征之一，在于城市发展高度集中在太平洋岸的东京、大阪和名古屋三大都市圈。特别是 20 世纪 80 年代以来，城镇化围绕单极核心东京及其周围展开。日本的《国势调查》结果表明，首都圈的人口占全国人口的比例，1945 年为 13%，到 2005 年翻了一番，达到 26.9%。过于集中的城市发展加剧了国内区域间的不平衡发展，形成了典型的核心（以首都为核心的发达地区）—边缘（都市圈以外欠发达地区）地域结构。

日本高度集中的城镇化发展，最大限度地发挥了集聚经济作用，解决了人多地少的矛盾，从而最大限度地保护了耕地、森林，对日本经济发展具有重要意义的战略。但与此同时，也带来了所谓“过密”和“过疏”并存的极端问题：在大城市，由于人口和经济活动密度过高，引发一系列的大城市病，例如交通拥挤、住房困难、环境恶化、资源紧张等；在大都市圈以外地区，由于没有工业基础，人口大量迁出，城市规模不断萎缩。2000 年，日本人口低于 5 万的城市有 223 个，低于 3 万的城市有 72 个。除了人口总量减少以外，人口结构老龄化也是这些地区所面临的危机。特别是在许多偏远乡村地区，传统产业经济衰退，财政能力逐渐下降，社会公共设施严重不足，濒临永远消失的危险。

2. 政府干预

从动力机制而言，同美国、英国等西方发达国家所不同，政府干预和主导在促进日本城镇化发展中发挥了重要作用。在日本，国家干预拥有在英美经济体中所没有的一定程度的合法性。战后经济快速增长期，为促进工业发展，积极推行外向型经济战略。政府采取了集中发展的战略，在太平洋沿岸大力进行基础设施建设，从而带动这一地区工业化和城镇化的快速发展。日本先后制定和实施 5 次全国综合开发规划，不仅帮助日本实现了从农业到工业、再从工业到服务业的经济结构转型，而且有效地推动大型交通网络建设，在一定程度上缩小了地区发展差异（逯新红，2011）。

3. 快速发展的环境代价

二战后日本在相当短的时间内完成了向城市社会的转变，但也为快速经济发展付出了高昂的环境代价。20 世纪 60 年代，日本爆发了严重的环境危机。许多与环境相关的疾病案例首先在日本出现，许多人死于严重的空气污染和水污染。由于城市用水需求大增，地下水过度开采，引起地面沉降的严重后果。此外，由于城市基础设施的建设远远赶不上工业与人口的增长速度。例如，直到 1988 年，城市中仍仅有不到 40% 的居民住所连接到污水处理系统。日本政府于 20 世纪 90 年代开始探索节约与循环利用资源为原则的发展模式，不仅大力进行相关技术研究，而且制定《环境基本法》《循环型社会基本法》等法律，以期企业和个人的行为进行规范。这些措施取得了一定的成效，但环境问题仍然不容忽视。

四、拉美国家城镇化发展与特征

（一）拉美国家城镇化发展的历史进程

城市在拉美地区有着悠久的历史。早在欧洲殖民者踏上美洲大陆之前，古印第安人就已经建立了自己的城市。西、葡的殖民进一步促进了城市的发展。但是拉美地区大规模城镇化是在 19 世纪以后，特别是在第二次世界大战后，随着工业化而发展起来。2014 年拉美国家城市人口比重占总人口的 80%，远远超过亚洲与非洲，是城镇化水平最高的发展中地区。

1. 殖民地时期的城市兴建（15~18 世纪）

公元 15 世纪末，来自西班牙和葡萄牙的殖民者开始在拉丁美洲地区建立城市，作为其占有当地资源和实现管辖权的重要途径。这些城市在殖民经济中发挥了重要的“商站”功能。到 18 世纪，西班牙已建立起一个由遍及拉美的城市网络组成的殖民帝国。这些城市分为 4 种类型：第一类是作为政治统治中心的城市，如墨西哥首府墨西哥城、巴西首府萨尔瓦多和里约热内卢等；第二类是以从事商业活动、出口经济为主的港口城市，如巴西建立了 6 座城市和 31 个城镇，均位于沿海地区，以方便农矿产品大量运往宗主国；第三类是建立在农业中心作为农业行政管理中心的城市，这类城市的重要功能是对周围印第安人村社的税收和劳役分派实施管理；第四类是矿产城市，例如玻利维亚的波托西，墨西哥的瓜纳华托都是伴随金银等贵金属的发现而发展起来的。可以说，殖民地时期建立的城镇，是后来拉美地区城市体系形成的基础。

2. 独立后二战前的城市发展（19 世纪 ~20 世纪上半叶）

19 世纪初一些拉美国家获得独立后，城市得到进一步发展。特别是 19 世纪中后期，拉美地区的城市在新一轮进出口高潮的推动下进一步扩展。欧洲工业国需要从拉美进口生产的各种原料和食物，同时在这里扩大销售市场。许多欧洲资本在拉美城市投资建设铁路、港口以及各类城市公共基础设施，极大地带动了传统城市的发展。

这一时期影响拉美城市发展的另一个重要推动力是欧洲移民的大量增加。当时南欧一些以农业经济为主导的地区社会经济状况每况愈下，为寻求新的就业机会，大批意大利人和西班牙人前往美洲淘金。1850 ~ 1900 年拉美人口从 3050 万增至 6190 万，而增加的人口中有近一半是移民。这些移民中有农民、小手工业者、熟练工人和商人，他们的到来推动了城市中现代工业、零售商业等部门的发展。

到 20 世纪初，拉美城镇化已取得显著的进展。1920 年，拉美地区城镇化率已达到 22%，远远高于当时的亚洲和非洲（郑秉文，2013）。在一些国家如阿根廷、智利、委内瑞拉，城市规模不断扩大，居住在 1 万人以上城市的人口比重大大增加，占各国总人口的 30%以上。

3. 二战后的快速发展时期（20 世纪中叶 ~20 世纪 80 年代）

第二次世界大战以后，拉美国家的城镇化以惊人的速度加速发展。1950 年，拉美地区城镇化率为 41.4%，与其他发达地区如北美地区（63.9%）、大洋洲（62%）和欧洲（51.3%）尚有一定距离。但到 20 世纪 90 年代初，拉美地区城镇人口比重依次超过欧洲和大洋洲，从此成为世界上仅次于北美的高度城镇化地区（United Nations，2012）。从国家差异来看，委内瑞拉、乌拉圭、阿根廷、智利和巴西一直位于拉美地区城镇化发展的前列，5 个国家的城镇化率均在 80%以上。

这一时期城镇化的动力主要有 2 个：①工业化战略；②儿童死亡率下降。拉美国家普遍实施进口替代工业化战略，工业迅速发展起来。由于新兴工业主要分布在大中城市，导致城市人口高速增长。与此同时，随着经济的发展和卫生条件的不断改善，儿童死亡率迅速下降，使拉美地区人口自然增长率大大提高。农村大量年轻的劳动力涌入城市，以寻找更好的就业机会。

4. 稳定发展期（20 世纪 80 年代至今）

20 世纪 80 年代以后，拉美地区的城市增长速度开始减缓。年均城市增长速度减少为3%甚至更低。这一变化并不是由于逆城市化或者城市经济衰退引起的，而是该地区发生人口转变有关。从20世纪80那年代开始，拉美地区每个妇女剩余的孩子平均数从6个减少为3个，进入人口低出生率和低死亡率的阶段。人口转变甚至导致一些城市出现人口萎缩的趋势。

伴随城镇化速度减慢的另一个趋势是居住在大城市和特大城市人口比重逐渐降低，而人口10~50万的小城市开始成为该地区增长最快的类型，并且吸引了近一半以上的新移民。例如，委内瑞拉的巴塞罗那（Barcelona）和巴西的伊塔夸克塞图巴（Itaquaquecetuba）在20世纪90年代人口翻了一番（UN Habitat，2008）。2000年，拉美地区居住在50万人以下城市的人口比重为13%，到2014年，这一比例已上升为23%（UN，DESA，population division，2014）。尽管从绝对值来看大城市仍然在增长，但在城市人口过度集中在首位城市的拉美地区，小城市的发展无疑为解决大城市所面临的问题提供了新的可能。

（二）拉美国家城镇化的特征

1. 城市首位度高

城市首位度，指一国或地区最大城市的人口数与第二大城市的人口数之比值，通常用它来反映该国或地区的城市规模结构和人口集中程度。一般认为，城市首位度小于2%，表明结构正常，资源分配相对平衡；大于2%则表明结构失衡，资源过度集中。

拉美地区城镇化发展表现出首位度特别高，城市发展不平衡的特征。由于拉美地区二战后的快速城镇化以殖民地时期的主要城市为基础，采取集中发展战略，往往全国一半以上的工业生产和人口都在最大的城市集聚。例如，阿根廷2 /3的工业生产集中在布宜诺斯艾利斯和罗萨里奥，巴西80% 的工业生产集中在圣保罗、里约热内卢和贝洛奥里藏特三角地带，乌拉圭75%的工业生产和52%的城市人口集中在首都蒙得维的亚。此外，拉美“大城市化”的特点也很突出。2014年，拉美地区1000万以上人口的城市有4个，500万以上人口的城市有4个，而在这8个城市居住的人口占拉美地区城市总人口的20%（UN，DESA，population division，2014）。

2. 过度城镇化

拉美地区城市在很短的时间内迅速增长，乡城移民以爆炸而非渐进的方式发生，导致城市人口的增长快于城市所能提供的工作、住房和其他基础设施，即所谓的“过度城镇化”。如果用城镇化率与工业化率之比衡量城镇化与经济发展之间是否相协调，那么这一比值的合理范围在 1.4 ~ 2.5 之间。根据 2013 年世界银行的世界发展指标进行计算，拉美地区几个主要国家委内瑞拉、阿根廷、乌拉圭、智利和巴西的该指标均高于 3.0，过度城镇化现象十分明显（表 4-5）。

拉美地区各国过度城镇化度量（2013 年）　　表 4-5

国家	城镇化率（2013 年）	工业化率（2013）	城镇化率与工业化率之比
委内瑞拉	93.9%	—	—
阿根廷	92.8%	28.6%	3.2
乌拉圭	92.7%	25.4%	3.7
智利	89.5%	35.3%	2.5
巴西	85.1%	25.0%	3.4
墨西哥	78.6%	34.8%	2.3
哥伦比亚	75.8%	37.1%	2.0

资料来源：根据世界银行《世界发展指标（2013）》整理。

造成拉美地区过度城镇化的现象是多方面因素共同造成的，包括拉美地区独特的人口变化、土地制度、工业化进程和经济发展模式。从人口变化的角度来看，战后拉美地区经历了人口转变过程中的高速增长期，农村出现大量剩余劳动力。但是殖民地时期所遗留下来的种植园经济和大土地制度一直普遍存在，即农村的土地仍然集中在少数人手中，而大量贫困农民在农村并没有赖以生存的物质基础。在城市地区，拉美国家普遍采用了进口替代的经济发展战略。尽管这一发展模式有利于较快地培育本地工业基础，但长期来看却大大减少了本国企业通过参与国际竞争利用先进技术、提升竞争力的机会，导致工业发展水平缺乏持续增长的引擎。结果，一方面，由于农村生存条件每况愈下，大量无地的农民涌入城市；另一方面，城市却无法提供足够的就业机会，导致城市人口爆炸式增长，以及大量失业与非正规就业人口的出现。

3. 城市社会问题突出

过度城镇化以及人口在大城市的过度集中，带来许多负面效应，导致拉美国家城市各种社会问题严重。

（1）过度城镇化导致大量乡城移民失业或者无法正规就业。2003 年，拉美地区城市失业率为 11.2%，城市失业总人数达到 1700 万，是历史上失业率最高的一年（UN-Habitat，2012）。近年来这一指标出现下降的趋势，2012 年拉美地区失业率为 6.6%。与此同时，非正规就业率持续上升（表 4-6）。尽管非正规就业减轻了城市就业压力，但非正规就业部门对劳动者缺乏保护，进一步扩大了城市居民收入差异，并可能吸引更多的移民，从而加剧城市的过度发展。

拉美地区城市的就业结构 **表 4-6**

年份	1950	1960	1970	1980	1990	2000	2005
正规部门	32.2%	36.5%	41.7%	46.2%	52.0%	41.5%	39.7%
非正规部门	13.9%	15.8%	17.4%	19.7%	22.5%	38.2%	43.9%

资料来源：转引自郑炳文 . 拉丁美洲城市化：经验与教训 [M]. 北京：当代世界出版社，2011：131。

（2）拉美地区城市社会两极化与贫困问题。20 世纪 80 年代的经济危机拉美地区城市贫困人口比率居高不下。这与亚洲和非洲的贫困人口主要集中在农村有很大的不同。进入 21 世纪以来，随着经济的复苏与一系列减贫措施的实施，近年来拉美贫困率逐年下降（图 4-7），尽管如此，拉美仍然是收入分配不平等状况严重的国家。2013 年的数据显示，各国最富有的 1/5 人口的收入占国民总收入的平均比例为 47%，最贫困的 1/5 人口的收入所占比重的平均值仅为 5%（ECLAC，2013）。

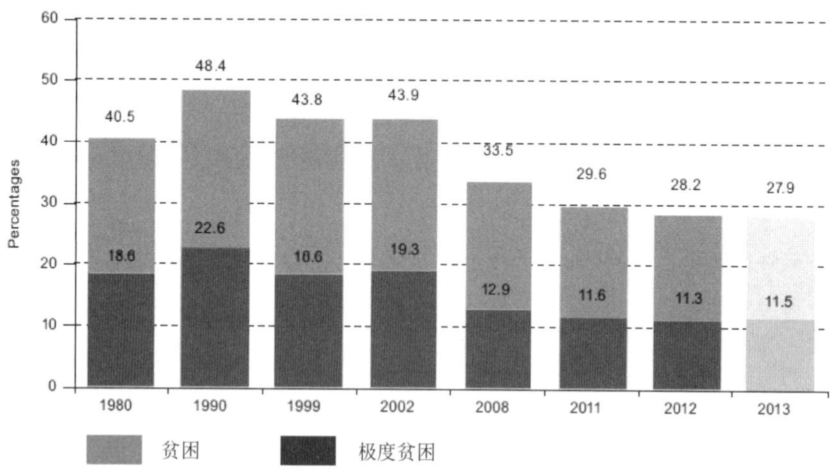

图 4-7 拉美地区贫困率与极度贫困率变化趋势 1980~2013

资料来源：Social Panorama of Latin America [R]. United Nations，Economic Commission for Latin America and the Caribbean (ECLAC)，2013

（3）拉美地区的城市还面临着公共基础设施不足，生活环境恶劣的问题。由于人口集中在少数大城市，给城市住房和其他公共设施建设带来了空前的巨大压力。由于大量居民无法获得合法住宅，居住条件恶劣的非正规的住房成为低收入阶层解决住房问题的主要手段。据联合国人居署统计，2011 年居住在非正规住房中的城市人口有 1.11 亿，占城市总人口 24%（UN-Habitat，2012）。近 30 年来，空气污染成为影响拉美城市生存环境的另一个不利因素。有研究表明，拉美至少有 500 万人暴露于世界卫生组织推荐的安全标准以下的环境中，而每年有 40 万人死于空气污染引起的各种疾病（ECLAC，2013）。

本章参考文献

[1] 顾杨妹 . 二战后日本人口城市化及城市问题研究 [J]. 西北人口，2006（5）：56-60.

[2] 顾朝林，袁家冬，杜国庆等 . 全球化与日本城市化的新动向 [J]. 国际城市规划，2007，22（1）：1-4.

[3] 逯新红 . 日本国土规划改革促进城市化进程及对中国的启示 [J]. 城市发展研究，2011（5）：34-37

[4] 郑秉文 . 拉美城市化的经验教训及其对中国新型城镇化的启发 [J]. 当代世界，2013（6）：10-13.

[5] 郑炳文 . 拉丁美洲城市化：经验与教训 [M]. 北京：当代世界出版社，2011.

[6] An Urbanizing World：Global Report on Human Settlements 1996[M]. Oxford：Oxford University Press / United Nations Centre for Human Settlements. UN Nations，1996.

[7] Berry，B.J.L.（eds）.Urbanization and Counterurbanization[M].Beverly Hills，California：Sage，1976.

[8] Boserup，E.Population and Technology [M].Oxford，UK：Blackwell，1981.

[9] Childe，V.G. The urban revolution[J]. Town Planning Review，1950（21）：3-17.

[10] Gottman，J.Megalopolis，or The Urbanization of the Northeastern Seaboard [J].Economic Geography，1957，33（3）：189-200.

[11] Grauman，J.V. Orders of magnitude of the world's urban population in history [Z]. United Nations Population Bulletin，No.8，1976.

[12] Graham，S.and Marvin，S. Splintering Urbanism[M]. New York：Routledge，2001.

[13] Hanlon, B. and Vicino, T. The Fate of Inner Suburbs: Evidence from Metropolitan Baltimore. [J].Urban Geography, 2007, 28 (3): 1–27.

[14] Harmonious cities: state of the world's cities 2009 [R]. Nairobi, UN Habitat-Kenya, UN Habitat, 2008.

[15] Kuroda T. Urbanization and population distribution policies in Japan [J]. Regional Development Dialogue, 1990, 11 (1) :112-29.

[16] Lang, R.E. and LeFurgy, J.B.Boomburbs: The Rise of America's Accidental Cities[R]. Washington, DC: Brookings Institution, 2005.

[17] Lang, R.E. and Dhavale, D.Megapolitan Areas: Exploring a New Trans-Metropolitan Geography, Census Report No. 05: 01 (July) [R]. Metropolitan Institute at Virginia Tech, Alexandria, VA, 2005.

[18] Knox P.L. and McCarthy L., Urbanization: an Introduction to Urban Geography [M]. Englewood Cliffs, New Jersey: Prentice Hall, 2009.

[19] McGee, T.G. Labour Force Change and Mobility in the Extended Metropolitan Regions of Asia.[M] // Roland J. Fuchs, ed., Mega-City Growth and the Future. New York: United Nations University Press, 1994: 63-102.

[20] Pacione, M. Urban geography: a global perspective[M]. London: Routledge, 2009.

[21] State of world population 2007: unleashing the potential of urban growth[R]. United Nations Population Fund, New York, UNFPA (United Nations Population Fund), 2007.

[22] Short, R.J. and Mussman, M. Population Change in U.S.Cities: Estimating and Explaining the Extent of Decline and Level of Resurgence[J].The Professional Geographer, 2014, 66 (1): 112-123.

[23] Soja, E.W.Postmetropolis: Critical Studies of Cities and Regions[M]. Oxford: Blackwell, 2000.

[24] Sojberg, W. The Pre-Inudstrial City, Past and Present[M]. GlencoeIll: Free Press, 1960.

[25] Social Panorama of Latin America [R]. United Nations, Economic Commission for Latin America and the Caribbean (ECLAC), 2013.

[26] Teaford, J. Post-suburbia: Government and Politics in the Edge Cities[M].Baltimore, MD: Johns Hopkins University Press, 1997.

[27] The State of The World's Cities Report 2006/2007-30 years of shaping the Habitat agenda[R]. Earthscan for UN-Habitat.London, UN Habitat, 2007.

[28] The State of Latin American and Caribbean Cities 2012: Towards a new urban transition[R]. United Nations Human Settlements Programme. UN Habitat, 2012.

[29] Wittfogel, K. A. Oriental Despotism: A Comparative Study of Total Power[M].New Haven, Connecticut: Yale University Press, 1957.

[30] World Urbanization Prospects: the 2014 revision (highlights) [R]. UN, Department of Economic and Social Affairs (DESA) , population division, 2014.

[31] United States Summary 2010: Census of Population and Housing, Population and Housing Unit Counts. U.S. Government Printing Office [R].Washington, DC, U.S. Census Bureau, 2012.

[32] Wooley, L.The urbanization of society[M] // Hawkes , J. and Wooley L. (eds) . The Beginning of Civilization, Vol. 1, Part 2. Paris: UNESCO, 109-167: 1963.

[33] World Urbanization Prospects: the 2014 revision[R]. UN, Department of Economic and Social Affairs (DESA), population division, 2014.

[34] World Urbanization Prospects: The 2001 Revision, Data Tables and Highlights [R]. UN, Department of Economic and Social Affairs, Population Division, 2002.

[35] World Urbanization Prospect: the 2011 Revision, Data Tables and Highlights [R]. UN, Department of Economic and Social Affairs, Population Division, 2012.

[36] World Urbanization Prospect: the 2014 Revision, Data Tables and Highlights [R]. UN, Department of Economic and Social Affaivs, Population Division, 2015.

[37] Yeates, M. The North American City [M]. Addison-Wesley Educational Publishers Inc, 1988.

第五章　中国城乡关系演进与城镇化进程

城乡关系是我国经济社会关系中最重要的关系之一。就目前而言，城乡二元结构还未根本破除，城乡关系走向协调、实现城乡统筹发展的许多制度性障碍依然存在。检讨新中国成立 60 多年城乡关系的演变轨迹，可以给我们许多重要启示。

一、新中国成立以来我国城乡关系的演进

（一）二元结构与城乡分割（1949 ~ 1978 年）

1. 二元结构的形成与固化

从新中国成立到改革开放以前，中国的城乡关系以二元结构的形成与固化为特征。大致可以分为三个阶段。

（1）短暂的城乡开放（1949 ~ 1952 年）

新中国成立初期，如何恢复和发展国民经济，是新政府所面临的重大问题。通过在农村进行土地改革，将土地分给无地少地的农民，把封建剥削的土地所有制改变为农民的土地所有制，从而解放了农业生产力，促进了农业生产的迅速恢复和发展。与此同时，政府允许多种经济成分并存，土地、劳动力等生产要素可以在城乡之间自由流动，城乡私营工商业也可以自由发展。在城乡系统自由开放的环境下，这一时期有较多的农村人口迁入城市，城市人口从 5765 万增加到 7163 万，城市人口的比重由 10.64%上升到 12.46%（刘英杰，1996）。

（2）二元结构初步形成（1953 ~ 1957 年）

1953 年"一五"计划启动了大规模的工业化建设和城市建设。一方面，工业发展与农业的矛盾开始凸显出来，剩余农产品不足以支撑工业与城市的发展。另一方面，农村人口大量涌入，也给城市就业造成了巨大的压力。特别是到 1956 年，农业合作化加上自然灾害的影响，粮食严重短缺，并导致大批农民迁移到城市谋生。为了加速工业发展，解决所谓"农业拖工业后腿"的问题，

政府开始实行统购统销和农业合作化，1953 年与 1954 年，中央先后通过了关于粮食、食油与棉花统购统销的决议，以扭转当时粮食购销紧张的局面，但由此也限制了农副产品作为商品的自由流通，以及农民对剩余农产品的自由支配。与此同时，为了解决城市人口日益增加带来的问题，政府也先后出台了一系列限制农村人口流入城市的政策，如禁止城市粮食部门供应没有城市户口的人员粮食，禁止工矿企业私自招用农村劳动力等政策限制农民自由进城就业。1958 年 1 月，《中华人民共和国户口登记条例》公布实施，标志着以管理城乡人口及其迁移的户籍制度正式确立。由于农产品、土地、劳动力等无法在城乡系统之间自由流动，两个系统一步步走向封闭。

（3）二元结构的固化（1958 ~ 1978 年）

1958 年开始，人民公社运动全面铺开，农业生产在“一大二公”的所有制结构和大锅饭的组织和分配方式的基础上实行集体经营，进一步限制生产要素以及农产品的自由流动，并极大地削弱了农民的生产积极性。与此同时，1961 年以后户籍管理日益严格，并且与就业管理、分配制度等紧密结合起来，城市与乡村在两套不同的制度体系下运作，彼此互动很少。只有当有特殊需要的时候，在政策的引导下，大规模的城乡迁移才会发生。

城乡二元分割的格局，造成了城乡关系的严重失衡。相关研究基于可比的城乡住户收入就城乡差异进行了研究，结果表明，除了“大跃进”期间的两年城乡差距水平高达 3.2 外，城乡消费比率始终保持在 2.3 ~ 2.9 的高水平上（表 5-1）。如果同时考虑城市居民工资与非工资收入、农村居民从事农业与非农业所获得的各种收入的条件下，1978 年城乡人均收入比高达 3.4 ：1。其中，城市居民的非工资收入，包括住房补贴、医疗补贴和其他没有统计到家庭收入中的补贴，以及单位发放的实物等，占城市居民可支配收入的比重高达 24%，反映出二元体制是导致城乡居民生活状况差异巨大的重要原因（蔡昉等，2000）。

城乡居民的人均消费比较（1952 ~ 1997 年）　　表 5-1

年份	全国平均（元）	农村居民（元）	城市居民（元）	比率 *
1952	76	62	149	2.4
1953	87	69	181	2.6
1954	89	70	183	2.6
1955	94	76	188	2.5

续表

年份	全国平均（元）	农村居民（元）	城市居民（元）	比率 *
1956	99	78	197	2.5
1957	102	79	205	2.6
1958	105	83	195	2.4
1959	96	65	206	3.2
1960	102	68	214	3.2
1961	114	82	225	2.8
1962	117	88	226	2.6
1963	116	89	222	2.5
1964	120	95	234	2.5
1965	125	100	237	2.4
1966	132	106	244	2.3
1967	136	110	251	2.3
1968	132	106	250	2.4
1969	134	108	255	2.4
1970	140	114	260	2.3
1971	142	116	267	2.3
1972	147	116	295	2.6
1973	155	123	306	2.5
1974	155	123	313	2.6
1975	158	124	324	2.6
1976	161	125	340	2.7
1977	165	124	360	2.9

* 比率：农村 =1。

资料来源：蔡昉，杨涛 . 城乡收入差距的政治经济学 [J]. 中国社会科学，2000(4)：11-22。

2. 二元结构的制度要素

通过回顾新中国成立以后城乡关系的演进，不难发现，我国城乡二元结构的形成过程实际上就是一系列分割城乡系统的制度的确立。这些制度构成了维系二元结构的基本条件，决定了改革开放以前城乡关系的基本特征。

（1）统购统销制度。国家从农村以低价统一收购农产品，再统一按计划供给城市居民，农民自己保留的数量和品种也由国家制定统一的标准。但与此同时，国家又用高价向农民销售工业产品，通过所谓“剪刀差”积累用于发展工业的资金。尽管目前对于剪刀差的具体数额大小及其影响仍有争议，但这一制度无疑拉大了城乡差距，加剧了城乡分割（武力，2001）。

（2）户籍制度。户籍制度是国家统一收集、确认、登记公民人口基本信息的法律制度。通过户口登记,将城乡居民区分为“农业户口”和“非农业户口”两种不同户籍，并根据其所登记的居住地点进行管理。在这一制度下，无论是户籍类型还是登记地点都不由随机转换，从而限制了人口在城乡之间以及不同地区之间的自由迁移。

（3）人民公社制度。在农村，人民公社制度是维系乡村系统运转的基本制度。这一制度以公社所有制和集体经营为基础，组织农业生产，实现对农民进行统一管理、组织。但由于经营方式过于单一和分配上的平均主义等弊端，这一制度严重束缚了农业生产力的发展，并造成乡村社会均质与固化。

（4）单位制度。在城市地区，通过就业单位实现对城市居民的统一管理，并为其提供住房、医疗、养老各种基本生活保障以及各种社会服务。由于城市中大部分人都归入单位，从而享有稳定的工资收入以及完善的所谓从“摇篮到坟墓”的社会福利保障。换而言之，相对于农村居民，城市居民享有并控制了经济社会资源的再分配，进一步加剧了城乡关系的失衡。

3. 二元结构的形成根源

对城乡二元结构形成最普遍的解释是，改革开放以前中国重工业导向的经济发展战略的必然结果（林毅夫等，1994）。在这一时期，重工业导向的经济发展战略以资本密集型为特征，即需要大量资金而非劳动力的投入。这与当时我国的实际情况相脱离，即农村仍有大量剩余劳动力的同时缺乏发展工业的资金。在这样的情况下，二元结构在促进重工业发展方面发挥了重要的作用。

（1）资金积累。在很大程度上，城乡二元结构反映了工业与农业的相互关系。统购统销制度与价格剪刀差，实现了工业与农业之间的不平等交换，从而为工业发展积累了资金。

（2）降低成本。相互分割的城乡体系，控制了城乡之间要素特别是劳动力的自由流动，从而保证了在实现工业产出最大化的同时，降低大规模农民进城可能带来的社会管理成本，或称之为降低了“城镇化的成本”（Chan，1992）。

（二）经济改革与城乡互动（1978～2003年）

1. 城乡关系的曲折变动

1978年以后，伴随着一系列的市场化改革，传统的二元结构逐渐松动，城乡之间的互动日益增加。城乡关系完全由政府控制的局面被打破，市场的调节作用逐渐增强。但是，在渐进式的改革过程中，城乡关系也经历了曲折的变动。

1）农村改革与城乡矛盾的缓和（1978~1985年）

经济改革是农村从打破人民公社制度，实行家庭承包责任制开始的。十一届三中全会以后，政府允许地方和农民实行“包产到户”和“包干到户”，即虽然主要生产资料如土地等仍归集体所有，但农民可以享有其劳动所得的边际收益，从而大大激励了农业生产的积极性。农产品价格逐渐放开，1985年统购统销正式取消，农村生产资料的私有化和多种经济成分并存发展的格局开始形成，促进了生产要素和产品在农村内部和城乡之间的流动。与此同时，非农产业与乡镇企业迅速发展，农村经济结构全面转变。

由于这一时期的城市改革步伐相对缓慢，随着农村改革红利的释放，农民收入大幅度提高，导致城乡差异迅速的迅速缩小，实际城乡收入比率和消费比率分别从1978年的3.4和2.9下降为1985年的1.93和1.9，都达到整个时期的最低点（蔡昉等，2000）。

2）城市改革与城乡差异扩大（1985~2003年）

1985年以后，改革的重心开始转向城市。各企业单位试行了各种形式的承包制，并进行了诸如“利改税”、“拨改贷”等不同形式的让利放权改革，允许企业保留相当的利润份额，激发了管理人员和工人的主动性和创造性。通过权利下放，地方政府被赋予了大量资源和自由裁量权，发展地方经济的积极性被充分调动起来。更为重要的是，国家经济政策仍然表现出明显的城市偏向性，从而保证了城市居民继续享有相对较高的收入和福利水平（陈钊等，2008）。

与此同时，随着户籍制度的松动，人口流动放开，城乡系统之间的交流与互动大大增加，特别是从农村到城市的移民规模在不断增长。但是，与户籍挂钩的城乡不平等实际上仍然以各种形式存在。例如，农村劳动力不仅在就业上受到限制，而且在城市中无法享受医疗、养老、教育等社会福利与保障。

在这样的情况下，城乡收入差距在1985年达到最低点以后，总体上呈现出迅速扩大的趋势。尽管农产品价格的提高、劳动力流动的放松、相对平衡的地区发展政策等因素曾一度令城乡差距在20世纪90年代中期出现下降的趋势，但1997年以后便持续上升，2009年达到3.33的历史最高位（图5-1）。

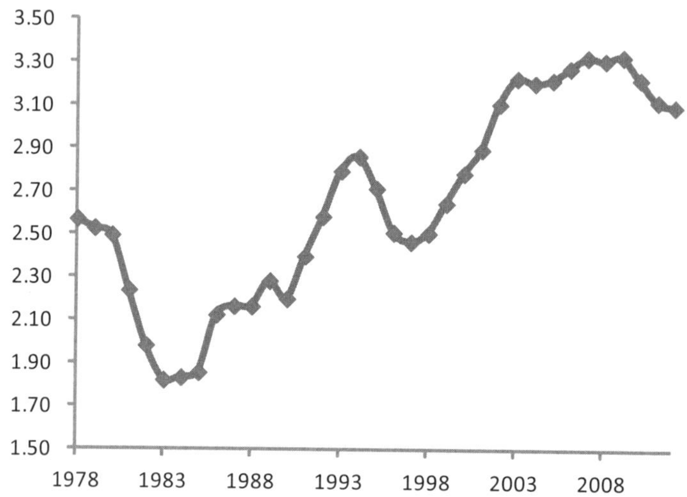

图 5-1　改革开放以来中国城乡家庭居民收入比变化趋势图

资料来源：中国统计年鉴，2013

2. 二元结构的新制度要素

改革开放以后，城市与乡村不再是各自封闭的系统，各种生产要素得以相对自由的流动。但是国家经济政策仍然以城市偏向为特征，导致农业支持工业、乡村支持城市的城乡关系并没有改变，而支持的方式从提供廉价农产品转变为提供廉价劳动力和乡村资源（资金和土地）。实现这一关系的制度与政策主要有以下 5 个方面。

（1）大宗农产品双轨制。统购统销制度取消之后，国家对以粮食为主的大宗农产品实行双轨制——国家定购和市场收购。尽管国家订购价格逐渐提高，但“剪刀差”依然存在，大大压缩了农民的利润空间。

（2）城乡土地市场割裂。市场化改革以后，土地的价值日益凸显。但是，农村土地为集体所有，但实际上集体并不能买卖。只有当政府将土地征收为国有以后，才能够出售土地使用权。这样一来，城市政府通过非市场的方式征收农民土地，再将土地以市场价格出售，通过巨大的土地差价积累发展经济的资金。相反，集体土地和农民的宅基地没有市场价值，农民无法享受到土地增值所带来的收益，造成了巨大的城乡不平衡。

（3）公共产品的二元供给。政府将财力和公共产品供给集中在城市，城市居民享有较好的住房、医疗、教育等社会保障与服务。与此同时，农村公共产品却仍然由农村自行负担，导致乡镇政府和村委会必须通过向农民征收与摊派相关费用维系日常管理。农民除了缴纳税金、政府的农产品定购任务，还必须承担所谓“三提五统”[①]。特别是20世纪90年代分税制以后，乡镇政府想尽各种方法扩大预算外收入来源，各种名目繁多的基金、集资和摊派导致农民不堪重负。

（4）城市偏向的金融发展（章奇等，2003）。金融体系的发展对于促进经济增长具有重要作用。中国以国有银行为主导的、高度垄断的金融结构，具有明显的国有企业偏好。从银行的角度来说，由于农业活动相对的分散性和高风险性，也使其更乐于为城市中的大中型企业提供融资服务。与此同时，由于政府对农村经济管制和压抑，即使那些专业性的农村金融机构也缺乏动力，不仅为农民生产提供的金融服务很少，而且大量农村资金外流，农村信用合作社都表现出“非农化”和“城市化”特征。特别是20世纪90年代以后，国家更加依赖于金融系统而非财政拨款来干预经济，导致信贷规模对扩大城乡差异具有重要影响。

（5）户籍制度。这一时期户籍制度已经有了较大的松动，但是仍然在很大程度上限制了农村劳动力的自由流动。一方面，户籍仍然发挥着保护城市居民优先获得就业机会的作用。例如，当就业形势严峻的时候，城市政府往往对农民工采取排斥的政策（蔡昉等，2001）。另一方面，户籍也是城市居民获得各种福利的通行证，户籍不在本地的农民工无法享受由政府提供的养老、医疗、失业等保障与扶持。由于进入到城市劳动力市场的农民实际上只挣取很低的工资，再加上户籍制度的种种限制，他们仍然无法实现享受城市经济发展带来的好处。

3. 城市偏向延续的原因

改革开放以后，我国已经放弃了重工业主导的赶超战略，那么如何解释这一时期城市偏向的经济政策的延续呢？不少学者从政治经济学的角度对此进行了研究，主要形成了两类解释。一类解释认为，在改革开放的过程中，差异巨大的城乡居民实际上形成不同的利益集团，并开始对政策取向产生重要影响。城市集团由于拥有较大的政策影响力，从而决定了经济政策的城市偏向（蔡昉等，2000）。另一类解释则强调基于分权的地方政府的激励机制是造成城市偏向经济政策的制度根源。由于二、三产业和城市经济部门是地方经济增长与财政收入的主要来源，导致地方政府往往忽视农业与农村经济的发展。此外，单一的经济考核体系又导致地方政府更热衷于投资于发展型项目，而不是公共产品与社会福利（马光荣等，2010）。

① “三提五统”指农民需要上交给村级行政单位的三种提留费用，包括公积金、公益金和行管费，用于村一级维持或扩大再生产、兴办公益事业和日常管理；以及上交给乡镇一级政府的五项统筹费，包括教育费附加、计划生育费、民兵训练费、乡村道路建设费和优抚费。

（三）结构转型与城乡统筹（2004年至今）

1. 城乡统筹发展转变的背景

如上所述，新中国成立以来我国城乡关系一直以农村支持城市的发展为特征。这一发展模式造成了严重的城乡不平衡发展，城乡矛盾日益突出，各种社会问题层出不穷，对保持社会长期稳定提出了严峻的挑战。与此同时，前一阶段单纯依靠廉价劳动力和高储蓄率的人口红利的发展模式逐渐难以维系。随着刘易斯转折点到来，城市对劳动力的需求持续扩大，劳动力短缺现象成为沿海地区的经济发展瓶颈。巨大的城乡差异以及对劳动力自由流动的限制严重阻碍了农民工发挥其作为稳定劳动力供给和正常消费者的作用。

在社会稳定与经济发展双重压力下，自2004年以来，中央政府开始调整城乡发展战略，以"工业反哺农业、城市支持农村"为特征的新型城乡关系政策取向日益明确，旨在逐步改变城乡二元经济结构，缩小城乡发展差距，实现城乡协调发展。

2. 城乡统筹的改革措施

迄今为止，城乡统筹发展的重要举措主要包括以下3个方面的改革：

（1）农业税费改革。"十五"（2000～2005年）期间，政府开始了以减轻农民负担为中心，取消"三提五统"等税外收费、改革农业税收为主要内容的农村税费改革。2006年1月农业税正式取消。这一改革不仅意味着农民负担的减轻，而且标志着农村财政管理体制改革相应地进入了一个新的阶段。农业税取消以后，各级政府相应增加了农村公共服务的财政预算，不仅大幅度增加了对农民的补贴，而且将乡镇道路、水利、电力等基础设施建设纳入了财政支付范围。与此同时，粮食保护价收购制度、农村义务教育经费保障机制、新型农村合作医疗制度、农村最低生活保障制度、新型农村社会养老保险制度等社会福利制度逐渐建立起来。

（2）土地制度改革。一方面，农民被赋予更加充分而有保障的土地承包经营权，现有土地承包经营关系将保持稳定和长久不变。另一方面，如何通过土地产权制度创新，盘活农村集体土地被视为统筹城乡发展的关键所在。不少地区根据当地实际情况，在土地制度改革方面进行了积极地探索，并取得了显著效果。例如，成都通过"确权—产改"的土地流转模式，在明晰土地产权的基础上，赋予农村居民完整权能，从而保证农民成为土地流转的权利主体，自由获取土地财产收益。苏州则主要以户籍的方式界定成员权利，通过农村集体土地产权的股份化、农村宅基地换安置和承包地经营权换社会保障的方式，实现土地资源在城乡之间公平流动与优化配置。这些改革措施通过制度创新，使集体土地可以进行市场化交易，农民也能够获得土地增值带来的收益，带动了农村经济的全面发展。

（3）户籍制度改革。这一时期，为了促进城乡劳动力自由流动，户籍制度的改革明显加快。不少城市针对本地户籍农转非、外地户籍迁移落户采取了所谓“积分制”,即通过一定的准入条件推进不同类型、不同地点之间的户籍变动。2014 年 7 月，国务院正式发布《关于进一步推进户籍制度改革的意见》，宣布正式取消农业户口与非农业户口二元划分，建立城乡统一的户口登记制度，并提出以实现公共服务均等化为改革目标，常住人口将享有当地户籍人口同等社会福利。

围绕以上 3 个方面的一系列改革措施已初显成效。2009 年以来，城乡居民家庭收入比开始出现下降趋势。城乡居民的收入增长也出现了逆转，2006 ~ 2009 年农村居民人均纯收入年均增长 9.83%，超过了城镇居民人均可支配收入年均增长 9.35%的速度。但是完成城乡二元结构转型仍然面临着诸多挑战。例如，农业税费取消以后，如何保证农村基层政府收入来源；取消城乡户口划分的同时，如何保证常住人口享有同等的公共服务等等。简而言之，能否在改革的同时适时建立起相应的市场制度和社会保护体系，将是实现城乡协调发展的关键。

二、改革开放前的城镇化

（一）城镇化发展的基本特征

中国近代的城镇化是随着帝国主义的入侵和民族资本主义的兴起而开始发展。至新中国成立之初，沿海、沿江和沿铁路地区已经出现了不少近代工商业城市。1949 年，我国共有城市 136 个，城镇人口为 5765 万人，占全国总人口的 10.64%（《中国城市统计年鉴 2013》）。新中国成立以后，随着城乡二元结构的形成与固化，城镇化发展总体速度较慢，表现为典型的“低度城市化”（underurbanization），即城镇人口的实际增长速度低于城镇工业生产需要的人口增长速度。具体而言，这一时期的城镇化发展表现出低水平发展、城镇人口变动大起大落、城镇人口增长主要分散在中小城市的特征。

1. 低水平的城镇化

从 1949~1978 年，城市人口从 5765 万增加到 1.7 亿，增加了 141.3%，年均增长率约为 3.9% [①]（《中国城市统计年鉴 2013》）。与同期世界平均水平相比较，1950~1980 年世界发达地区的城市年均增长率为 1.9%，发展中地区的城市年均增长率为 4.0%（United Nations，2002）。换言之，按现行统计口径，这一时期我国城镇化速度快于世界平均水平，与发展中国家相当。

但在很大程度上，这一时期城市人口增长的主要来源于人口自然增长。1949~1978 年，我国总人口由 5.4 亿增长到 9.6 亿，增长将近一倍，年均增长率也高达 2%（国家统计局，2013）。因此，从新中国成立以来到改革开放以前近 30 年的时间，城镇人口占全国总人口的比例仅从 10.64%增长为 17.92%。而 1980 年，世界城镇化率为 39.6%，发达国家为 71.5%，发展中国家也高达 29.3%（United Nations，2001）。可见，我国城镇化水平仍然很低。

2. 城镇化过程大起大落

尽管从平均速度来看，我国改革开放以前的城镇化发展与发展中国家具有一定的可比性，但实际上这一时期的城镇化发展并不稳定，并且经历了大起大落（图 5-2）。

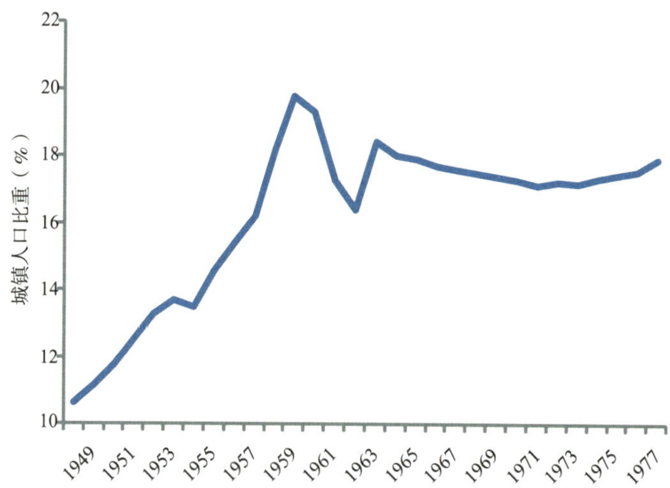

图 5-2　中国城镇化水平变动（1949 ~ 1978 年）

资料来源：中国统计年鉴，1983

1）短暂健康发展期（1949 ~ 1957 年）

经历了三年的国民经济恢复，我国开始了大规模的工业化发展。围绕 694 项重点建设项目，城市发展采取了“重点建设、稳步前进”的发展，新建了 6

① 城镇人口按照居住在城镇范围内的全部常住人口进行统计。

个城市，大规模扩建了20个城市，一般扩建了74个城市。工业发展增加了对劳动力的需求。由于这一时期城乡间劳动力流动仍然相对自由，大量农村人口涌入到城市就业定居，城镇化发展与工业发展需求保持了相对均衡。这一时期城镇人口稳步上升，年均增长率为7.07%，且所增加的城镇人口中机械增长占56%（周一星，1995）。

2）过度城镇化（1958～1960年）

1958年开始，全国开展了三年“大跃进”运动，即在生产发展上追求高速度，以实现工农业生产高指标为目标，要求工农业主要产品的产量成倍、几倍、甚至几十倍地增长。但由于脱离了经济发展客观规律，“大跃进”造成国民经济比例的严重。由于计划部门使用夸大的数据，大规模劳动力从农业被转移至工业。1958～1960年三年间，全国城镇人口共增加了3124万人，相当于平均每年增加1041万人，城镇人口比重上升了约4.3个百分点。结果，城市人口增长明显快于工业发展的实际需要，城市发展表现为典型的过度城镇化特征。

3）反向城镇化（1961～1965年）

“大跃进”造成城市劳动力的不正常增长，导致物资供应的巨大压力，再加上自然灾害等原因，国民经济进入了困难时期。为了保证城镇居民的基本生活，政府开始动员进程的农民返乡，同时通过加强户口管理，限制农村劳动力自由进入城市。在从1961年1月开始的两年半中，全国职工精简与录用相抵共减少了1887万人，城镇人口减少了2600万人，吃商品粮人数减少了2800万人。一系列措施使城镇人口大规模减少，城镇人口比重从1960年末的19.75%下降为1963年的16.40%。[①]

4）城镇化水平稳定期（1966～1976）

从数据上来看，“文化大革命”的10年期间，城镇人口比重略有减少，从1966年的17.9%减少到1976年的17.44%，变化并不大。相关研究表明，在相对稳定的数据背后，实际上是大规模人口正向和逆向流动共同存在的结果（Chan and Xu，1985）。一方面，大批知识分子下放和知识青年上山下乡，使城市人口数量急剧下降。据估计，这一时期从城市迁出的人口有2000~3000万人（吴友仁，1979）。但另一方面，城市中的工业生产又从农村通过各种方式引入劳动力，这些方式中包括正式更改户籍的招工与不更改户籍的临时工和合

① 根据《中国统计年鉴》所显示的数据，1964年城市人口出现了非正常的增长，猜测是由于1964年人口普查时使用了不同的列举方法与回归调整造成的。因此，此处用1963年的数据反映当时人口返乡迁移的规模。1964年之后则采用了同样的方法，因此此后不同年份城市人口增长的比较不受影响。

同工制度。后一种情况下，进城的农民工虽然不能享有城市居民福利，但是可以获得更高的收入。事实上，这种不伴随户口转变的乡城迁移正式是这一时期城市人口机械变化的重要形式。农村劳动力的流入，再加上“文化大革命”后期开始返城的青年和知识分子，使得双向流动的规模相当，这一期间的城镇人口比重保持相对的稳定。①

3. 人口增长相对分散在中小城市

由于在这一时期城市政策的变化，与城镇化水平类似，不同规模城市的发展情况也表现出不稳定的特征。20 世纪 50 年代，工业发展方针强调依托交通方便、靠近资源、建设基础好的旧城，并集中力量建设有重点工业项目的城市，使得城市规模迅速扩大。由于并未采取控制城市规模的措施，这一时期特大城市和大城市的数量和城镇人口比重都是上升的趋势。②

20 世纪 60 ~ 70 年代以后，城市发展思路从集中转向分散，强调以“严格控制大城市规模，发展小城镇”为基本方针。引起这一转变的既有经济的因素也有政治军事方面的考虑。经济上，“大跃进”时期城市发展失控，物资供给严重短缺。政治军事上，基于当时对国际形势分析，分散发展小城镇有利于“备战、备荒”的国家战略。因此，在这一时期，大城市和特大城市在城市体系中的地位均出现下降的趋势，而中等城市的增长最明显（表 5-2）。

中国城市规模等级结构的变动　　表 5-2

规模级	城市数	占城市数（%）	占城市人口（%）	城市数	占城市数（%）	占城市人口（%）
（人）	1949 年			1954 年		
>100 万	5	4.5	36.1	11	6.7	44.0
50 ~ 100 万	7	6.4	17.8	17	10.3	21.1
20 ~ 50 万	21	19.1	22.2	31	18.8	15.5
<20 万	77	70.0	23.9	106	64.2	19.4
合计	110*	100	100	165*	100	100

① 根据陈金永和许学强（Chan and Xu，1985）的计算，这一时期城市迁入人口甚至超过迁出人口，净迁入人口数估计为200 ~400万。

② 根据1980年制定的标准，人口100万以上的城市为特大城市，人口50~100万的城市为大城市，人口20~50万的城市为中等城市，人口小于20万的城市为小城市。

续表

规模级	城市数	占城市数（%）	占城市人口（%）	城市数	占城市数（%）	占城市人口（%）
	1958 年			1964 年		
>100 万	11	6.5	42.4	13	7.8	45.0
50 ~ 100 万	19	11.2	20.8	18	10.8	19.0
20 ~ 50 万	39	22.9	20.1	43	25.7	20.7
<20 万	101	59.4	10.8	93	55.7	15.3
合计	170*	100	100	167*	100	100
	1980 年			1990 年		
>100 万	15	6.7	38.7	31	6.6	41.7
50 ~ 100 万	30	13.5	24.6	28	6.0	12.6
20 ~ 50 万	69	30.9	23.1	119	25.5	24.6
<20 万	109	48.9	13.6	289	61.9	21.1
合计	223	100	100	467	100	100

*：1949、1954、1958、1964 年的设市城市数应分别为 134、166、185、168，有个别小城市缺人口资料。

资料来源：周一星 . 城市地理学 [M]. 北京：商务印书馆，1995。

总体来看，这时期大城市并没有明显增长，根据一项对 1979 年的 14 个特大城市的研究，从 1949~1979 年特大城市的人口增长主要是自然增长，而这 30 年间特大城市人口的净机械增长仅为 280 多万，即使全部来自于农村，也仅占全国城镇净迁入人口的 10%。因此，这一时期的城镇化主要分散在广大中小城镇（胡开华，1985）。

4. 城镇化水平北高南低

在计划经济体制下，我国城镇化发展的地区差异与经济和工业发展相关性不强。出于战争安全考虑的“三线建设”方针，大规模的工业从沿海迁移至内地，东北、华北和西北等资源丰富的内陆地区工业化与城镇化迅速发展，而在东南沿海人口稠密地区城镇化发展受阻，全国城镇化水平分布表现为北高南低的格局（图 5-3）。

图 5-3 1982 年中国城镇化水平地区差异

资料来源：陈洋，李郇，许学强．改革开放以来中国城市化的时空演变及其影响因素分析 [J]. 地理科学，2007(2)：142-148

（二）城镇化发展的动力机制：政府与国家政策起决定性作用

在这一时期，国家根据政治或经济需要控制城镇化的进程，政策因素对城镇化进程产生决定性的影响。首先，政府通过限制农村劳动力自由流动，最小化城镇化的成本，促进重工业快速发展。其次，尽管乡城间的自由迁移被限制，城乡间并不是没有人口流动，而是政府根据其需要组织人口在城乡间的流动。此外，政府也通过适时调整建制标准和控制城市规模来实现弹性的资源分配。结果，改革开放前的城镇化不仅以低度城镇化为特征，而且具有大起大落、大进大出的不稳定性。

因此，有学者提出，用“政府偏向的发展”（state-biased development）来解释这一时期的城镇化比“城市偏向”或“乡村偏向”更为合适（Nolan and White，1984；Zhang and Zhao，2003）。政府偏向的发展模型认为，经济体制中的产权关系是形成发展战略的基础。这一时期公有制为基础的经济关系决定了政府在经济发展中的重要角色。政府可以容易地建立符合其战略需要的各种制度，从而控制和影响城镇化的发展进程。

三、改革开放后的城镇化

（一）城镇化发展的基本特征

改革开放以后，中国从计划经济向市场经济转型，城镇化发展进入了全新的阶段，城镇化水平与经济发展密切相关，并且逐渐从以小城镇为主要空间载体向以大城市为主导转变。与此同时，在渐进性改革的政策影响下，城镇化发展也表现出独特的“不完全城镇化”的特征。

1. 城镇化稳定快速发展

改革开放以后，我国城镇化进入了稳定快速发展时期。1978 ~ 2012 年，城镇人口从 1.7 亿增长为 7.1 亿，年均增长率为 4.3%，相当于每年增长近 1600 万（图 5-4）。因此，城镇人口占总人口比重逐年上升，特别是自 1996 年以后，每年增长 1~1.6 个百分点。至 2012 年年底，我国城镇化率已达 52.57%，意味着超过一半的人口居住在城镇中。

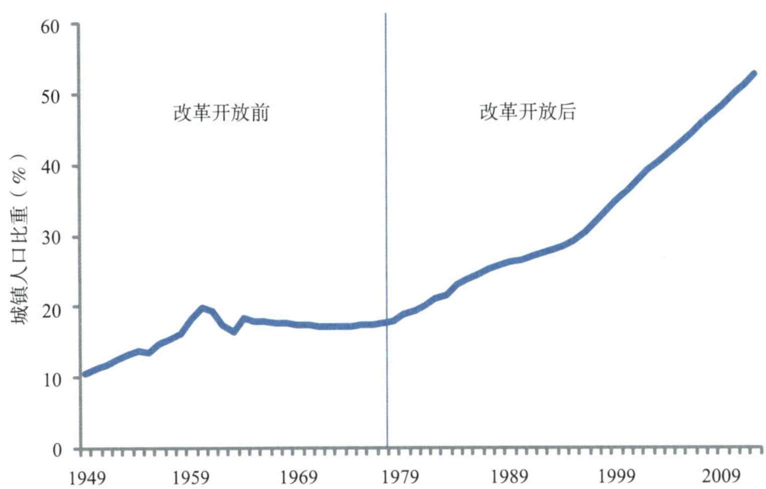

图 5-4　中国城镇化水平变动

资料来源：中国统计年鉴，2013

2. 乡城移民和行政区划调整成为城镇人口增长的主要来源

与之前城镇人口增加主要由于人口自然增长所不同，改革开放以后城镇人口的增长的主要来源是乡城移民和行政区划调整。自 1978 年以来，农民进城就业的人口规模不断扩大。最新公布的农民工监测调查报告显示，2013 年，全国进城务工的农民工数量已有 2.69 亿（表 5-3）①。在不少大城市，外来人口的比重已经相当高。2010 年第六次人口普查的数据显示，北京、上海和广州的外来人口分别占城市总常住人口的 35.9%、39% 和 37.5%。

① 来源：中华人民共和国2013年国民经济和社会发展统计公报。年度农民工数量包括年内在本乡镇以外从业6个月以上的外出农民工和在本乡镇内从事非农产业6个月以上的本地农民工两部分。

农民工规模（万人） 表 5-3

年份	2008	2009	2010	2011	2012	2013
农民工总量	22542	22978	24223	25278	26261	26894
1. 外出农民工	14041	14533	15335	15863	16336	16610
（1）住户中外出农民工	11182	11567	12264	12584	12961	13085
（2）举家外出农民工	2859	2966	3071	3279	3375	3523
2. 本底农民工	8501	8445	8888	9415	9925	10284

资料来源：国家统计局，2013 年农民工监测调查报告。

由于行政级别的调整造成城镇人口的增加的情况也有相当比例。在我国自上而下的行政区划管理体系下，由于“县改市”之后可获得更高的税收返还比例、城市维护建设税等收入，还可以得到更多的建设用地指标、工业项目、水资源占用量等好处，因此通过行政区划调整是各地方政府获取资源发展经济的有效路径。“县改市”以及“县改市”审批冻结以后的“撤县设区”风潮，使我国县级市数量逐渐减少，地级市和市辖区大幅增加(表 5-4)。县改市、县改区以后，原辖区范围的常住人口全部按照城镇人口进行统计，从而人为地扩大了城镇人口的规模。

1990～2008 年地级市和县级市数量变化 表 5-4

年份	地级市			县级市		
	县级及以上	县级	总和	县辖区	其他	总
A	B	C	D	E	F	G
1990	188	279	467	651	1903	2554
1995	213	427	640	706	2143	2849
2000	263	400	663	787	2074	2861
2001	269	393	662	808	2053	2861
2002	279	381	660	830	2030	2860
2003	286	374	660	845	2016	2961
2004	287	374	661	852	2010	2862
2005	287	374	661	852	2010	2862
2008	287	368	655	856	2003	2859
1990～1995	25	148	173	55	240	295
1995～2000	50	−27	23	81	−69	12
2000～2005	24	−26	−2	65	−64	1
2005～2008	0	−6	−6	4	−7	−3

资料来源：Chan K.W. Fundamentals of China's Urbanization and Policy. The China Review, 2010, 10: 63–94。

3. 从自下而上的农村城镇化模式向自上而下的大城市扩张模式转变

1）自下而上的小城镇主导模式（1978 年至 20 世纪 90 年代中期）

改革开放之初，农村率先实施的一系列改革极大地提高了农业生产力，并促进了非农产业的发展。乡镇企业在原有的社队企业基础上，通过利用民间资本和外商投资，充分发挥农村劳动力丰富的优势，进而得到了快速发展，形成了“村村点火、户户冒烟”的农村工业化格局。由于此时城市改革尚未全面展开，农村非农产业成为吸纳农村剩余劳动力的主要途径，劳动力转移以“离土不离乡、进厂不进城”为主要特征。

因此，这一阶段城镇化发展以中国特有的自下而上的城镇化模式为主，即“发生在农村地域，由基层社区政府发动和农民自主推动的、以农村人口在农村内就地转移，建立小城镇为中心的城市化过程”（崔功豪等，1999）。农村建制镇是这一时期城镇化的主要空间载体，农村建制镇数量及其非农人口所占比重快速增长。1978~1996 年建制镇数量 2173 个增至 18171 个，建制镇非农人口占全国市镇非农人口的比重从 32.3% 增长 42.6%（表 5-5）。

应该说，农村城镇化模式与当时城乡二元系统仍相对封闭有关。并且，在相当长一段时期内，小城镇被视为协调城乡关系、解决农村大量剩余劳动力问题的主要出路。但是，到 20 世纪 90 年代这种发展模式的问题日益凸显，特别是由于工业和居民点分散布局，造成了产业集聚效应低、用地粗放、环境污染等问题。

小城镇在中国城市化中的地位　　表 5-5

年份	建制镇非农人口占全国总人口（%）	建制镇非农人口占市镇非农人口（%）	建制镇非农人口占乡村总人口（%）
1978	4.2	32.3	5.03
1984	5.1	31.3	6.8（1985）
1990	6.8	39.5	8.6
1996	9.8	42.6	13.6

资料来源：崔功豪，马润潮 . 中国自下而上城市化的发展及其机制 [J]. 地理学报，1999(2)：106-115。

2）自上而下的大城市扩张模式（20 世纪 90 年代中期至今）

自 20 世纪 90 年代中期开始，一系列宏观格局的变化中，城镇化发展开始向大城市集中。其中 3 个因素对城镇化格局的改变起到了重要作用：①随着改革开放的深化，外国直接投资成为我国经济发展的重要动力，由于造成而外资往往看重市场规模和集聚经济，沿海地区的大城市依靠区位优势和较好的经济基础，迅速吸引大量外资企业（魏后凯等，2001）。②由于粮食供应制度的废除和户籍制度的放松，在乡镇企业经济效益下降的背景下，越来越多的农村劳动力选择迁移到就业机会更多的大城市(段成荣等,2009)。③市场化改革以后，地方政府有了发展本地经济的激励，通过土地开发、基础设施建设等措施大力引进外资。特别是在城市土地逐步由无偿使用向有偿使用转变以后，土地出让与城市开发成为地方政府最重要的财政收入和经济杠杆。

因此，这一时期的城镇化发展逐渐向大城市集中，并且以外资带动的制造业发展、大城市向外扩张为主要推动力。人口普查数据显示，自2000年以来，城市规模越大，人口增长越快，北京、上海、广州和深圳4个一线城市10年年均增长率4.3%，远高于全国3.8%的平均水平（表5-6）。

2000～2010年基于城市人口规模的人口增长率初步分析　　表5-6

基于2000年城市人口的城市分类*	城市数	加权平均数		中位数	
		10年增长率	年均增长率	10年增长率	年均增长率
第一层**	4	51.8	4.3	55.0	4.5
300～600万	10	51.7	4.3	42.6	3.6
200～300万	11	42.4	3.6	40.0	3.3
100～200万	33	47.7	4.0	33.0	2.9
全国	653个市和19410个镇	45.0	3.8	NA	NA

*：指常住人口。

**：上海、北京、广州、深圳。

NA：无数据。

资料来源：Chan，K.W. China’s urbanization 2020：a new blueprint and direction[J]. Eurasian Geography and Economics，2014，55（1）：1-9。

4. 城镇化水平东高西低，城镇人口向城市群集聚

改革开放以后，东部沿海地区凭借其区位及政策优势，依托外资工业经济的发展，成为吸收乡城移民的主要地区。相关研究表明，第六次人口普查数据表明，我国的总流出人口主要分布在经济发展相对落后的中西部地区，总流入人口主要分布在经济比较发达的东部地区；其中江苏、浙江、广东总流入人口规模位居前三,三省流入人口总数约占全国总流出人口的31.04%（王桂新等，2013）。相应的,城镇化水平也表现为自东向西依次降低的分布格局（图5-5）。从发展趋势来看，东部地区发展最快，中、西部次于东部，东北地区由于重工业衰落，城市发展迟缓，但由于原油城镇化水平较高，仍然保持较高的城镇化率（图5-6）。

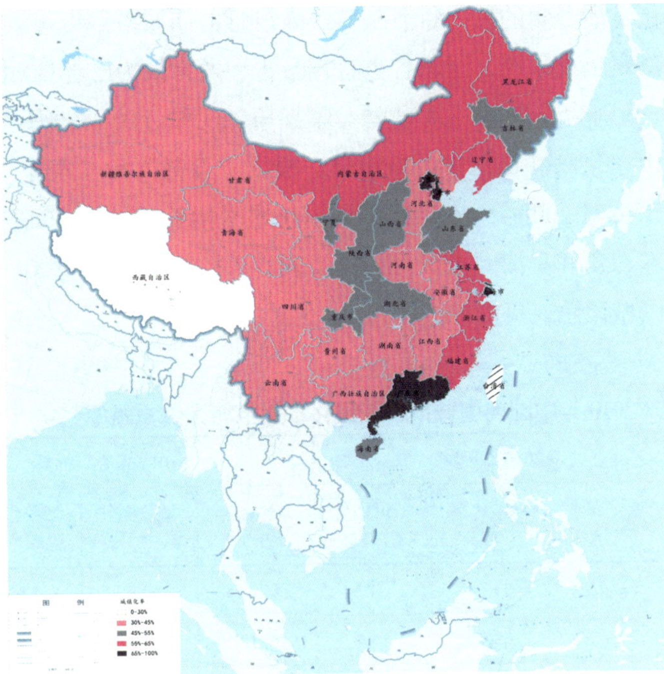

图 5-5　2010 年中国各省城镇化率

注：根据《中国 2010 年人口普查资料》数据推算

资料来源：张车伟，蔡翼飞 . 中国城镇化格局变动与人口合理分布 [J]. 中国人口科学，2012(6)：44-57

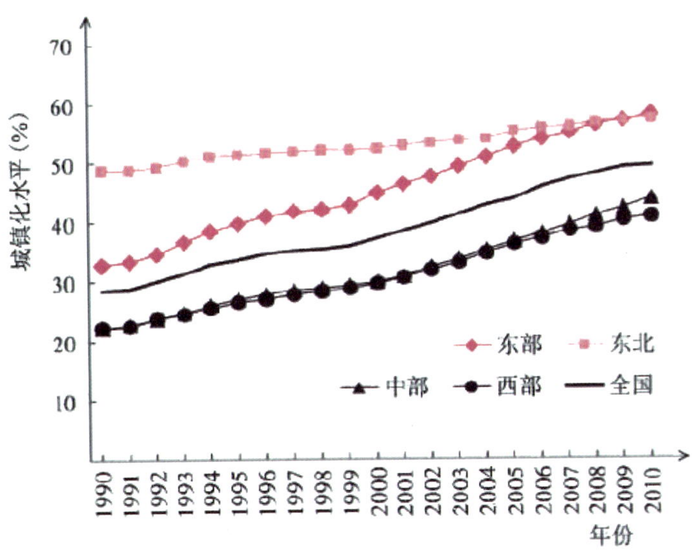

图 5-6　1990 ~ 2010 年分区域城镇化水平变化

资料来源：张车伟，蔡翼飞 . 中国城镇化格局变动与人口合理分布 [J]. 中国人口科学，2012(6)：44-57

城镇化发展分布的另一特点是城镇人口日益向城市群集聚。对于中国目前城市群的认定仍有争议，国家各类官方报告中通常认为已经相对成熟的城市群有10个，分别为长三角、京津冀、珠三角、川渝、关中、海峡西岸、中原、辽中南、山东半岛和长江中游城市群。根据“五普”和“六普”的数据计算，这十大城市群对2000~2010年我国城镇化水平增长的贡献率高达51%；其中，长三角、珠三角和京津冀贡献率最高（表5-7）。2010年，这10个城市群城镇人口占全国城镇总人口的61%。

2000~2010年中国典型城市群城镇化水平及城镇化贡献率变化　　表5-7

城市群	2000“五普”			2010“六普”			基尼商指数
	城镇人口（万人）	城镇化率（%）	城镇化贡献率（%）	城镇人口（万人）	城镇化率（%）	城镇化贡献率（%）	
京津冀	3104.93	43.79	6.77	5022.58	59.95	7.50	1.8069
珠三角	2956.39	68.95	6.44	4643.01	82.72	6.93	1.5885
长三角	5056.92	57.84	11.02	7500.59	69.69	11.19	1.3272
辽中南	1886.68	60.70	4.11	2249.65	67.87	3.36	1.3957
山东半岛	2286.29	45.78	4.98	3042.73	56.04	4.54	0.9239
海峡西岸	1112.19	42.74	2.42	1728.76	59.23	2.58	1.3957
中原	1178.76	31.03	2.57	1901.91	45.79	2.84	1.3519
长江中游	2233.98	38.27	4.87	2771.29	48.38	4.14	1.4471
关中	868.79	35.92	1.89	1223.68	47.53	1.83	1.3952
川渝	2887.41	30.78	6.29	4164.03	46.12	6.21	1.2104
总计	23572.34	—	51.38	34247.23	—	51.44	—
全国	45877.10	36.92	—	66573.45	49.95	—	—

资料来源：纪韶，朱志胜．中国人口流动与城镇化格局变动趋势研究——基于“四普”、“五普”、“六普”长表数据的比较分析[J].经济与管理研究，2013(12)：75-83.

5. 不完全城镇化

如上所述，在户籍制度和人口流动限制放松以后，大规模的乡城移民成为中国城镇化发展的主要推动力。但与很多国家所不同的是，这些移民实际上并不能够享受到与本地城市居民同等的公共服务和社会保障，也无法在城市永久定居，成为真正的城市“市民”，因此被称为“流动人口”。城市辖区内的人口数实际上与持城市户口的人数有相当差距，而且这种差距是逐渐扩大的趋势（图5-7）。最新的人口普查数据显示，2010年这一差距已达到2亿。

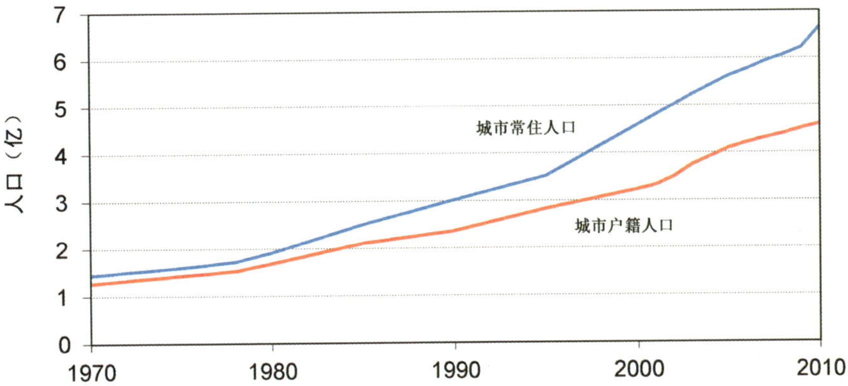

图 5-7　1970～2010 年城市常住人口及户籍人口的变化

资料来源：Chan K. W. Crossing the 50 Percent Population Rubicon: Can China Urbanize to Prosperity? [J]. Eurasian Geography and Economics, 2012, 53: 63–86

6. 土地城镇化快于人口城市化

国际经验表明，城镇化往往同时包含土地城镇化和人口城镇化的过程，且两者增长相当（蔡昉，2010）。在中国，由于地方政府享有自主进行土地开放和出让的权力，土地经营成为地方政府财政收入的主要来源，催生所谓的“土地财政”，导致我国土地城镇化的速度远远高于人口城镇化的速度。1980~2010 年的 30 年间，全国城市建成区面积由 1981 年的 7438km^2 增加到 2010 年的 40058km^2，年平均拓展速度为 6.3%，远高于同期城镇人口的年增长速度 4.21% 和城镇化的年增长率 3.11%（田莉，2013），表明城镇化过程中土地开发实际上脱离了人口城市化的需要。

（二）城镇化发展动力机制：市场化改革下一元向多元的转变

中国的改革开放的一个重要特征是市场经济制度的建立与完善。产权和资源分配机制的变化，从根本上打破了计划经济体制下中央政府与国家政策对城镇化和城市发展起决定性作用的局面，经济运行主体日益多元化，政府、企业、个人都对经济发展与城镇化过程发挥了重要的作用。

1. 中央政府

20 世纪 90 年代中期以前，城市管治结构的调整以中央向地方不断下放行政权与财政权为特征，中央政府对城市发展的影响力较改革开放以前大大减小。但是，这一模式导致的负面效应，如地方保护主义、经济发展优先所带来的社会矛盾突出、资源浪费和环境恶化等问题日益凸显。至 20 世纪 90 年代中后期，中央政府逐渐重新加强其对地方发展的干预（Xu and Yeh，2009）。例如，通过实施分税制和出台严格的土地管理政策，中央政府加强了其在宏观调控的能力。换而言之，与改革开放之前的直接参与所不同，改革开放以后，中央政府在城镇化发展中更多地通过宏观政策调控来影响城镇化发展，特别是在平衡地方单一经济发展目标与公共服务，社会管理和保护环境等领域中的问题中发挥重要作用。

2. 地方政府

以中央向地方政府的"让利放权"是在城镇化发展中起到了重要作用的改革措施之一。一方面，地方政府获得了发展经济所需要的资源与自由裁量权，另一方面，在晋升锦标赛模式下，地方官员展开横向经济竞争，充分调动了他们发展经济的积极性，成为推动地方经济与城市发展行为主体之一（周黎安，2007）。特别需要指出的是，在市场化改革下，地方政府在城镇化中的作用并未削弱而是加强了。通过对城市资源的市场化运作，地方政府在"经营城市"中发挥着积极的作用。

3. 企业

在计划经济体制下，企业无经营自主权，当然也不能成为城市化的推动力量。市场化改革以后，不仅国有企业有了经营自主权和对外投资能力，而且大量外资和民营企业发展起来。20 世纪 80 年代的城镇人口随着乡镇企业的发展迅速增长，90 年代中后期起，外资企业启动了新的城镇化发展模式。企业不仅创造了大规模的城市就业岗位，是城镇化的重要拉力，其市场机制下的各种经营决策也对城市发展空间格局产生重要影响。此外，不少研究也表明，私人资本还通过与地方政府形成城市增长联盟，直接参与到城市发展中。①

4. 个人

改革开放以后，不仅个人的流动性大大释放，而且个人的消费和投资能力也增强。大量农村劳动力迁移到城市打工，带动了人口城镇化的发展。同样重要的是，随着个人财富的增加，消费成为个人价值和社会地位的重要实现方式。城市作为一种生活方式逐渐在促进城镇化发展中发挥着重要的作用（卢汉龙等，2003）。特别是 20 世纪 90 年代末以来，福利分房制度彻底取消以后，居民的住房消费与投资已成为影响城镇化、塑造城市发展不可忽视的市场力量。不少人通过购买迁入城市的住房获得了当地的城市户口，实现城镇化。与此同时，居民住房消费也是带动城市扩张和郊区发展的重要需求因素（Shen and Wu，2013）。此外，地方政府也意识到民间资本是进行城市建设的重要来源，通过

① 例如 Zhu, J. M. Local growth coalition: the context and implications of China's gradualist urban land reforms[J]. International Journal of Urban and Regional Research, 1999（23）: 534–548.

上市等方式吸引民间资本筹集城市大型基础设施建设资金（赵燕菁，张志坚，2002）。

综上所述，改革开放以后，城镇化动力呈现多元化和复杂化的变化特征，特别是在市场机制下企业和个人的影响力逐渐加强。但需要强调的是，在市场化转型的过程中，诸多传统制度仍然在发挥作用。例如，政府的主导性并没有因为市场机制的建立而有所削弱。政府不仅仅是建立和规范市场的行为主体，并且实际上成为了市场参与者，通过利用各种资源"经营城市"，在城镇化发展中扮演着核心的组织角色（Wu et al，2007）。

本章参考文献

[1] 蔡昉．城市化与农民工的贡献——后危机时期中国经济增长潜力的思考 [J]. 中国人口科学，2010（1）：2-10.

[2] 蔡昉，都阳，王美艳．户籍制度与劳动力市场保护 [J]. 经济研究，2001（12）：41-49.

[3] 蔡昉，杨涛．城乡收入差距的政治经济学 [J]. 中国社会科学，2000（4）：11-22.

[4] 陈钊，陆铭．从分割到融合：城乡经济增长与社会和谐的政治经济学 [J]. 经济研究，2008（1）：21-32.

[5] 陈洋，李郇，许学强．改革开放以来中国城市化的时空演变及其影响因素分析 [J]. 地理科学，2007（2）：142-148.

[6] 崔功豪，马润潮．中国自下而上城市化的发展及其机制 [J]. 地理学报，1999（2）：106-115.

[7] 段成荣，杨舸．我国流动人口的流入地分布变动趋势研究 [J]. 人口研究，2009（06）：1-12.

[8] 胡开华．我国特大城市人口规模变化的一些情况 [J]. 城市规划参考资料，1985（19）.

[9] 纪韶，朱志胜．中国人口流动与城镇化格局变动趋势研究——基于"四普"、"五普"、"六普"长表数据的比较分析 [J]. 经济与管理研究，2013（12）：75-83.

[10] 卢汉龙等．中国城市的消费革命 [M]. 上海：上海社会科学院出版社，2003.

[11] 林毅夫，蔡昉，李周．中国的奇迹：发展战略与经济改革 [M]. 上海：

上海人民出版社，1994.

[12] 马光荣，杨恩艳 . 中国式分权、城市倾向的经济政策与城乡收入差距 [J]. 制度经济学研究，2010（1）：10-24.

[13] 田莉 . 处于十字路口的中国土地城镇化——土地有偿使用制度建立以来的历程回顾及转型展望 [J]. 城市规划，2013（5）：22-28.

[14] 吴友仁 . 关于我国社会主义城市化问题 [J]. 城市规划，1979（05）：13-25.

[15] 王桂新，潘泽瀚 . 我国流动人口的空间分布及其影响因素——基于第六次人口普查资料的分析 [J]. 现代城市研究，2013（3）：4-11+32.

[16] 魏后凯，贺灿飞，王新 . 外商在华直接投资动机与区位因素分析——对秦皇岛市外商直接投资的实证研究 [J]. 经济研究，2001（2）：67-76+94.

[17] 武力 .1949—1978 年中国“剪刀差”差额辨正 [J]. 中国经济史研究，2001（4）：5-14.

[18] 张车伟，蔡翼飞 . 中国城镇化格局变动与人口合理分布 [J]. 中国人口科学，2012（6）：44-57.

[19] 周黎安 . 中国地方官员的晋升锦标赛模式研究 [J]. 经济研究，2007（7）：36-50.

[20] 章奇，刘明兴，陶然，Chen V. Y.P. 中国的金融中介增长与城乡收入差距 [Z]. 2003.

[21] 赵燕菁，张志坚 . 关于筹集城市发展资金的几点思考 [J]. 规划师，2002（12）：70-74.

[22] 周一星 . 城市地理学 [M]. 北京：商务印书馆，1995.

[23] 国家统计局 . 中国统计年鉴 1993[M]. 北京：中国统计出版社，1993.

[24] 国家统计局 . 中国统计年鉴 2013[M]. 北京：中国统计出版社，2013.

[25] 国家统计局 . 中华人民共和国 2013 年国民经济和社会发展统计公报 [R].2014.

[26] Chan，K. W. and Xu.X.Urban Population Growth and Urbanization in China Since 1949：Reconstructing a Baseline[J]. The China Quarterly，1985，104：583-613 .

[27] Chan，K.W.Economic Growth Strategy and Urbanization Policies in China，1949 – 1982[J]. International Journal of Urban and Regional Research，1992，16（2）：275-305.

[28] Chan，K.W. Crossing the 50 percent population Rubicon：Can China urbanize to prosperity? [J]. Eurasian Geography and Economics，2012，53（1）：63–86.

[29] Chan，K.W. China's urbanization 2020：a new blueprint and direction[J].Eurasian Geography and Economics，2014，55（1）：1-9.

[30] Nolan，P. and White，G.Urban bias，rural bias or state bias? Urban–rural relations in post-revolutionary China[J]. Journal of Development Studies，1984，20（3）：52–81.

[31] Shen，J.F. and Wu，F.L.Moving to the suburbs：the demand-side driving forces of suburbanization in China[J].Environment and Planning A，2013，45（8）：1823-1844.

[32] World Urbanization Prospects：The 2001 Revision，Highlights [R]. Department of Economic and Social Affairs，Population Division. United Nations，2002.

[33] Wu，F.L.，Xu，J. and Yeh，A. G. O. Urban Development in Post-reform China：State，Market，and Space[M]. London：Routledge.2007.

[34] Xu，J.and Yeh A.G.O.Decoding Urban Land Governance：State Reconstruction in Contemporary Chinese Cities[J]. Urban Studies，2009，46（3）：559–581.

[35] Zhang，L.and Zhao S.X.B.Reinterpretation of China's under-urbanization：A systemic perspective[J]. Habitat International，2003，27（3）：459–483.

第六章　泛长江三角洲地区城乡空间演化

一、泛长三角地区的概念

长江三角洲地区，简称长三角地区。根据《国务院关于进一步推进长江三角洲地区改革开放和经济社会发展的指导意见》（国发〔2008〕30 号）和《长江三角洲地区区域规划（2009—2015）》，长江三角洲地区包括上海市、江苏省和浙江省，区域面积 21.07 万 km^2。其中上海市和江苏省的南京、苏州、无锡、常州、镇江、扬州、泰州、南通，浙江省的杭州、宁波、湖州、嘉兴、绍兴、舟山、台州 16 个城市为核心区，统筹两省一市发展，辐射泛长三角地区。

泛长三角地区的范围主要有两种意见：一是“1+3”模式，即以上海为龙头，把江苏、浙江和安徽三省全部纳入泛长三角经济区；二是“3+2”模式，即在上海、江苏、浙江三省市的基础上，把长江中下游地区的安徽、江西也纳入泛长三角经济区。本文采纳“1+3”模式，即泛长三角地区由上海和江苏、浙江和安徽三省一市所组成。这主要是由安徽与长三角地区的紧密联系和要素流动所决定的。

2008 年，安徽 55%以上的省外资金来自长三角，75%的劳务输出集中在长三角，70%以上的省际物流和通信面向长三角，一半以上省际旅游客源来自长三角，“皖电东送”在今年的特大雪灾中为保障长三角地区的电力供应发挥了重要作用。2012 年，苏浙沪两省一市在安徽投资 1 亿元以上项目 3000 多个，其中一半以上的项目就落在合肥市。2010 年全国第六次人口普查结果显示，安徽省流入浙江省的人口达 228.5 万人，占全部省外流入人口的 19.3%，安徽省取代江西省（153.0 万人），成为流入浙江人口最多的省份。

上海作为长三角的核心城市，周边省市流入的外来常住人口数量可作为衡量上海吸引力的重要指标。据 2010 年全国第六次人口普查数据显示，上海外来常住人口中，来自安徽、江苏和河南的人口数量居前 3 位，分别为 260.2 万人、150.4 万人和 78.3 万人。而且，自 2000 年以来安徽籍的外来常住人口数量一直稳居首位，可知安徽省在上海外来常住人口中具有绝对优势（图 6-1、图 6-2）。所以，把安徽省纳入泛长三角地区是比较合理的，易于达成共识。

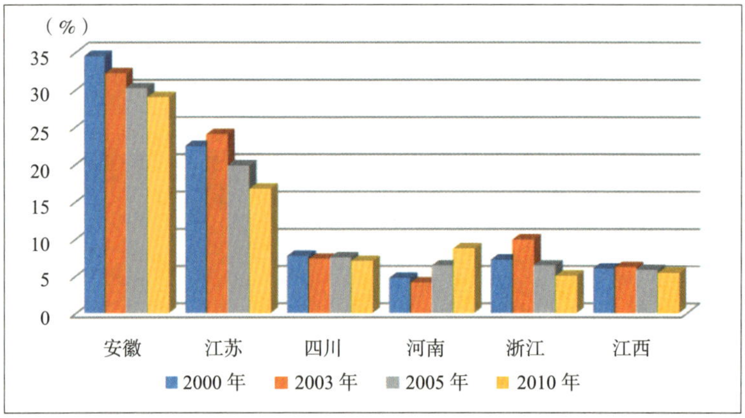

图 6-1　上海市外来常住人口的主要来源地及其占比

数据来源：上海第五、第六次全国人口普查数据

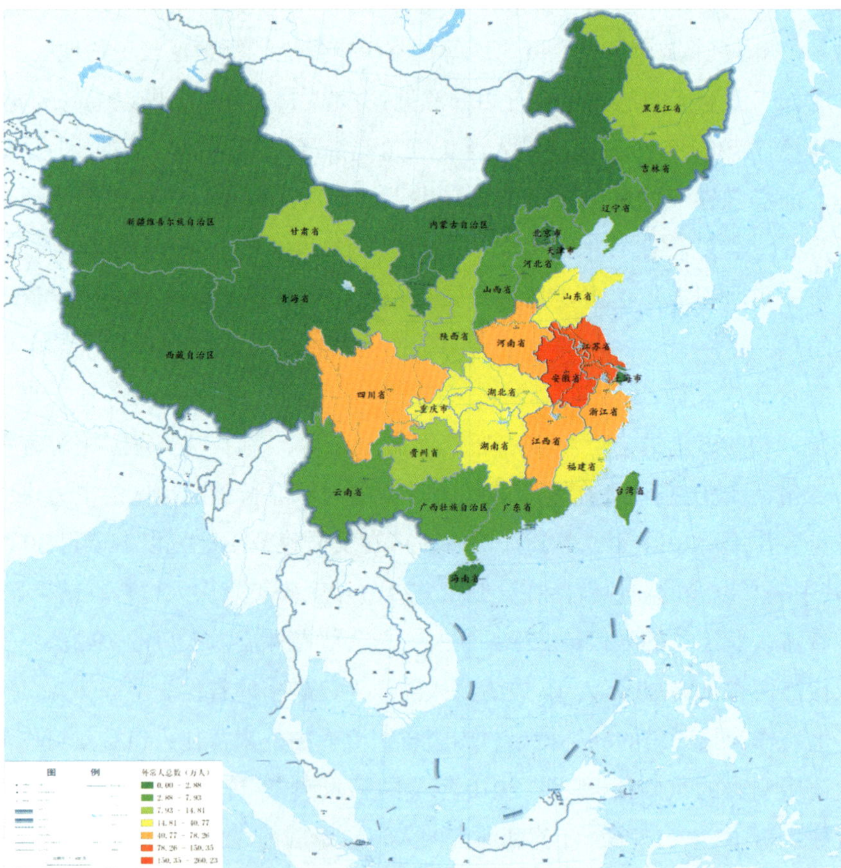

图 6-2　上海市外来常住人口主要来源地（2010 年）

数据来源：上海第五、第六次全国人口普查数据

2009 年 11 月在苏州举行的长三角地区主要领导座谈会，安徽作为正式一员出席。在 2010 年出台的《长江三角洲地区区域规划》中，要求建立健全“泛长三角”合作机制，首次明确“长三角周边的安徽等地区具有区位、自然资源、劳动力资源的比较优势，与长三角地区经济联系紧密，是长三角地区产业转移和直接辐射区”。2014 年 12 月 2 日在上海召开的三省一市主要领导座谈会，会议主题为“积极参与‘一带一路’和长江经济带国家战略，在新的起点上推进长三角地区协同发展”。会议指出，要着力在重点领域和关键环节攻坚克难，推动长三角地区一体化发展再上新台阶。全面深化重点领域改革，发挥改革试点的示范带动作用，促进区域统一市场建设。继续联动实施上海“四个中心”和自贸试验区建设、江苏沿海开发和苏南现代化示范区及国家自主创新示范区建设、浙江海洋经济发展示范区和舟山群岛新区、安徽皖江城市带产业转移示范区和皖南国际文化旅游示范区建设等国家战略。

二、泛长三角地区的空间分异

（一）地级市的社会经济差异

地级市是由中心城市和周边县（县级市）组成，按照我国市管县体制，地级市所辖县是中心城市最为紧密的乡村腹地，因此构成较为完整的城乡地域单元。而且，近年来“县（市）改区”一哄而上，各地市的中心城区差别太大，无法客观反映地级市的城市实力。本章主要选择人均指标进行比较，包括人均 GDP、地均 GDP、城乡收入差距、工业化率、出口依存度、第三产业增加值占比，比较客观地描述长三角地级市的社会经济差异性。

1. 人均 GDP

泛长三角地区地级市的人均 GDP 分布如图 6-3 所示，从高到低呈环状分布，其中苏锡杭甬 4 个城市的最高，沪嘉绍宁镇常 6 个城市处在第二梯队，合肥芜湖马鞍山等处在第三梯队，苏北皖南和皖北处在第四梯队，皖西的地市水平最低。而且，2013 年上海人均 GDP 约为 9 万元 / 人，明显落后于周边的苏州无锡和杭州宁波，后者约为 12 ~ 13 万元 / 人。

2. 地均 GDP

地区生产总值与地级市域面积的比值，称为地均 GDP，表示全市域内的经济强度。从图 6-4 可知，2013 年上海地均 GDP 最高，达到 2.58 亿元 / km^2。无锡、苏州和南京处在第二层级，地均 GDP 为 1.22 ~ 1.74 亿元 / km^2。其余地地级市地均 GDP 分布，表现为沿长江从东向西逐渐降低，以沿江为轴向南北两侧逐渐降低。安徽西部和南部以及浙江西南都以山区为主，地均 GDP 水平最低。

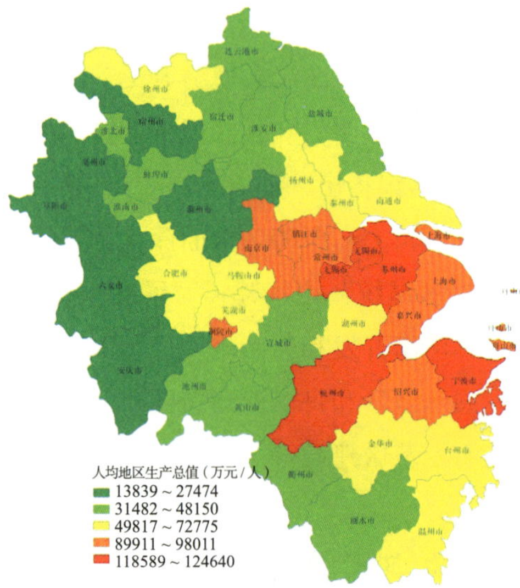

图 6-3　泛长三角城市地区的人均 GDP（2013 年）

数据来源：根据上海市、江苏省、浙江省和安徽省统计年鉴整理

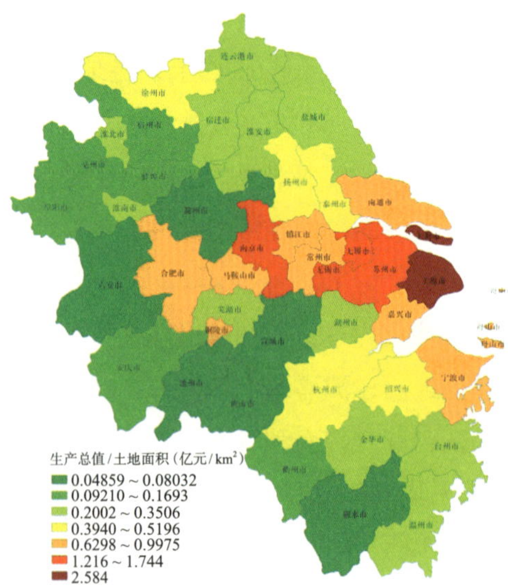

图 6-4　泛长三角城市地区的地均 GDP（2013 年）

数据来源：根据上海市、江苏省、浙江省和安徽省统计年鉴整理

3. 城乡收入差距

城乡收入差距采用城市居民可支配收入与乡村居民纯收入的比值，该值越小则表明地区的城乡差距越小。从图 6-5 可知，江苏地级市的城乡收入差距最小，安徽城乡收入差距最大，浙江省则是北部差距小、南部差距大。2013 年上海城市居民可支配收入与乡村居民纯收入的比值为 2.28，上海市城乡差距要高于周边的苏锡常湖嘉甬地区，上海城乡差距处在泛长三角地区的中等水平。

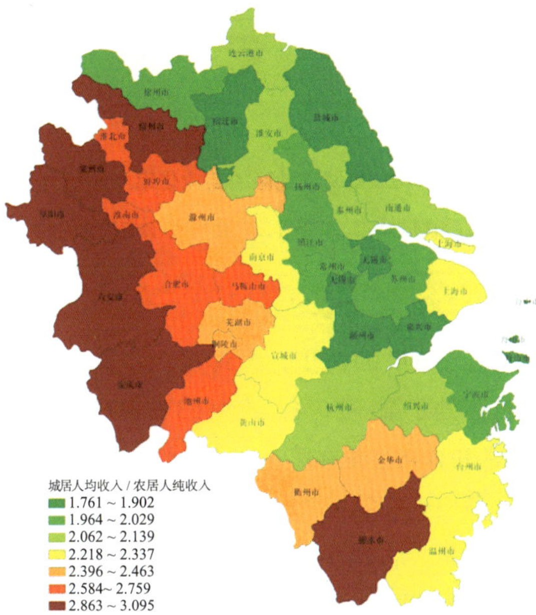

图 6-5　泛长三角城市地区的城乡收入差距（2013 年）

数据来源：根据上海市、江苏省、浙江省和安徽省统计年鉴整理

4. 工业化率

工业化率是工业增加值与国内生产总值的比值，反映传统农业社会向现代工业社会转变的过程。从图 6-6 可知，泛长三角地区地级市的工业化率分布特点为：安徽省的淮北、马鞍山和芜湖最高；次之为江苏省的苏州、镇江、浙江省的嘉兴和安徽的淮南；第三层次包括浙江省的宁波、绍兴、湖州和衢州，江苏省的无锡、常州、扬州、泰州、安徽省的蚌埠、滁州和安庆。第四层次包括南京、杭州以及苏北、皖西的地级市。2013 年上海工业率为 33.5%，为泛长三角地区的最低水平。上海工业化率处在最低层级，这与第三产业蓬勃发展有关，上海以服务业为主的第三产业所占比重越来越高。而苏北、皖西的地级市工业化率低，则是工业发展水平落后所致。

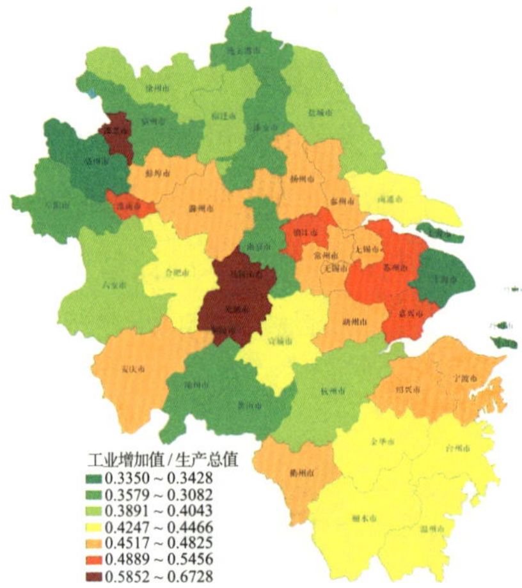

图 6-6　泛长三角城市地区的工业化率（2013 年）

数据来源：根据上海市、江苏省、浙江省和安徽省统计年鉴整理

5. 第三产业比重

第三产业增加值占 GDP 的比重，全部地级市共分为 7 类，如图 6-7 所示。上海、南京和杭州处于第一层次，约为 53% ~ 62%，其中上海最高，为 62.2%。其次，苏锡常和金台温处在第二层次，约为 45% ~ 47%。镇江、淮安、徐州、宁波、绍兴和黄山处在第三层次，约为 42% ~ 44%。总体上，安徽省地级市第三产业比重最低，占比小于 37%，合肥市和黄山市更高一些，合肥为省会城市，黄山市为旅游城市。

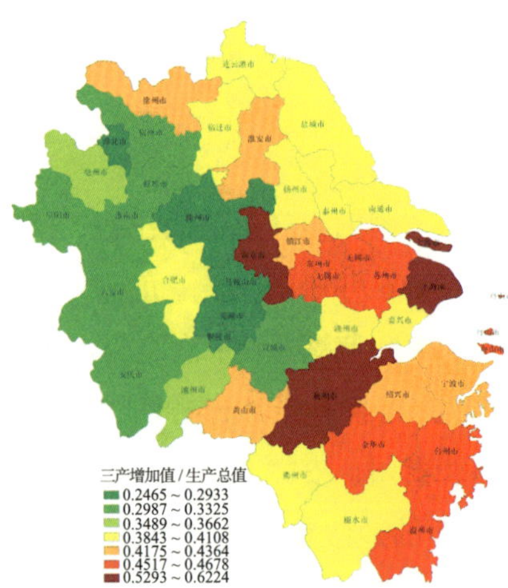

图 6-7　泛长三角城市地区的第三产业比重（2013 年）

数据来源：根据上海市、江苏省、浙江省和安徽省统计年鉴整理

6. 出口依存度

出口依存度是出口总额与 GDP 的比值，反映了地级市经济对国外市场的依赖程度。2013 年，泛长三角地区出口依存度以上海、苏州、宁波和金华为第一层次，嘉兴、绍兴和台州为第二层次，南京、无锡、常州、杭州、湖州和温州为第三层次。合肥、扬州、泰州、镇江、连云港、衢州和丽水为第四层次。周边的其余地市，特别是苏北和安徽大部分地区，出口依存度都是最低的。2013 年上海出口依存度为 58.5%。而苏州为 83.6%，远高于上海。2013 年宁波出口依存度为 57.1%，与上海相当。总体上，上海、苏南和浙北地区的对外出口在地区国民经济中占据重要地位，远高于安徽和苏北地区（图 6-8）。

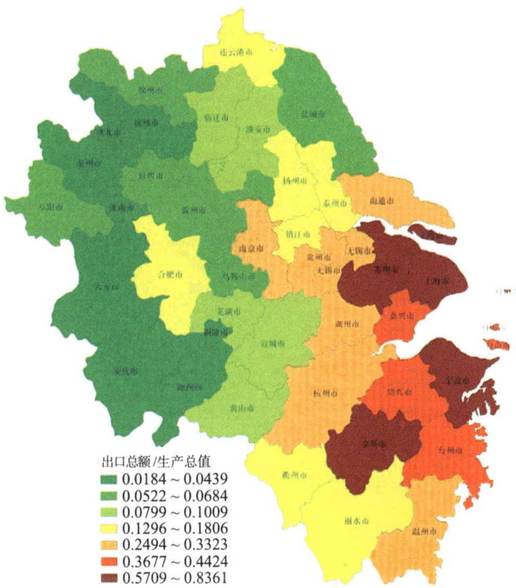

图 6-8　泛长三角城市地区的出口依存度（2013 年）

数据来源：根据上海市、江苏省、浙江省和安徽省统计年鉴整理

7. 人均专利授权量

人均专利授权量可以反映一个城市的科技创新能力。2013 年地级市人均专利授权量共分为 7 类，如图 6-9 所示。其中，苏州、无锡和宁波在第一层次，约为 84 ~ 125 项 / 万人。杭州、嘉兴和常州处在第二层次，约为 43 ~ 59 项 / 万人。第三层次包括：上海、南通、镇江、南京、湖州、绍兴、金华、温州和铜陵，约为 27 ~ 38 项 / 万人。第四层次包括：合肥、芜湖、马鞍山、扬州、泰州、台州和丽水，为 15 ~ 25 项 / 万人。其余地级市的人均专利项则更少，大约在 10 项 / 万人以下。2013 年上海人均专利授权量为 34 项 / 万人，明显少于苏州、

无锡、宁波，以及杭州、嘉兴和常州。

从图 6-9 可知，长三角核心城市的人均专利授权量最多，苏北、安徽和浙江南部地区人均专利授权数明显减少。有研究表明，我国人均专利授权量与人均 GDP 存在较好的相关性。这一结论在泛长三角地区得到进一步验证，因此该指标较好地反映了泛长三角城市的科技创新水平。

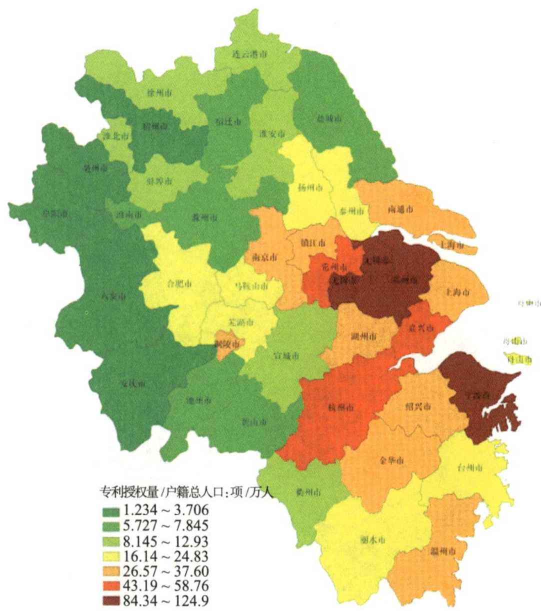

图 6-9　泛长三角城市地区的人均专利授权量（2013 年）

数据来源：根据上海市、江苏省、浙江省和安徽省统计年鉴整理

（二）泛长三角地区内部差异的结构特征

1. 安徽省的发展水平与上海、江苏和浙江差距悬殊

前文根据地级市单元进行横向比较，总体上可知安徽省发展水平与上海、江苏和浙江的差距悬殊。现以省 / 市为单位进行统计分析，结果见表 6-1。

2014 年，安徽全省城镇化率为 49.2%，比江苏和浙江低 15 个百分点；人均 GDP 为 34427 元，约占浙江省的 47% 和江苏省的 42%；而且，安徽省人均 GDP 仅为 5600 美元，江苏和浙江已超过 10000 美元。安徽省第三产业占 GDP 的 34.8%，落后于江苏省和浙江省约 12 个百分点。再者，安徽省城市和乡村居民可支配收入分别为 24839 元和 9916 元，分别为浙江省的 61% 和 51%，与江苏相比也仅占 72% 和 66%。最后，安徽省进出口总额为 492.7 美元，占全省国内生产总值（外贸依存度）的2.36%，而浙江和江苏省外贸依存度分别为8.84%和8.66%。因此，安徽省与长三角地区的差异非常大，这种差距为其承接长三角地区产业转移带来现实需求。

泛长三角省市的社会经济主要统计指标（2014）　　表6-1

主要指标	上海市	江苏省	浙江省	安徽省
年末常住人口（万人）	2425.7	7960.0	5508.0	6082.9
城镇化率（%）	89.0	65.1	64.9	49.2
生产总值（亿元）	23560.9	65088.7	40154.0	20848.8
人均GDP（元）	97131（15812美元）	81874（13328美元）	72967（11878美元）	34427（5604美元）
三次产业结构（%）	0.5:34.7:64.8	5.6:47.7:46.7	4.4:47.7:47.9	11.5:53.7:34.8
进出口总额:（美元）	8634.6	5637.6	3551.5	492.7
城镇居民可支配收入（元）	47710	34346	40393	24839
农村居民可支配收入（元）	21192	14958	19373	9916

资料来源：根据2014年国民经济和社会发展统计公报整理。

2. 安徽、江苏、浙江各省内部差异较大

泛长三角地区的省内差距同样较大。江苏有苏南、苏中和苏北的巨大差异；安徽有皖南、皖中、皖北的差异；浙江有浙北、浙中、浙东和浙南的分别，只是浙江省地域差异明显小于江苏省。这个特点从前文地级市的人均GDP、地均GDP和第三产业比重表现最为明显。而且从各省县（市）域的社会经济指标也同样可见这一特征。

以县域人均GDP分布为例，浙江、江苏和安徽三省都表现了明显的区域差异性。其中，浙江省呈现北中南从高到低、中部高于东西两侧的特点，如图6-10所示。江苏省县市人均GDP仍是典型的南中北三部分从高到低分布，苏南地区为东强西弱，如图6-11所示。安徽省县市人均GDP空间特征为：中部合肥辖县和东南部芜（湖）马（鞍山）辖县最强、南部次之、北部最弱，如图6-12所示。

为了更准确地对比浙江、江苏和安徽三省县（市）人均 GDP 的差异性，我们选用变异系数（*C.V*），计算公式为：*C.V* =（*SD*/*MN*）×100%，其中 *C.V* 为变异系数，*SD* 为标准差，*MN* 为平均值。从表 6-2 不难发现，江苏省县（市）变异系数最大，安徽省次之，浙江省变异系数最小仅为 46.45%，这表明江苏全省 45 个县（市）人均 GDP 的离散程度最大，也就是县（市）间差别最大；安徽省县（市）间差异性略小于江苏省，而浙江省县（市）差别最小。

江苏、浙江和安徽县域人均 GDP 变异（2013）　　表 6-2

	江苏	浙江	安徽
平均值（元）	65385.2	55297.9	22699.6
标准差（元）	38751.9	25683.9	12332.5
变异系数（%）	59.27	46.45	54.33

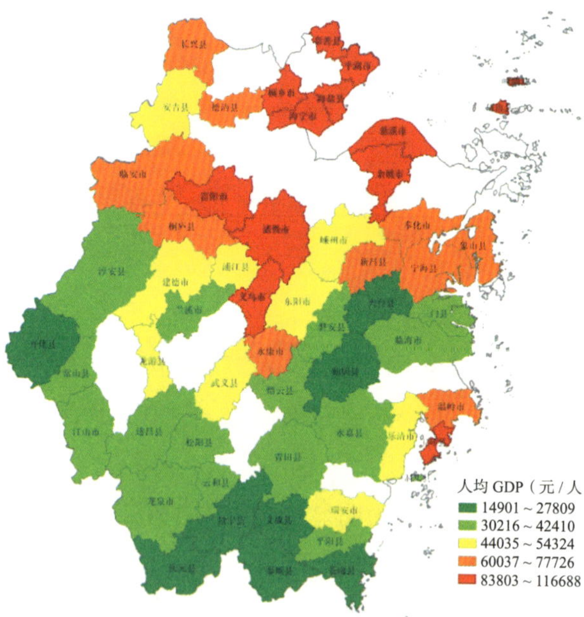

图 6-10　浙江省县（市）域人均 GDP（2013）

数据来源：根据浙江省统计年鉴（2014 年）整理

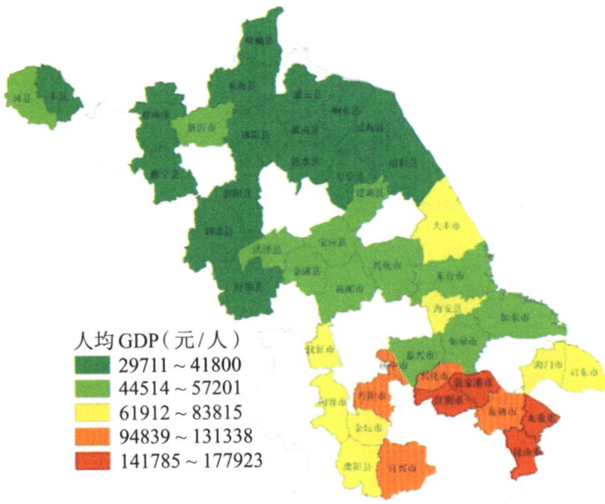

图 6-11　江苏省县（市）域人均 GDP（2013）

数据来源：根据江苏省统计年鉴（2014 年）整理

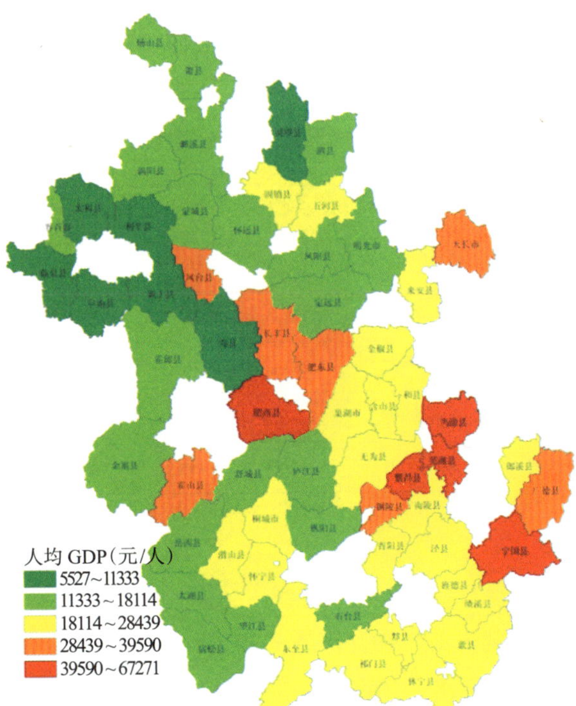

图 6-12　安徽省县（市）域人均 GDP（2013）

数据来源：根据安徽省统计年鉴（2014 年）整理

3. 沿江城市形成全区域发展隆起带

从地级市的人均 GDP 和地均 GDP 来看，长江沿线地带是泛长三角地区的隆起地带（见图 6-3、图 6-4）。

江苏沿江城市群，包括南京、镇江、扬州、常州、无锡、泰州、苏州、南通 6 个地级市。这是江苏经济最发达的地区。将推动区域高端创新要素集聚，加快转型升级，建设具有国际水平的战略性新兴产业策源地和先进制造业中心，打造江海一体的高端生产服务业集聚区和我国服务贸易对外开放的先导区。深化以上海为龙头的长三角一体化区域合作，加快苏南现代化建设示范区建设。

安徽沿江地区是安徽省长江流域，包括合肥、芜湖、马鞍山、铜陵、安庆、池州、滁州、宣城九市全境和六安市金安区、舒城县。2008 年规划区年末总人口 3058 万人，地区生产总值 5818 亿元，分别占安徽省的 45%和 66%。2010 年 1 月，国务院正式批准设立皖江城市带承接产业转移示范区。2010 年皖江示范区地区生产总值占全省的 71.95%，共新批内外资项目 9782 个，实际利用省外境内资金 4867.4 亿元，增长 44%，其中 50%以上来自长三角地区。2011 年皖江示范区地区生产总值占全省的 67%，引进亿元以上省外投资项目 2981 个，同比增长 51.4%，占全省 68.8%；吸引外商直接投资项目 173 个，投资总额 56.2 亿美元。示范区主要经济指标，见表 6-3。

皖江城市带承接产业转移示范区的主要指标 表 6-3

年份	地区生产总值（亿元）		皖江占全省的比重 (%)	固定资产投资（亿元）		规模以上工业增加值（亿元）		皖江占全省的比重（%）
	全省	皖江		全省	皖江	全省	皖江	
2008	8874.2	5682.21	64.03	6788.9	4776.35	3259.7	2206.21	67.68
2009	10052.9	6600.23	65.65	9263.2	6626.83	3987.9	2602.49	51.71
2010	12263.4	8824	71.95	11849.4	8613.31	5601.9	3677.87	65.65
2011	15110.3	10128.53	67.0	12126.3	8495.1	7061.7	4749.9	67.30

资料来源：张曦，雷平.《皖江城市带承接产业转移规划》实施效果评价 [J]，山东社会科学，2012（12）:71-74。

4. 泛长三角地区的核心地区优势显著

长三角核心区包括上海市和江苏省的南京、苏州、无锡、常州、镇江、扬州、泰州、南通，浙江省的杭州、宁波、湖州、嘉兴、绍兴、舟山、台州 16 个城市。

2013 年，长三角核心区的主要经济指标占泛长三角地区的比重见表 6-4。不难发现，长三角核心区优势十分显著。例如，人口和土地的比重分别为 41.3%和 32.1%，但地区生产总值占 70%，三产增加值占 75.2%，固定资产投资占

58.9%，出口总额占 87.6%。上海作为长三角地区的龙头，当前正处于转型发展的关键时期，将建成为“四个中心”即国际经济中心、国际金融中心、国际航运中心、国际贸易中心和现代化国际大都市。未来上海还将建设成为全球科技创新中心，将是具有全球资源配置能力、较强国际竞争力和影响力的全球城市。因此，作为泛长三角地区的龙头，上海对于区域发展具有举足轻重的地位。

长三角核心区与泛长三角地区的比较（2013 年）　　表 6-4

主要指标	长三角核心区	泛长三角地区	长三角核心区的占比（%）
土地面积（km^2）	111959.1	348637.5	32.1
户籍人口（万）	8601.5	20804.6	41.3
地区生产总值（亿元）	97760.5	139756.6	70.0
二产增加值（亿元）	46340.5	67889.9	68.3
三产增加值（亿元）	48354.9	64335.9	75.2
固定资产投资额（亿元）	47155.5	80032	58.9
出口总额（亿美元）	7084.4	8086.6	87.6

资料来源：根据上海、江苏、浙江和安徽统计年鉴（2014 年）整理。

三、泛长三角地区的空间结构优化

（一）长三角地区空间结构规划

在《长江三角洲地区区域规划》中，按照优化开发区域的总体要求，统筹区域发展空间布局，形成以上海为核心，沿沪宁和沪杭甬线、沿江、沿湾、沿海、沿宁湖杭线、沿湖、沿东陇海线、沿运河、沿温丽金衢线为发展带的“一核九带”空间格局，推动区域协调发展，如图 6-13 所示。

长三角的“一核九带”发展并不平衡，其中沪宁和沪杭甬沿线发展带、沿江发展带和沿湾发展带，处在长三角中心地带，以上海为发展核心，社会经济水平最强。其次，沿海发展带、宁湖杭沿线发展带、沿东陇海线发展带、沿运河发展带和沿温丽金衢线发展带，都环绕在长三角地区的周边，这五条发展带的整体水平明显偏弱，其实这也正是长三角地区发展不平衡的典型特征。

因此，《长江三角洲地区区域规划》要求加快核心区发展，即以上海为龙头、南京、杭州为两翼，推动城市之间的整合，加快形成世界级城市群。同时，促进苏北、浙西南地区发展，即加快连云港、盐城、温州等发展潜力较大地区的发展，形成新的经济增长点，带动江苏沿海、东陇海沿线和浙江温台沿海、金衢丽高速公路沿线地区发展。

长三角地区的城镇体系的规模等级，规划为三个等级，即以上海为全区域核心，南京、杭州、苏州、无锡和宁波为区域性中心城市，其余为一般城市，如图 6-13 所示。规划要求坚持走新型城镇化道路，增强城市功能，构建完备的城镇体系，推进城乡一体化发展，建设具有较强国际竞争力的世界级城市群。无疑，安徽省加入之后，泛长三角地区空间结构明显改变，关键是安徽省城镇发展轴要与长三角地区顺利对接，与长三角地区经济联系得到加强，安徽将成为长三角地区产业转移和直接辐射区。

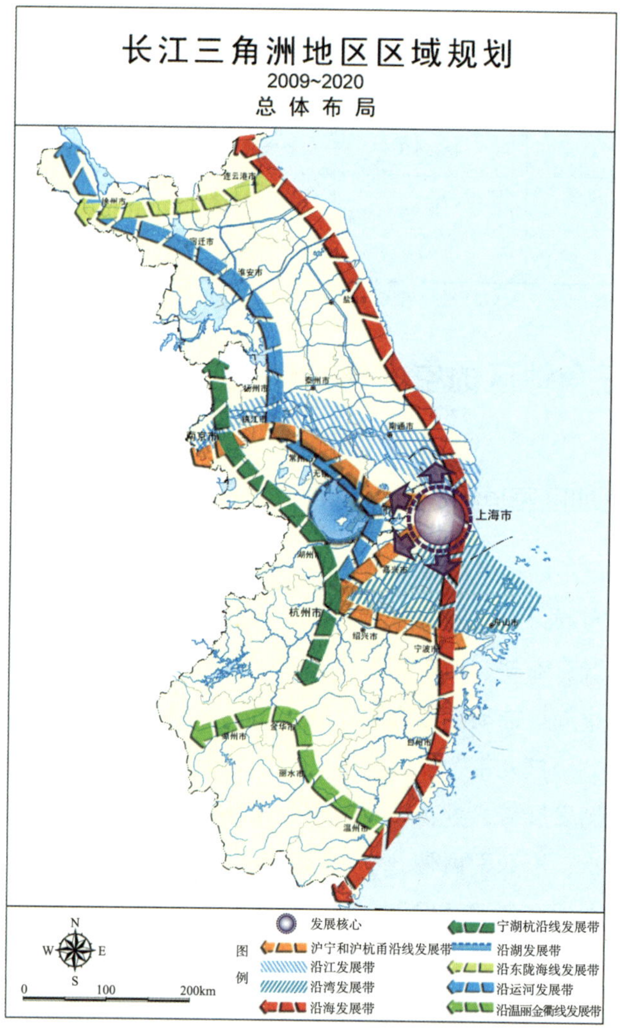

图 6-13　长江三角洲地区总体布局规划

资料来源：长江三角洲地区区域规划（2009—2020 年）

（二）安徽省城镇空间结构及其与长三角地区的衔接

2014 年 8 月,《安徽省城镇体系规划（2011—2030 年）》正式获批，规划明确了全省的城镇化战略和城乡空间布局，如图 6-14 所示。

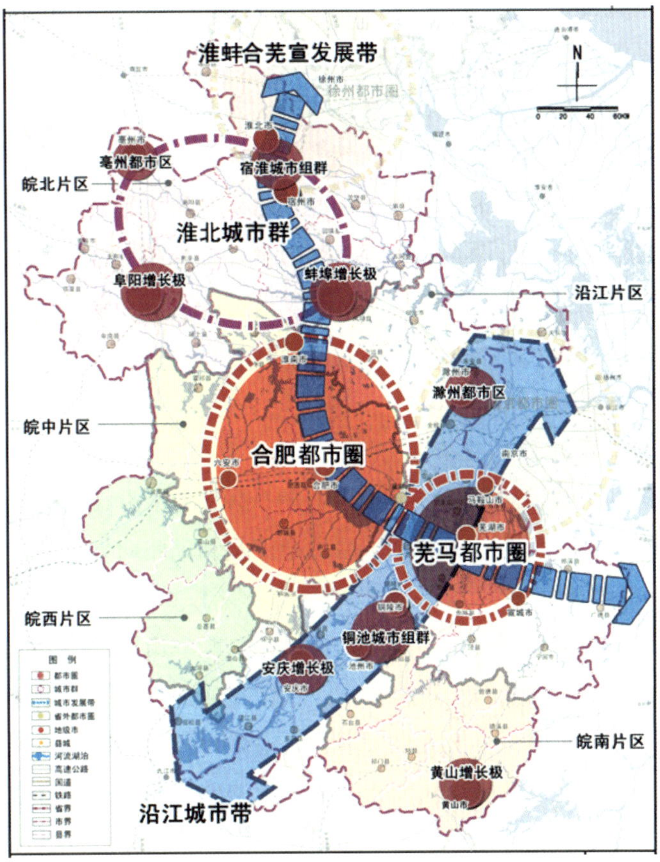

图 6-14　安徽省城镇空间结构规划（2030 年）

资料来源：根据《安徽省城镇空间结构规划（2011—2030 年）》公示稿修改

1. 城镇化战略

推进都市圈、城市带、城市群发展，促进城镇化提速提质；实施分区差别化发展政策，促进全省区域协调发展；积极稳妥推进城镇化，促进人口合理有序迁移；努力走工业化与城镇化双轮驱动、经济高效、资源节约、环境友好、民生优先、社会和谐的新型城镇化道路；加强集聚，促进统筹，分区发展。

2. 城乡空间布局

近期（2020 年），全省形成“一圈一带一群”城镇空间结构，其中“一圈”为合肥都市圈，“一带”为沿江（皖江）城市带，“一群”为皖北城市群。在此基础上，远期（2030 年）：加快发展芜马都市圈和淮蚌合芜宣发展（轴）带，形成“两圈两带一群”的城镇空间结构。

3. 区域合作

重点建设安徽中心城市与长三角中心城市之间的快速交通系统，全省形成沿江、东部、北部、西部四个交通走廊。规划还明确与周边省份的合作重点：与江苏，重在提升皖苏产业发展一体化的深度与广度。

首先，构筑以合肥都市圈、芜马都市圈、南京都市圈为中心的放射交通运输网络，增强对周边城市的辐射带动能力，推动宁合芜都市圈同城化发展。其次，与浙江，将主要打造休闲旅游服务功能和旅游交通服务系统，将加强新安江、富春江流域的综合开发与保护。再者，与河南，将加强豫皖交界地区城市间经济协作，形成支撑中原经济区东南部区域发展的经济带。最后，与湖北，将加强大别山地区的省际旅游产业合作、基础设施共建共享及生态环境保护，与长江中游城市群实现融入和对接。

4. 对接长三角地区的重点

根据规划，安徽省对接长三角地区有两条发展轴：沿江城市带、淮蚌合芜宣发展带。前者与南京都市圈对接，后者与徐州和湖州对接，实现与长三角区域的分工合作和融合发展。

（1）淮蚌合芜宣发展带。这是规划形成以合肥都市圈、芜马都市圈为核心，蚌埠增长极、宿淮城市组群为重要节点，依托交通走廊，实现以点连线、以线带面的南北向城市发展带。未来将发展成为安徽省进一步对接长三角、带动皖北地区发展的重要轴带地区，成为省内城镇集聚发展的“十字骨架”之一。淮蚌合芜宣发展带，向北可衔接江苏省徐州市，向东南衔接浙江省湖州市并通往上海，从而极大地推动区域联动发展。因此，这是安徽省对接长三角地区的重要城镇发展走廊地带，既是联动安徽省内、衔接省外的区域性的城镇发展轴线，更是安徽省实行“东向发展”战略、融入长三角的重要路径，另一条则是皖江城市带。

（2）沿（皖）江城市带。这是规划形成以芜马都市圈为核心，安庆增长极、铜（陵）池（州）城市组群和滁州都市区为重要组成部分的城镇空间，将依托沿江城镇轴来推动沿江城镇空间的连绵发展，依托合芜宣城镇轴、合安城镇轴以加强与合肥都市圈联系，引导城镇空间沿东、南轴向的延伸。沿（皖）江城市带，是长江三角洲地区向中西部地区转移和辐射最接近的地区，具有环境承载能力较强、要素成本较低、产业基础和配套能力较好等综合优势。因而2010 年设立安徽省承接东部产业转移示范区，旨在探索中西部地区承接产业转移的新途径和新模式，促进产业结构升级，优化区域产业分工，推动区域协调发展。故此，必须充分发挥合肥、芜湖的双核作用，充分对接南京都市圈，实现宁合芜都市圈融合发展。

（3）宁合芜都市圈对接与融合。合肥都市圈和芜马都市圈地处安徽省沿江城市带和淮蚌合芜宣发展带的交汇处，发挥着全省两大发展轴发展的核心作用和枢纽地位。因此，应主动对接南京都市圈，加强与安庆、铜陵的互动，促进皖江城市带发展，着力培育形成具有区域影响力的宁合芜大都市连绵区。

合肥、芜湖双核作用。发挥合肥作为省会城市、全国科技创新型试点市、交通枢纽的作用，强化芜湖作为皖江开发开放龙头的地位和重要节点城市的作用，进一步提升两市产业集聚和自主创新能力，增强服务功能，发挥辐射作用，带动皖江地区产业加快发展。特别是，加快芜（湖）马（鞍山）同城化进程，密切与南京都市圈的合作。

（三）构建成长三角区，完善泛长三角地区空间结构

区域发展研究中，形成了许多区域空间结构理论，诸如增长极、核心—边缘、点轴理论、双核结构、发展轴、都市带、成长三角、都市圈、城市群和多中心结构理论等。在上海、江苏、浙江和安徽的省域城镇体系规划中，上述理论多获得应用，尤其是增长极、发展轴、都市圈和城市群理论的应用最为广泛（表 6-5）。

泛长三角地区省市规划的空间结构理论　　表 6-5

名称	空间结构内容	空间结构理论
上海市城市总体规划（1999—2020 年）	市域形成“多轴、多核”的空间布局结构，“多轴”由沪宁发展轴、沪杭发展轴、滨江沿海发展轴组成，也是长三角城市带的重要组成；“多核”主要指中心城和新城，形成符合现代化国际大都市特点的城乡一体化、协调发展的市域城镇布局	增长极理论、多中心理论、发展轴理论
江苏省城镇体系规划（2012—2030 年）	规划建设“一带两轴，三圈一极”的紧凑型城镇空间结构。即沿江城市带，沿海城镇轴和沿东陇海城镇轴；南京都市圈、徐州都市圈、苏锡常都市圈和淮安增长极	增长极理论、发展轴理论、都市圈理论
浙江省城镇体系规划（2011—2020 年）	以主要交通、信息通道等基础设施为依托，以中心城市为主体，形成“三群四区、七核五级网络化”的城镇空间结构。“三群”为环杭州湾、温台沿海和浙中城市群；“四区”为杭州、宁波、温州以及金华—义乌四个都市区；“七核”为嘉兴、湖州、绍兴、衢州、舟山、台州、丽水等中心城市。“网络化”由人流网、物流网、信息网、能源网为支撑，以生态廊道为纽带，形成串联“四区”、“七核”的城乡网络化发展格局	点轴理论、都市区理论、城市群理论、城乡网络化发展理论

续表

名称	空间结构内容	空间结构理论
安徽省城镇体系规划（2011—2030 年）	全省近期发展形成“一圈一带一群”城镇空间结构，其中“一圈”为合肥都市圈，“一带”为沿江（皖江）城市带，“一群”为皖北城市群。在此基础上，远期：加快发展芜马都市圈和淮蚌合芜宣发展（轴）带，形成“两圈两带一群”的城镇空间结构	都市圈理论、发展轴理论、城市群理论
长江三角洲地区区域规划（2009—2020）	形成以上海为核心，沿沪宁和沪杭甬线、沿江、沿湾、沿海、沿宁湖杭线、沿（太）湖、沿东陇海线、沿运河、沿温丽金衢线为发展带的“一核九带”空间格局，推动区域协调发展	增长极理论、发展轴理论

资料来源：根据相关规划总结而成。

但是，在泛长三角地区，正确处理三省一市之间的相互协作关系更为重要，因此有必要借鉴成长三角理论，指导跨省的成长三角区建设，既实现相邻省份的对接和融合发展，也进一步完善泛长三角省市间的空间结构理论问题。

1. 成长三角理论简介

成长三角概念（Growth Triangle）最先由新加坡副总理吴作栋于 1989 年 12 月提出，说明由新加坡、马来西亚柔佛州和印度尼西亚巴淡岛（后扩大至廖内群岛全部）三方，共同组建三角形经济合作开发区，充分利用各方的自然资源、资金、技术、劳动力优势，推动区域经济发展。1990 年 10 月召开的东盟经济部长第 22 届年会，把这一成长三角计划列为东盟区域经济合作的内容（马志刚，1994）。随后，成长三角引起了学者们的关注（刘文军，1993；曹云华，1995；汤敏，1996；陆玉麒，1998；代育国，2003；吴传清，2006）。

新马印（尼）成长三角建立后，就引起东南亚国家的效仿，成为亚洲地区国际次区域经济合作中一种新形式。1993 年 2 月，亚洲开发银行和日本国际大学联合发起，在菲律宾首都马尼拉召开了名为“亚洲的成长三角”的国际讨论会，这是第一次就成长三角问题召开的国际性会议。专家们认为：成长三角是由若干个在地理位置上相近，在生产要素上具有互补优势的国家或地区构成的跨国经济合作开发区，区内国家或地区通过开发投资、贸易和技术转让，在互利的基础上进行合作，达到共同发展的目的（刘文军，1993）。

在中国，成长三角理论不仅用来指导跨国间的区域合作，如湄公河成长三角区和图们江成长三角区的联合开发，而且也用于国内省际的区域开发，例如，南京—合肥—芜湖组成的宁合芜成长三角、武汉—长沙—南昌组成的汉三角、山西运城—陕西渭南—河南三门峡组成的黄河新三角、徐州—连云港—临沂组成的徐连临成长三角等。

2. 宁合芜成长三角

南京、合肥和芜湖构建的宁合芜成长三角，在 20 世纪 90 年代后期由陆玉麒教授研究南京城市空间结构时提出，认为宁合芜三角由南京、合肥、芜湖三个端点城市和位于其连接线上的马鞍山、巢湖[①]共 5 个城市组成。

主要理由包括：三个城市空间距离近、由高速公路紧密联系起来；长江为宁合芜三角发展大运量、大能耗、大耗水的临江型工业提供了良好的资源条件；沿江城镇带形成，南京—马鞍山—芜湖是城镇化水平较高；合肥、巢湖至芜湖的工业走廊与城镇带的建设，成为引导和推动安徽省经济发展的重要极核地带；南京、合肥间具有分工协作的发展潜力，进而推动宁合城镇带的形成与完善；宁合芜三角的三个端点城市都是次一级城镇群的中心城市，表明宁合芜三角具有坚实的城镇群和相应腹地为依托。最后，建议经由完善交通建设，加快宁合芜成长三角的一体化进程，包括区内交通运输联系，以及进一步强化区际联系的便捷性（陆玉麒，1998）。

2010 年国务院出台了《皖江城市带承接产业转移示范区规划》，这是首个国家级示范区，包括合肥、芜湖、马鞍山、铜陵、安庆、池州、巢湖、滁州、宣城九市全境和六安市金安区、舒城县，共 59 个县（市、区），其中合肥和芜湖为双核（心）。整个区域内长江黄金水道、快速铁路、高速公路等综合交通体系比较完善，区位优势明显。与长三角地区山水相连、人缘相亲、文化相近，产业分工互补，合作基础较好；自主创新特色鲜明，产业基础良好，配套能力较强；矿产、土地、水、劳动力资源丰富，长江岸线条件优越，承载空间较大；综合商务成本低，生态环境优良等优势，因此所承接产业转移规模在不断扩大。

同样，《安徽省城镇体系规划（2011—2030 年）》提出远期实现“两圈两带一群”城镇空间规划。其中合肥都市圈包括合肥、淮南、六安、巢湖四市及桐城市，芜马都市圈主要由芜湖和马鞍山两大城市组成。而南京都市圈，成立于 2002 年，目前成员包括南京、镇江、扬州、淮安、马鞍山、滁州、芜湖、宣城八市，地跨苏皖两省。其战略定位为：辐射中西部的国际性重要门户；国际先进制造业中心和现代服务业基地；泛长三角转型与合作发展示范区；具有较强竞争力的国家级都市圈。

2015 年 3 月 17 日，南京市委办公厅和市政府办公厅联合下发《健全南京都市圈协同发展机制改革实施方案》（简称《方案》），明确提出多条“跨省地铁”建设计划，如宁滁城际、宁马城际、宁和城际等。今年将进行江苏本省内的宁句、

① 2011 年 7 月 14 日经国务院批准，安徽省人民政府正式宣布撤销地级巢湖市，设立县级巢湖市，并进行部分行政区划调整，原地级巢湖市所辖的一区四县分别划归合肥、芜湖、马鞍山三市管辖。

宁扬城际轨道交通建设前期方案研究，并适时启动宁马、宁滁等城际轨道前期研究工作。而且，南京都市圈将创新宁镇扬社会管理体系，推进公共交通、医疗卫生、文化体育、就业和社会保障协同发展，联合推出公共交通卡、旅游年卡、博物馆参观卡、图书馆借书卡等宁镇扬“一卡通”，打造优质生活都市圈先行区。再者，市民关心的医保异地结算也有了具体推进时间表。根据《方案》，2015年将推动都市圈医疗卫生服务共享，鼓励都市圈医疗机构开展技术合作，促进都市圈卫生信息平台相衔接。2015年底前，推进居民健康档案、电子病历和预约挂号等信息互联互通，探索都市圈居民医保跨省即时结算。

事实上，因为行政区划的缘故，宁合芜三市仍以各自都市圈建设为主，除了道路交通为主的基础设施建设，宁合芜成长三角并没有更为实质性的推进，未来应以南京、合肥和芜湖为核心的三大都市圈协同发展为目标，在两省多个城市政府的合力推动下，将宁合芜成长三角建设成为泛长三角转型与合作发展的示范区。

3. 沪苏嘉成长三角

苏州与嘉兴与上海相距在100km范围内，成长三角理论可以很好地解释上海、苏州和嘉兴三市的关系。

1）嘉兴接轨上海

嘉兴是浙江省与上海相邻的城市，有浙江省接轨上海的“桥头堡”之誉。嘉兴到上海距离不足100km，所辖的嘉善县和平湖市与上海青浦区和金山区接壤。早在1992年嘉兴就提出“接轨上海、开发乍浦、三沿并举、联动发展”发展战略。2014年制定了《嘉兴市深化接轨上海三年行动计划（2014～2016年）》，并据此制定了《2014年嘉兴接轨上海工作实施方案》。其中的重点内容包括：

（1）对接基础设施。在推进杭州湾跨海大桥北接线（二期）等工程的建设，构建公路、铁路、水路、港口、航空大交通格局，市域基础设施全面对接上海，缩短嘉兴与上海的时空距离。特别是，沪杭铁路复线开通上海至嘉善、嘉兴、海宁通勤列车，上海公交线路部分延伸至嘉善和平湖；把嘉兴港打造成为上海国际航运中心的重要配套港，独山港区将启动至上海洋山港的定点班轮，全面推进嘉兴港与上海洋山港的合作。

（2）对接上海自贸区。启动上海自贸区嘉兴服务中心、嘉善协作区建设，在滨海新区建立上海自贸区保税物流配套区，构建以嘉兴港为枢纽的杭州都市圈综合集疏运网络。而且，依托嘉兴滨海港产城统筹发展试验区建设，争取上海自贸区外贸进出口集装箱在国内沿海港口和上海港之间的捎带业务，扩大启运港退税试点范围等政策延伸至嘉兴港。

（3）推进重点产业对接与融合发展。大力发展先进制造业；积极发展现代服务业，重点发展总部经济、生产性服务业，优化市域物流园区布局，引入上海新型业态的重大物流企业与项目，大力支持本地企业与上海知名企业合资、合营、合作发展，推动区域物流基地的联盟运营。

（4）对接重点产业平台。进一步深化与上海重点产业平台的合作，推进嘉兴经济技术开发区（国际商务区）、嘉善经济技术开发区、平湖经济技术开发区三个国家级开发区建设，加快嘉善临沪新区、平湖临沪产业园建设，努力打造高端产业集聚发展高地。而且，嘉兴和上海两地产业园区之间在项目、人才、资金、科技、信息等深度合作，出口加工区转型升级为国家级综保区，嘉兴就能更好地承接上海自贸区经济辐射，有利于引进项目的落地。

（5）对接资金技术人才。建立健全项目制、候鸟制、兼职制、组合式等人才柔性流动机制，进一步完善人才引进激励机制，增强对上海高层次人才吸引力。

（6）对接公共服务项目。引进上海名校附属学校、高端医疗机构，实施联合办学、校校合作项目。此外，上海都市卡有望向嘉兴延伸，两地市民卡、公交卡及各项公用事业收费卡实现互通共用，推行“省际公交一卡通”，等等。

总之，嘉兴接轨上海，主要在基础设施、要素市场、产业平台、社会事业、生态环境等方面，努力把嘉兴打造上海自贸区建设的先行延伸地、上海高端产业的首选配套地、上海公共服务的重点扩散地。努力把嘉兴建设成为浙江省全面接轨上海的示范区、高科技成果转化的重要基地和高层次人才的创业乐园。

2）苏州接轨上海

苏州与上海相距在100km以内，上海虹桥机场距苏州仅为55km，距昆山仅40km。充分利用紧邻上海的区位优势，苏州能更有效地利用上海基础设施。20世纪90年代中期，苏州主动出资修建了一条通往虹桥机场的快速通道，这为苏州发展全球IT产业创造了交通区位优势，1990年苏州提出沿沪战略也是基于苏沪发展条件与经济政策的差异。

苏州市“十二五”规划中提出：“高标准推进太仓城厢陆渡组团、昆山花桥组团、吴江汾湖开发区等建设，推动苏州全面接轨上海，构建上海国际金融中心和现代服务业延伸基地、上海国际航运中心配套基地、上海先进制造业转移基地、上海旅游度假首选基地。”目前，苏州已在上海周边的环沪地带，规划建设了昆山花桥国际商务城、太仓临沪产业带、吴江临沪综合经济区等，作为承接上海制造业转移的产业空间载体。现以太仓和昆山与上海对接为例。

（1）太仓对接上海。

在交通方面："十一五"期间，太仓市与上海嘉定签订了区域合作框架协议，贯通了嘉浏高速、沿江高速、开通了沪太快线对接上海轨道交通11号线嘉定城北路站。"十二五"规划中，太仓市按照上海郊区新城标准，进行城市规划建设和功能配套完善。按照上海国际航运中心配套组合港要求，加强港口功能对接。以沪通铁路、轻轨延伸为重点，共同推进太仓交通设施现代化，实现与上海一体化高水平无缝对接。

在承接产业转移方面："十一五"期间，太仓市建立上海招商平台，共引进沪上项目535个，总投资额155.44亿元，约占全市引进内资的30%。太仓还是江苏省唯一的上海世博会游客集散中心，极大地提升了太仓知名度。在"十二五"规划中，太仓将强化科技创新与产业发展对接。提升产业对接层次，重点引入上海高科技项目、新兴产业项目和有利于向产业链高端发展的项目。利用上海科技、人才资源，联合建立科研基地和成果转化基地，提升自主创新能力。打造上海生产性服务业延伸基地和休闲度假基地。

在社会服务方面：太仓市"十二五"规划提出，以重大基础设施一体化和建设上海"后花园"为突破口，在就业、教育、医疗、社会保障、公交等公共服务领域，加快政策对接和引入资源，提升太仓市公共服务水平。二是加强政府、企业间的合作交流，推动建立行业协会及其他民间组织之间的合作交流，完善合作机制。

（2）昆山对接上海。

交通方面：通过上海轨道交通11号线，强化昆山与上海的同城效应，保留南部地区建设轨道交通与上海轨道交通20号线对接的可能性；扩建机场路，强化昆山与虹桥枢纽的联系，加快与上海主要道路对接；提升苏申外港线、苏申内港线等内河航道等级，强化昆山与洋山港的联系。

在承接产业转移方面：在《昆山城市总体规划（2010—2030）》中提出，发挥毗邻上海西部地区的优势，把昆山建设成为"大虹桥"的功能延伸区和服务长三角的转承节点。利用虹桥枢纽国际商务平台和国内枢纽效应，大力发展现代物流、商务办公、信息服务等生产性服务业，促进昆山经济转型、产业升级和城市功能提升；利用南部古镇的历史文化生态优势，发展商务会议、休闲旅游、高效都市农业等产业，增强沪昆联动发展效应，促进昆山南部地区经济发展。再者，依托"大浦东"的发展平台和面向国际、国内的大市场，发挥自身优势，直接争取国际产业转移。

同样，在上海新一轮城市总体规划中，明确要求加快上海与苏州、嘉兴毗邻地区的一体化发展，包括嘉（定）昆（山）太（仓）地区、枫泾—嘉善地区、青浦—环淀山湖地区、金山—奉贤—平湖地区。在产业协同、交通协同、城镇空间、生态网络保护等方面形成全面协作关系。

4. 小结

成长三角是一种次区域理论，表明成长三角区是更大区域的一部分，往往是大区域的核心，在区域发展中的作用是举足轻重的。

宁合芜成长三角恰是皖江城市带、合肥都市圈、芜马都市圈和南京都市圈等的联系枢纽，既把南京都市圈与合肥都市圈有机联系起来，又把皖江城市带与江苏沿江地带有效衔接起来。今后应加强基础设施建设，促进产业转移，拓宽区域分工协作领域，构建统一开放的市场体系，开展多种形式的经贸合作活动，完善区域合作机制，完善跨区域融资平台等，促进宁合芜三角区优先发展，将其建设成为泛长三角转型和合作发展示范区。

同样，在沪苏嘉成长三角中，嘉兴是杭州都市圈（杭嘉湖绍）的一部分，苏州是苏锡常都市圈的核心城市。因此，沪苏嘉成长三角就是上海大都市区、苏锡常都市圈和杭州都市圈构成的成长三角的核心区。真正实现沪苏嘉成长三角的一体化发展，必将促进长三角地区区域一体化进程，成为泛长三角地区内部跨省市协作和融合的示范区。

日本名古屋大学国际开发研究科教授嘉数启在 1995 年出版专著《超越国界的亚洲成长三角地带》中，他认为成长三角地带具有 4 个亚洲特色：形成的自发性和市场的先导性；地理邻近、交通便利和市场互补；存在着基于地缘、血缘、业缘的亚洲型网络社会；具有“松散结构”的亚洲式组织形式和思维方式。陆玉麒（1998）教授认为：成长三角区在几何上的稳定性、多种生产要素的互补性支撑、较大的经济规模、三极点产生的凝聚力和协同力、较易推进的体制变革等优点，因而它具有经济上实现的必要性和可能性。成长三角区也因此成为区域经济由极核发展阶段向扩散发展阶段过渡的持续、稳定、协调的空间保证。

本章参考文献

[1] 曹云华 . 东南亚次区域：新柔廖三角的形成与发展 [J]. 国际贸易问题，1995（8）：50-55.

[2] 代育国，魏海斌 . 新马印尼成长三角的新进展及其前景 [J]. 东南亚纵横，2003（10）：27-30.

[3] 刘文军 . 崛起中的亚洲经济成长三角 [J]. 世界经济，1993（11）：51-54.

[4] 陆玉麒 . 区域发展中的空间结构研究 [M]. 南京：南京师范大学出版社，1998.

[5] 马志刚 . 论“成长三角”区在东南亚经济发展中的作用 [J]. 世界政治与经济，1994（1）：34-37.

[6] 汤敏 . 亚洲经济合作的新途径 [J]. 东南亚研究，1996（4）：21-23.

[7] 吴传清 . 基于成长三角理论的汉三角区域增长极营造问题探讨 [J]. 学习与实践，2006（7）：22-26.

[8] 曾菊新 . 空间经济系统与结构 [M]. 武汉：武汉出版社，1996.

第七章 江苏省城乡发展的区域差异

一、江苏省概况

江苏全省总面积 10.26 万 km^2，占全国总面积的 1.1%。其中平原面积 7.06 万 km^2，水面面积 1.73 万 km^2。主要由苏南平原、苏中江淮平原、苏北黄淮平原组成。江苏海岸线 954km，长江横穿东西 425km，京杭大运河纵贯南北 718km。因此，地形地势低平，跨江滨海，平原辽阔，水网密布，湖泊众多，为江苏的主要地理特点。2013 年，全省共有 13 个地级市，100 个县级单位，其中县 22 个，县级市 23 个，市辖区 55 个。

2013 年，江苏全省年末人口 7939.49 万人，其中城镇人口 5090.01 万人，乡村人口 2849.48 万人。2013 年地区生产总值 59161.75 亿元，其中第二产业增加值为 29094.02 亿元，第三产业增加值 26421.65 亿元。全社会固定资产投资 36373.32 亿元,实际外商直接投资 332.59 亿元。全省人均生产总值 74607 元，农村居民人均纯收入 13598 元，城镇居民人均可支配收入 32538 元。

2013 年江苏省国民经济占全国的比重，较好地反映了江苏省在全国重要的经济地位,见表 7-1 所列。就总量指标来看,江苏省土地面积占全国的 1.1%，人口为全国的 5.8%，地区生产总值占全国的 10.4%。社会消费品零售总额占全国的 8.7%，进出口总额为全国的 13.2%。从人均指标看，人均生产总值比全国高 32699 元，城镇居民人均可支配收入比全国平均水平高 5583 元，农村居民人均纯收入比全国高 4702 元。尽管江苏省整体水平处在全国前列，但省域内城乡发展的地域差异仍然较大，这与江苏省区域结构密切相关，乃是长期发展过程的结果。

2013 年江苏省国民经济总量占全国的比重　　表 7-1

指　标	全　国	江　苏	江苏占全国的比重（%）
土地面积（万 km^2）	960	10.26	1.1
年末总人口（万人）	136072	7939.49	5.8

续表

指　标	全　国	江　苏	江苏占全国的比重（%）
地区生产总值（亿元）	568845	59161.75	10.4
第一产业	56957	3646.08	6.4
第二产业	249684	29094.02	11.7
第三产业	262204	26421.65	10.1
人均生产总值（元）	41908	74607	高 32699 元
公共财政预算收入（亿元）	129143	6568.46	5.1
固定资产投资（含农户）(亿元）	447074	36373.32	8.1
# 固定资产投资（不含农户）	436528	35982.52	8.2
# 房地产开发	86013	7241.45	8.4
社会消费品零售总额（亿元）	237810	20796.50	8.7
进出口总额（亿美元）	41597	5508.44	13.2
# 出口	22094	3288.57	14.9
城镇居民人均可支配收入（元）	26955	32538	高 5583 元
农村居民人均纯收入（元）	8896	13598	高 4702 元

资料来源：江苏省统计年鉴 2014。

二、江苏省区域差异和空间结构

（一）江苏省区域差异

多年来，江苏省形成苏南、苏中和苏北三大经济区域，其中苏南地区包括南京、镇江、苏州、无锡和常州 5 个地级市，苏中地区由扬州、泰州、南通 3 个地级市组成，苏北地区涵盖徐州、连云港、盐城、淮安和宿迁 5 个地级市。2013 年，苏南地区有 11 县级市和 30 个市辖区，苏中地区有 3 个县、8 个县级市和 9 个市辖区，苏北地区有 19 个县、4 个县级市和 16 个市辖区。从行政区划中县、县级市和市辖区的数量对比，就可粗略看出苏南、苏中和苏北地区的发展差异。

从 2013 年的社会经济数据看，苏南、苏中和苏北的人均地区生产总值之比为 2.4∶1.5∶1，城镇居民人均可支配收入之比为 1.7∶1.3∶1，农村居民人均纯收入之比为 1.6∶1.2∶1，可见这三个地区发展水平差距仍然较大。2013 年苏南、苏中和苏北地区的产业结构也有明显差异，苏南地区一、二、三产业比例为 2.3∶50.3∶47.4，苏中地区为 6.9∶52.1∶41.0，苏北地区为 12.5∶46.9∶40.6。2013 年实际外商直接投资在苏南、苏中和苏北地区分别为 222.77 亿美元、54.02 亿美元和 55.80 亿美元。根据图 7-1，不难发现，苏北地区与苏南地区相比仍有较大差距，苏中地区介于两者之间。

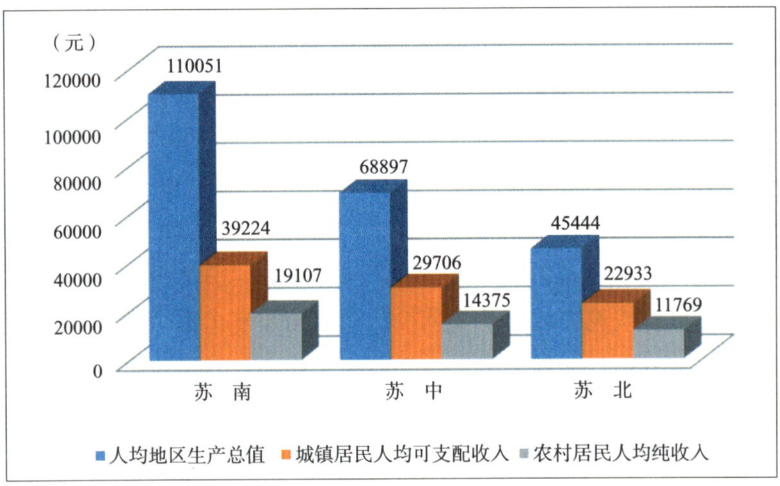

图 7-1　江苏省三大地区发展水平比较

数据来源：根据江苏省统计年鉴（2014 年）整理

同样，比较 13 个地级市的发展水平，苏南、苏中和苏北的地区差异更为清晰。如图 7-2 所示，从人均地区生产总值来看，13 个地级市，苏南、苏中和苏北的地级市从高到低呈阶梯状分布，无锡和苏市居前 2 位，南京、常州和镇江紧随其后，前 5 名全国苏南地级市所占。而且，苏中地区的扬州、南通和泰州三市也都在苏北地级市以上。苏北的徐州和盐城水平接近，其余淮安、连云港和宿迁处在最后。其中无锡市的人均地区生产总值是宿迁市的 3.5 倍。在城镇居民人均可支配收入和农村居民人均纯收入方面，苏南、苏中和苏北的地级市也是从高到低变化。苏州市与宿迁市相比，前者的城镇居民人均可支配收入和农村居民人均纯收入分别是后者的 2.2 倍和 2.0 倍。

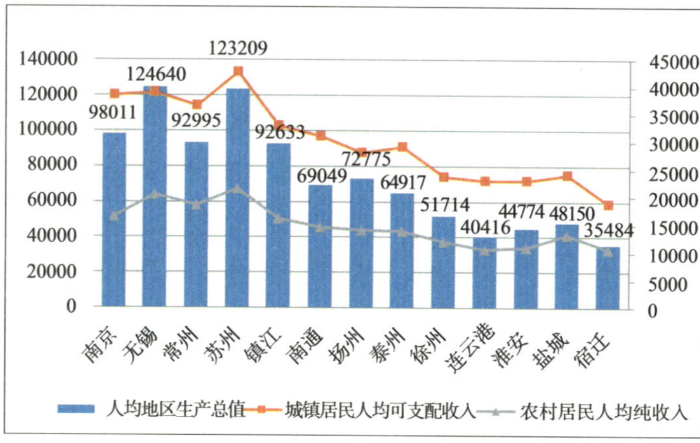

图 7-2　江苏省地级市发展水平比较

数据来源：根据江苏省统计年鉴（2014 年）整理

（二）江苏省区域空间结构

在《2001—2020 江苏省城镇体系规划》中，划分全省城镇空间组织为：以中心城市为节点，快速交通体系为依托，全市构建三个都市圈和五条城镇聚合轴（简称“三圈五轴”），并形成以中心城市为核心、城镇聚合轴为骨架、都市圈为网络的复合交融、时序协调、地域开放的城镇空间组织结构。三个都市圈分别是：南京都市圈（江苏部分）、徐州都市圈（江苏部分）和苏锡常都市圈。五条城镇聚合轴由“三横二纵”构成，分别是：徐连城镇聚合轴、宁通城镇聚合轴、沪宁城镇聚合轴、新宜城镇聚合轴和连通城镇聚合轴，如图 7-3、图 7-4 所示。

图 7-3　江苏省主要城镇布局与规模结构规划图（2001—2020 年）

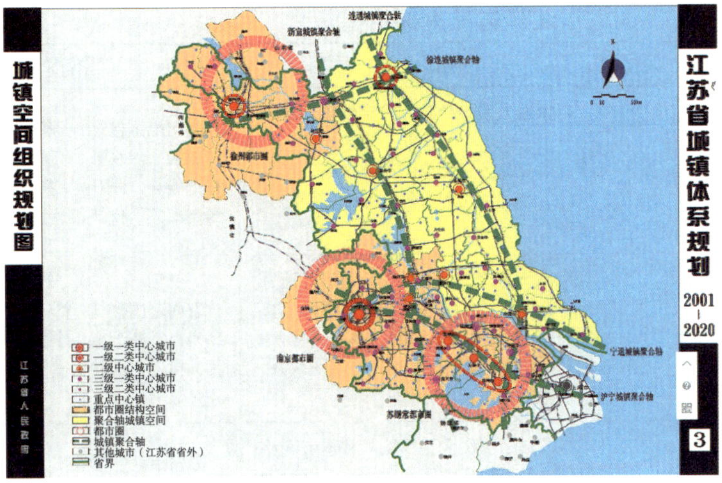

图 7-4　江苏省城镇空间组织规划图（2001—2020 年）

江苏省城镇聚合轴规划　　表 7-2

名称	主要内容	范围
徐连城镇聚合轴	依托东陇海铁路及徐连高速公路等构成的主要走廊发展，以徐连经济带为基础，以徐州、连云港中心城市为主要节点	徐州市和铜山县、邳州市、新沂市，连云港市区和东海县
宁通城镇聚合轴	依托宁通高速公路、宁启铁路、长江等构成的交通走廊发展，结合滨江基础工业带，以南京、扬州、泰州、南通等中心城市为节点	南京市区、江浦县、六合县、扬州市区、仪征市、江都市，泰州市区、姜堰市、泰兴市、靖江市，南通市区、通州市、如皋市、海门市、启东市、如东县、海安县
沪宁城镇聚合轴	依托沪宁高速公路、沪宁高速铁路、沪宁铁路等构成的交通走廊发展，以沿线高技术产业带为基础，以南京、镇江、常州、无锡、苏州等中心城市为节点	南京市区、镇江市区和丹徒县、句容市、丹阳市、扬中市，常州市区和武进市、无锡市区，苏州市区、昆山市
新宜城镇聚合轴	依托京沪高速公路、新长铁路、淮扬铁路及京杭大运河等构成的交通走廊发展，实施沿大运河开发战略，以宿迁、淮安、扬州、镇江以及新沂、宜兴等城市为节点	新沂市、宿迁市区和宿豫县、泗阳县、沭阳县、淮阴市区，扬州市区、宝应县、高邮市、江都市，镇江市区和丹徒县、丹阳市、金坛市、溧阳市、宜兴市
连通城镇聚合轴	依托新长铁路、同三高速公路、通榆运河及沿海港口群等构成的交通走廊发展，实施沿海开发战略，以连云港、盐城、南通等中心城市为节点	连云港市区、东海县、赣榆县、灌云县、灌南县，盐城市区和盐都县、响水县、滨海县、射阳县、阜宁县、建湖县、大丰市、东台市，南通市区、通州市、如皋市、海门市、启东市、如东县、海安县

资料来源：江苏省城镇体系规划（2001—2020 年）。

江苏省三大都市圈规划 表 7-3

名称	主要内容	范围
南京都市圈	以宁通城镇聚合轴和沪宁城镇聚合轴为骨干，沿沪宁、宁能、宁连、宁杭、宁马等高速公路和京沪高速铁路、京沪铁路、宁芜铁路等对外交通线扩展的城市群	省内范围包括：南京市区、六合县、江浦县、溧水县、高淳县，镇江市区和丹徒县、丹阳县、扬中市、句容市，扬州市区、仪征市、江都市
徐州都市圈	以徐州为核心，以徐连城镇聚合轴为骨干，以京沪线（铁路、高速铁路、高速公路）、陇海线（铁路、高速铁路、高速公路）、徐淮盐高速公路、铁路为发展轴的城市群	省内范围包括：徐州市区和铜山县、邳州市、新沂市、丰县、沛县、睢宁县，宿迁市区和宿豫县
苏锡常都市圈	以苏州市区、无锡市区、常州市区及其周边地区构成的区域为核心，以沪宁城镇聚合轴为骨干，以沪宁交通走廊和长江为横向发展轴，以新长铁路、苏嘉杭高速公路为纵向发展轴的城市群	苏州市区、常熟市、张家港市、昆山市、太仓市、吴江市，无锡市区、江阴市、宜兴市，常州市区和武进市、金坛市、溧阳市

资料来源：江苏省城镇体系规划（2001—2020 年）。

经过 15 年的规划建设，上述“三圈五轴”得到了较好发展，见表 7-2 和表 7-3 所列。《江苏省城镇体系规划（2001—2020 年）》中要求：三个都市圈和五条城镇聚合轴同全省苏南、苏中、苏北三大经济区域和沿江产业带、徐连经济带及“海上苏东”建设相互依托、彼此支撑、有机结合，主导城乡空间结构调整、指导区域性基础设施建设，引导生产要素流动集聚，促进区域共同发展。因此，下文将以县和县级市为单元，分析 10 多年来江苏省的区域差异和空间结构的特征变化。

三、江苏省城乡发展类型划分

江苏省的县和县级市的数量，2000 年有 30 个县和 28 个县级市，共计 58 个。到 2013 年，全省的县和县级市共有 45 个，其中 13 个县级单位经由行政区划调整而成为中心城市的市辖区。因此，评价 2013 年全省城乡发展类型时，就以这 45 个县和县级市为对象，从经济发展水平、竞争力、投入—产出效率、城乡转型等方面进行评价和分类。

（一）经济发展水平

1. 基于人均 GDP、地均 GDP 的分类

江苏省人均 GDP 和地均 GDP 是反映县和县级市经济发展水平和人民生活水平的重要评价指标，结果见图 7-5 和图 7-6。为更好地反映 2013 年 45 个县

级单元的内部差别，而分别使用 GDP 标准差换算、县级单元人（地）均 GDP 与全省人（地）均 GDP 的比值，以表征各县市与全省平均水平的差距，结果见图 7-7 和图 7-8。

人均 GDP 是反映县市区域经济发展水平的重要指标，如图 7-5 所示，按照 0.5 个标准差把县市共分为 5 类。其中小于 – 0.5 个标准差的一类都在苏北地区；大于 1.5 个标准差的二类都在苏南地区；– 0.5 ~ 1.5 个标准差的二类中，是以苏中地区县市为主，还包括苏南的镇江和常州的县市，以及苏北盐城南部的大丰和东台。总体上，县市人均 GDP 在苏北、苏中和苏南三类地区间差异显著。

地均 GDP，也可称为 GDP 经济密度，反映县市地域内 GDP 产出的强度，如图 7-6 所示。苏北和苏中地区的县市都在小于 0.5 个标准差的二类中，兴化市除外，而且中间地带县市地均 GDP 要高于东西两侧，包括沛县、邳州、新沂、沭阳、建湖、宝应等。其次，大于 0.5 个标准差的二类中主要是在苏州、无锡的江阴市和扬州兴化市。而苏中地区和苏南镇江和常州的县市都在 – 0.5 ~ 0.5 个标准差这一类。总体上，全省 45 个县市的地均 GDP 与人均 GDP 分布特征相类似，苏南地区优势不可动摇，苏北地区县市在全省最落后，苏中县市和苏南镇江和常州的地均 GDP 处于全省中间水平，表现出明显的过渡性。图 7-5 和图 7-6 反映了江苏全省 45 个县市的相互比较结果。

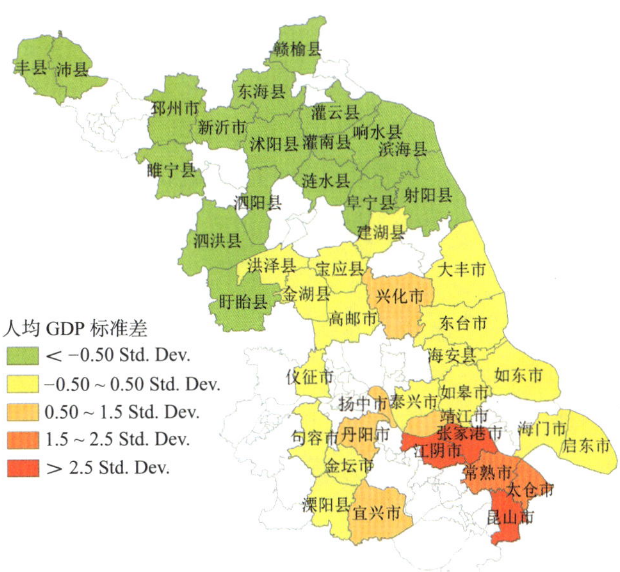

图 7-5　江苏省县市人均 GDP 分类（2013）

数据来源：根据江苏省统计年鉴（2014 年）整理

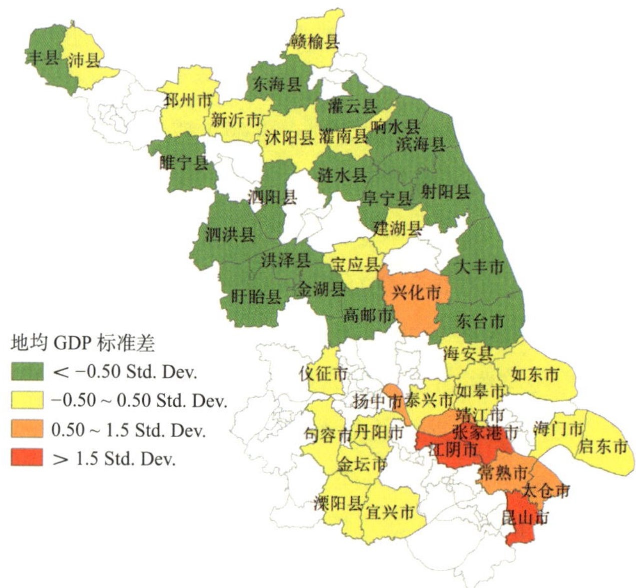

图 7-6　江苏省县市地均 GDP 分类（2013）

数据来源：根据江苏省统计年鉴（2014 年）整理

有必要引入全省平均水平，即把全省 45 个县市人均 GDP 与全省人均 GDP 相比较、县市地均 GDP 与全省地均 GDP 相除，有助于了解各县市与全省平均水平的差距，结果如图 7-7 和图 7-8 所示。

首先，苏北近一半县市人均 GDP 占全省人均 GDP 比重还不到 50%，苏中全部和苏北一半县市占全省人均 GDP 比重在 50% ~ 100%。苏南的苏州和无锡江阴的人均 GDP 在全省平均水平的 150% ~ 240%。镇江丹阳、常州溧阳、无锡宜兴、扬州兴化、泰州靖江和南通海门人均 GDP 则占全省人均 GDP 的 100% ~ 150%。

其次，以地均 GDP 来看，苏北地区和苏中的扬州和泰州几乎全部县市都在全省平均水平的 20% ~ 50%，仅个别县市除外。高于全省平均水平的县市全部集中在苏南地区，外加南通的海门市。苏州的张家港、常熟、太仓和昆山、无锡江阴市和镇江扬中市的地均 GDP 更是全省平均水平的 2.0 ~ 5.5 倍。最后，除南通的海门市和无锡的宜兴市高于全省平均水平，其余县市地均 GDP 都在全省平均水平的 50% ~ 100%，以沿江的镇江、泰州、南通的县市为主，外加徐州的沛县和盐城的建湖县。如图 7-8 显示，较之人均 GDP 分布，全省 45 个县市地均 GDP 分布优势更加集中于苏南地区。

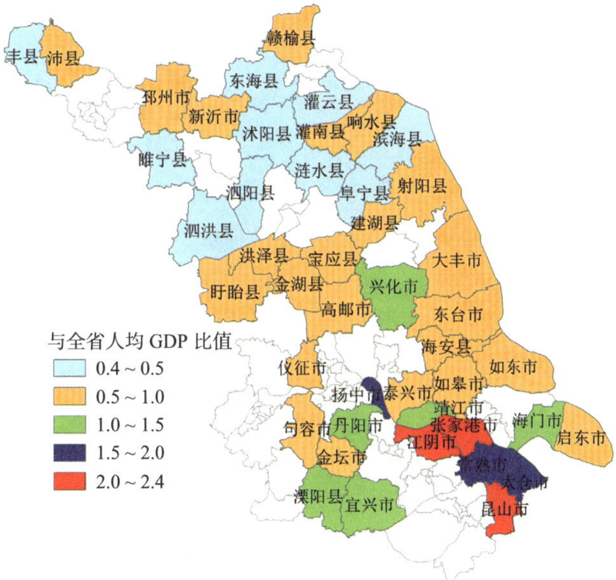

图 7-7　江苏省县市人均与全省均值的比值（2013）

数据来源：根据江苏省统计年鉴（2014 年）整理

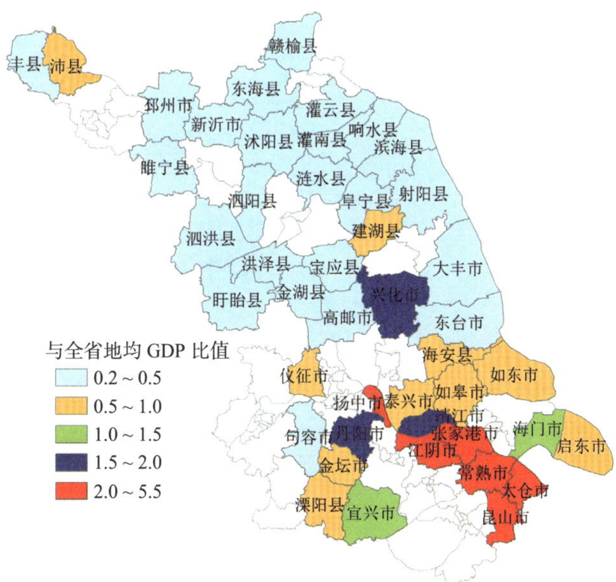

图 7-8　江苏省县市地均 GDP 与全省均值的比值（2013）

数据来源：根据江苏省统计年鉴（2014 年）整理

2. 基于 GDP 含金量的分类

从居民收入角度看，"GDP 含金量指数"又称为"居民收入幸福感指数"，用"单位 GDP 的人均可支配收入"来度量，这种 GDP 含金量的解释乃是最为明确和目前使用最广泛的一种。中国经济研究院据此定义编制了 3 次各省市区 GDP 含金量的排名（韩彪，2012）。本文江苏省 2013 年 45 个县市的"GDP 含金量指数"就采用这种计算方法，计算结果见表 7-4。

其中，人均可支配收入可以是近似值，具体的计算方法是：

人均可支配收入近似值=（城镇人均可支配收入 + 农民人均纯收入）× 城镇人口占总人口的比重

GDP 含金量指数=人均可支配收入 / 人均 GDP

全省 45 个县市"GDP 含金量"的分类，采用自然断点法，又称 Jenks 优化法。这种方法是对数据分组进行优化（Slocum 等，2004），所采用的算法，可以实现同一类别中的数据值差异最小化，在类别之间数据值差异最大化。依据"GDP 含金量指数"从高到低，45 个县市共划分为低水平、中低水平、中水平、中高水平和高水平 5 个类别，结果如图 7-9 所示。

江苏省县市的 GDP 含金量（2013） **表 7-4**

地级市	县名	人均 GDP（元）	人均可支配收入（元）	GDP 含金量指数
无锡市	江阴市	166307	44673	0.2686
	宜兴市	95295	37919	0.3979
徐州市	丰县	29711	15238	0.5129
	沛县	44514	17947	0.4032
	睢宁县	35177	15237	0.4332
	新沂市	45414	16054	0.3535
	邳州市	41800	18642	0.4460
常州市	溧阳市	83815	31118	0.3713
	金坛市	72755	32558	0.4475
苏州市	常熟市	131338	44229	0.3368
	张家港市	172093	44408	0.2580
	昆山市	177923	44486	0.2500
	太仓市	141785	44067	0.3108

续表

地级市	县名	人均 GDP（元）	人均可支配收入（元）	GDP 含金量指数
南通市	海安县	62199	23933	0.3848
	如东县	54431	23593	0.4334
	启东市	68653	24841	0.3618
	如皋市	52185	22847	0.4378
	海门市	82005	27070	0.3301
连云港市	赣榆县	39612	16766	0.4233
	东海县	33645	16648	0.4948
	灌云县	31544	14010	0.4441
	灌南县	37844	15193	0.4015
淮安市	涟水县	30997	15143	0.4885
	洪泽县	53399	18061	0.3382
	盱眙县	40333	17868	0.4430
	金湖县	50461	18132	0.3593
盐城市	响水县	40382	16249	0.4024
	滨海县	31794	17090	0.5375
	阜宁县	36003	16687	0.4635
	射阳县	39402	17963	0.4559
	建湖县	48915	19015	0.3887
	东台市	57201	21691	0.3792
	大丰市	63229	20814	0.3292
扬州市	宝应县	48481	18626	0.3842
	仪征市	72963	23517	0.3223
	高邮市	51590	20877	0.4047
镇江市	丹阳市	94839	30240	0.3189
	扬中市	116001	33367	0.2876
	句容市	61912	28537	0.4609
泰州市	兴化市	45911	21442	0.4670
	靖江市	97730	25350	0.2594
	泰兴市	56735	23130	0.4077
宿迁市	沭阳县	35155	14168	0.4030
	泗阳县	36076	13763	0.3815
	泗洪县	32782	13364	0.4077

从图 7-9 中可见，全省县市 GDP 含金量的分布特征：小分散，大集中。其中，高水平类县市，包括丰县、东海县、涟水县和滨海县，全在苏北地区。中高水平类苏北有 7 个县市，苏中和苏南各有 2 个，苏北仍占多数。相反，低水平类多集中在苏南地区，包括扬中市、江阴市、张家港市和昆山市，还有苏中地区的兴化市和靖江市。中低水平类是以苏南和苏中地区为主，以及苏北与苏中的交界县市。中水平类型则在全省范围内广泛分布。

其实，这 45 个县市的 GDP 含金量指数分布特征，与全省 13 个地级市 GDP 含金量分布趋势基本一致，如图 7-10 所示。也就是说，苏北地区人均 GDP 水平低，而 GDP 含金量却高水平；相反，苏南地区人均 GDP 水平高，而 GDP 含金量却为低水平；苏中地区的人均 GDP 和 GDP 含金量都处在中等水平。由此可知，GDP 含金量指数对人均 GDP 指标有较好的修正作用，反映人均 GDP 与居民收入水平的关联程度。这也表明 GDP 含金量是反映江苏省县市地域差异的有效指标。

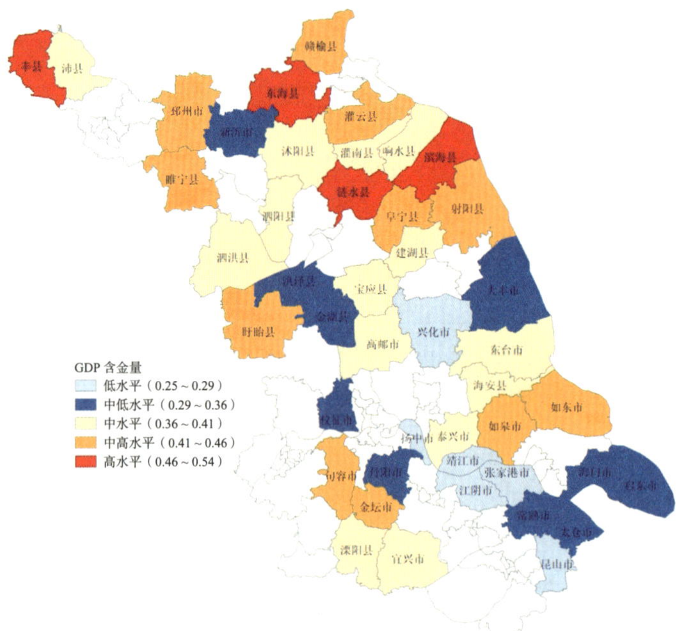

图 7-9　江苏省县市 GDP 含金量的分类（2013）

数据来源：根据江苏省各地市统计年鉴整理

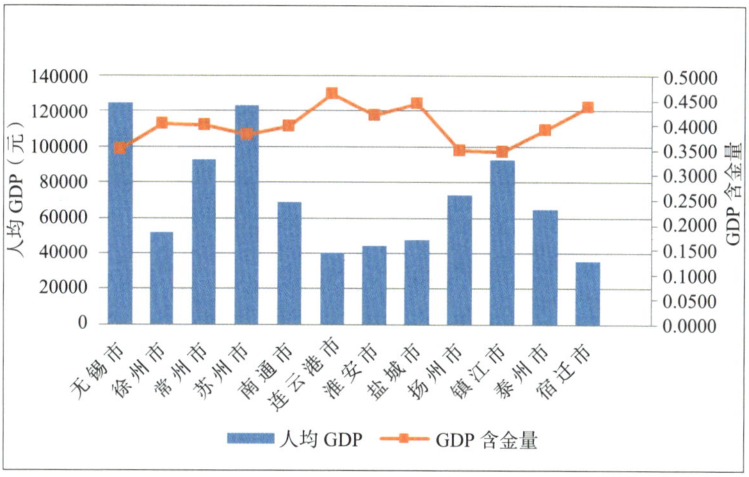

图 7-10　江苏省地级市 GDP 含金量（2013）

数据来源：根据江苏省各地市统计年鉴整理

（二）投入－产出的相对效率

1. 数据包络分析（DEA）简介

DEA 是一种基于被评价对象间相对比较的非参数技术效率分析方法，是由美国的库珀（W.W.Cooper）和罗兹（E.Rhodes）等于 1978 年首次提出的，后来就将 DEA 的第一个模型命名为 CCR 模型（Charnes A，et al.，1978）。DEA 具有适用范围广、原理相对简单的特点，特别是多投入多产出分析的独特优势，故在多个领域得到广泛应用。本章主要采用 CCR 模型和 BCC 模型进行江苏省县市投入产出的 DEA 相对效率分析。

面向投入的 CCR 模型是提出最早和应用最广泛的 DEA 模型，它是建立在各决策单元相互比较的基础上，具有相对有效性，效率评价指数 *Z* 就是相对有效性评价值，等价于常说的“综合评价”值。

BCC 模型是由班克、库珀等（Bank，W.W. Cooper，et al.，1984）提出的一个对固定规模收益模式的 DEA 分析的扩展。这是一种可变规模收益（*VRS*）模式下的 DEA 分析。当生产技术为规模收益可变时（*VRS*）才存在规模收益问题。把 CCR 和 BCC 两个模型结合起来，求解规模效率值（*SE*），即计算 CCR 的综合技术效率（*TE*）和 BBC 的纯技术效率值（*PTE*），则 *SE=TE/PTE*。

2. 评价指标与结果

江苏省 2013 年 45 县市经济投入产出效率，就是采用 CCR 模型 BBC 模型计算的。其中，投入指标为全部从业人员、固定资产投资总额和建成区面积，产出指标为地区生产总值（GDP）和地方财政预算内收入，计算结果见表 7-5。

江苏省县市 DEA 经济投入产出效率评价　　表 7-5

县市	综合技术效率	纯技术效率	规模效率	规模报酬
江阴市	1.0000	1.0000	1.0000	规模报酬不变
宜兴市	0.6310	0.6909	0.9134	规模报酬递增
丰县	0.7429	0.9798	0.7582	规模报酬递增
沛县	0.4790	0.6173	0.7761	规模报酬递增
睢宁县	0.6299	0.8671	0.7265	规模报酬递增
新沂市	0.4443	0.6015	0.7387	规模报酬递增
邳州市	0.3838	0.4987	0.7697	规模报酬递增
溧阳市	0.5259	0.6921	0.7599	规模报酬递增
金坛市	0.5450	0.8030	0.6787	规模报酬递增
常熟市	0.7965	0.8211	0.9700	规模报酬递增
张家港市	1.0000	1.0000	1.0000	规模报酬不变
昆山市	1.0000	1.0000	1.0000	规模报酬不变
太仓市	1.0000	1.0000	1.0000	规模报酬不变
海安县	0.5106	0.6775	0.7537	规模报酬递增
如东县	0.5272	0.7243	0.7279	规模报酬递增
启东市	0.7212	0.8958	0.8051	规模报酬递增
如皋市	0.5735	0.7260	0.7899	规模报酬递增
海门市	0.7542	0.9254	0.8149	规模报酬递增
赣榆县	0.5933	0.7691	0.7714	规模报酬递增
东海县	0.6040	0.7862	0.7682	规模报酬递增
灌云县	0.6718	0.8887	0.7559	规模报酬递增
灌南县	0.6768	0.8983	0.7534	规模报酬递增
涟水县	0.5328	0.7483	0.7120	规模报酬递增
洪泽县	0.6576	1.0000	0.6576	规模报酬递增
盱眙县	0.4604	0.6328	0.7276	规模报酬递增
金湖县	0.6336	1.0000	0.6336	规模报酬递增
响水县	0.5064	0.8067	0.6277	规模报酬递增
滨海县	0.4662	0.6424	0.7257	规模报酬递增
阜宁县	0.5542	0.7432	0.7458	规模报酬递增
射阳县	0.5357	0.8252	0.6492	规模报酬递增
建湖县	0.6462	0.8483	0.7618	规模报酬递增
东台市	0.5528	0.6852	0.8067	规模报酬递增

续表

县市	综合技术效率	纯技术效率	规模效率	规模报酬
大丰市	0.6757	0.8552	0.7901	规模报酬递增
宝应县	0.4677	0.6947	0.6733	规模报酬递增
仪征市	0.4193	0.6184	0.6781	规模报酬递增
高邮市	0.3941	0.6029	0.6537	规模报酬递增
丹阳市	0.8538	0.9755	0.8752	规模报酬递增
扬中市	0.7095	1.0000	0.7095	规模报酬递增
句容市	0.5354	0.7945	0.6739	规模报酬递增
兴化市	0.7057	0.8928	0.7904	规模报酬递增
靖江市	0.6487	0.8042	0.8066	规模报酬递增
泰兴市	0.5741	0.7176	0.8001	规模报酬递增
沭阳县	0.6456	0.7421	0.8700	规模报酬递增
泗阳县	0.3953	0.6038	0.6547	规模报酬递增
泗洪县	0.3816	0.6098	0.6257	规模报酬递增

全省 45 个县市的综合技术效率值、纯技术效率值和规模效率值，分别在 ArcGIS 中运用自然断点分类法，共分为低水平、中低水平、中水平、中高水平和高水平共计 5 类，结果如图 7-11 ~ 图 7-13 所示。

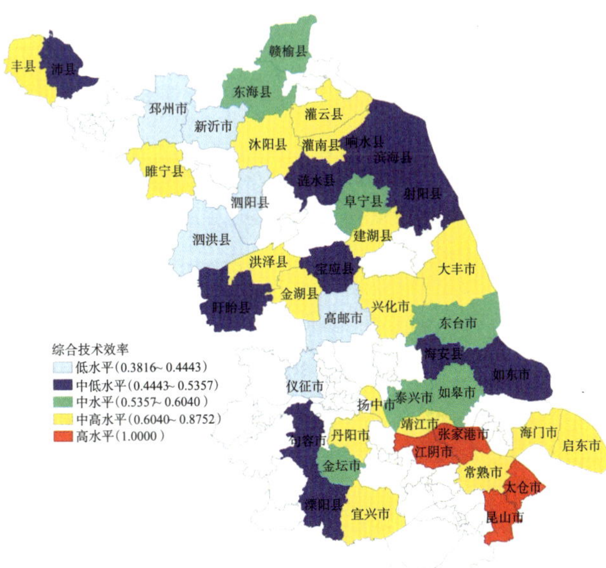

图 7-11　江苏省县市投入产出的综合技术效率（2013）

数据来源：根据江苏省各地市统计年鉴整理

图 7-11 中显示了江苏省 45 个县市的综合技术效率值的分布，总体上北低南高，低水平和中低水平两类集中于苏北地区，苏中的南通和苏南的镇江也有分布。相反，高水平类型全部集中在苏州和无锡两市。中水平和中高水平两类在全省的苏北、苏中和苏南三分天下，当然每个县市的综合技术效率值仍有高低区分，从表 7-5 可知，中高水平类型中苏南的丹阳市和常熟市是最高的。

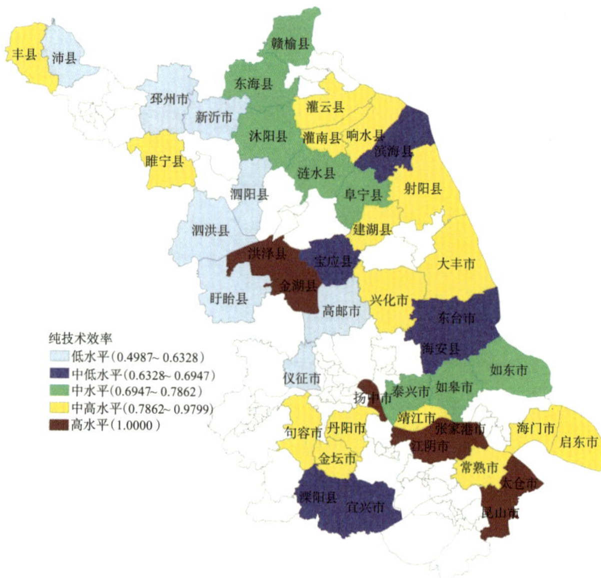

图 7-12 江苏省县市投入产出的纯技术效率（2013）

数据来源：根据江苏省各地市统计年鉴整理

在图 7-12 中，全省县市纯技术效率值表现出“北低南高”和“西低东高”两个特征。全省范围内，高水平类型集中于苏南地区、苏北南部金湖和洪泽也在其中。中高水平类型集中于长江沿线和苏北的沿海地带。中水平类型集中于江苏沿海的两端（南通、连云港）。中低水平全省零散分布，低水平集中于苏北的西部地带。总体上，长江以北地区的纯技术效率值呈现南北延伸、西低东高的分布特点。

在图 7-13 中，县市投入产出的规模效率值分布，全省范围内呈北低南高态势。高水平类和中高水平类型大部分集中于苏南地区，中水平和中低水平类型集中于长江以北地区的两端，如南通和盐城南部、徐州和连云港。低水平类型集中于长江以北地区的中部，从北到南呈条带状分布，包括淮安、宿迁和扬州，以及镇江。

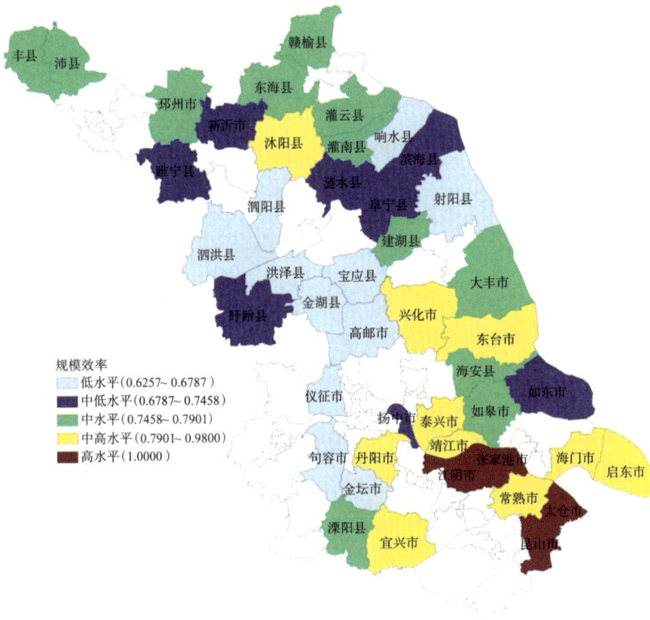

图 7-13　江苏省县市投入产出的规模效率（2013）

数据来源：根据江苏省各地市统计年鉴整理

因此，江苏省经济发展水平的区域差异，总体上苏南强于苏中和苏北地区。之所以如此，从纯技术效率和规模效率两方面面看，苏南地区的规模效率优势要比纯技术效率更突出，也就是说，苏南县市的纯技术效率值优势要弱于苏南的规模效率值显著优势。这充分说明，苏北和苏中地区应该着力提高资源配置效率等纯技术效率以发展经济，但正如表 7-5 中显示，江苏省的 40 多个县市都处在规模报酬递增阶段，它们还应该增加投入，努力壮大经济规模以进一步发展县市经济。

四、江苏省县市的城镇性分析

自 1978 年以来，江苏省县市的小城镇发展较快，无论在人口规模、经济水平还是社会服务设施方面都得到长足发展。为此，可以选取若干指标，反映县市从乡村向城镇的社会经济发展变迁，姑且将这种特征变化称为“城镇性”。这种城镇性在全省范围内也存在显著差异。

根据 2013 年县市统计数据的可得性，筛选出 4 个指标以表征县市的“城镇性”，包括建成区面积占比（建成区面积占县市全域面积的百分比），二、三产业从业人员占比（二、三产业从业人员占全部从业人员的百分比），工业增加值占比（工业增加值占地区生产总值的百分比），乡城人均收入比（农民人均纯收入与城镇居民可支配收入的百分比）。本文运用投影寻踪综合评价法（PPC 法），这是弗里德曼（Friedman）等于 1974 年提出的评价方法，它可作为确定性分析的聚类和分类的方法。PPC 法是一种可用于高维数据分析的、有效的降维技术，适用于高维、非线性、非正态问题的分析和处理，评价结果与实际相符率较高，在众多领域得到广泛应用。

江苏省县市城镇评价的原始数据和计算结果见表 7-6。

江苏省县市的城镇性评价 表 7-6

县市名	建成区占比（%）	二、三产业从业人员占比（%）	工业增加值占比（%）	乡城人均收入比（%）	城镇性指数
江阴市	5.57	94.83	53.86	50.72	1.5627
宜兴市	3.76	87.75	45.64	51.58	1.1249
丰县	1.66	49.33	33.08	61.76	0.1752
沛县	2.67	60.56	37.43	60.39	0.4825
睢宁县	1.87	67.62	34.35	59.34	0.4014
新沂市	2.16	51.36	36.03	57.02	0.3840
邳州市	2.06	55.56	35.53	56.22	0.4062
溧阳市	1.69	77.01	47.79	51.78	0.8889
金坛市	2.25	80.47	44.28	50.03	0.9153
常熟市	7.68	95.97	50.54	50.26	1.7076
张家港市	6.87	94.03	53.25	49.94	1.6817
昆山市	7.73	98.37	54.98	50.17	1.8354
太仓市	5.83	94.10	50.05	50.23	1.5013
海安县	2.44	77.90	40.74	47.90	0.8645
如东县	1.33	76.55	39.64	45.95	0.7504
启东市	1.99	70.16	39.20	53.48	0.6383
如皋市	2.08	71.96	43.52	45.45	0.8883
海门市	2.56	72.07	45.55	52.24	0.8766
赣榆县	2.11	68.01	38.89	53.77	0.6226

续表

县市名	建成区占比（%）	二、三产业从业人员占比（%）	工业增加值占比（%）	乡城人均收入比（%）	城镇性指数
东海县	1.37	67.02	38.69	51.19	0.5785
灌云县	1.82	58.93	35.20	56.85	0.3903
灌南县	2.33	53.85	42.23	46.33	0.7329
涟水县	1.97	63.04	32.37	51.95	0.4470
洪泽县	1.29	67.23	35.77	50.90	0.5082
盱眙县	1.28	68.54	33.75	46.11	0.5453
金湖县	1.56	68.00	35.34	49.18	0.5577
响水县	1.44	65.47	44.41	55.30	0.6423
滨海县	1.67	64.93	37.36	55.63	0.4908
阜宁县	2.71	64.80	34.77	58.93	0.4792
射阳县	0.77	67.50	35.42	61.63	0.2819
建湖县	2.16	69.30	40.37	56.53	0.6276
东台市	1.09	70.39	39.56	58.35	0.4833
大丰市	0.88	68.63	37.98	61.38	0.3651
宝应县	2.12	69.62	37.40	63.03	0.4548
仪征市	4.32	76.35	49.95	47.15	1.2655
高邮市	1.30	71.09	37.02	53.61	0.5248
丹阳市	2.48	89.95	50.09	51.33	1.1249
扬中市	3.93	93.30	52.45	50.94	1.3531
句容市	1.73	73.20	46.34	45.72	0.9253
兴化市	1.50	68.02	37.49	50.06	0.5883
靖江市	5.18	80.20	50.73	48.57	1.3747
泰兴市	2.14	70.01	46.15	48.52	0.8926
沭阳县	2.74	61.50	40.91	56.57	0.6383
泗阳县	2.61	61.35	42.82	58.92	0.6322
泗洪县	1.26	42.51	34.33	59.70	0.1466

数据来源：江苏省统计年鉴（2014）。

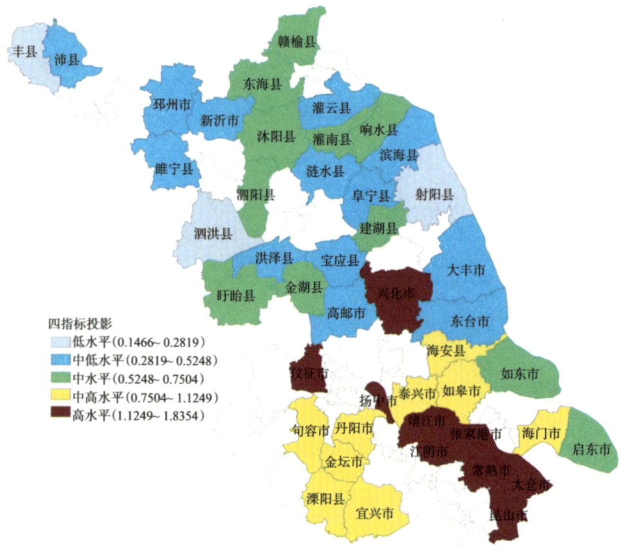

图 7-14　江苏省县市的城镇性分类

数据来源：根据江苏省统计年鉴（2014）数据计算

为了更直观地显示全省县市的城镇性指数，在 ArcGIS 中应用自然断点分类法，将全省 45 个县市分为 5 类：低水平、中低水平、中水平、中高水平和高水平（图 7-14）。在全省范围内，城镇性指数呈北低南高分布态势。其中，低水平、中低水平和中水平 3 类，绝大部分在苏北地区，仅有少数几个是在苏中地区。中高水平类型集中在苏中地区和苏南的西南部。而高水平类型集中在苏州、无锡和镇江地区，以及苏中的扬州和泰州。

五、江苏省城镇空间优化与区域统筹

（一）城市化方针和目标

《江苏省城乡体系规划（2012—2030）》提出：坚持“协调推进城市化、区域发展差别化、建设模式集约化、城乡发展一体化”的新型城市化道路。设定的发展目标为，城市化与工业化、信息化、农业现代化同步发展，将江苏建设成为经济高效、空间集约、环境优美、具有较强国际竞争力的城市群地区，城乡发展一体化的示范区，率先基本实现现代化的先行区，将江苏沿江城市带建成为长三角世界级城市群的北翼核心区。

（二）人口和城市化水平

2030年，江苏省人口城市化水平达80%，常住人口达9000万人，其中城镇人口7200万人，农村人口1800万人。2030年，全省城镇建设用地规模将控制在8490km^{2}以内，村庄用地规模控制在8500km^{2}以内（表7-7）。

全省人口与城市化水平目标　　表7-7

年份	城市化水平（%）	常住人口（万人）	城镇人口（万人）	农村人口（万人）
2011	61.9	7898.8	4889.4	3009.4
2015	67	8200	5490	2710
2020	72	8500	6120	2380
2030	80	9000	7200	1800

资料来源：《江苏省城镇体系规划（2012—2030）》。

（三）城镇空间布局

在《江苏省城镇体系规划（2012—2030）》中，规划全省建设“一带两轴、三圈一极”的“紧凑型”城镇空间结构。即沿江城市带、沿海城镇轴和沿东陇海城镇轴；南京都市圈、徐州都市圈、苏锡常都市圈和淮安增长极（图7-15）。

1. 沿江城市带

按照“整体有序，联动开发，开放创新，转型发展”的原则，将沿江城市带建设成为长三角世界级城市群的北翼核心区，具有国际竞争力的都市连绵地区。着力强化苏南地区的资源整合和转型发展、率先发展，以空间转型引导产业转型、环境优化和文化提升，将苏南地区建设成为以高新科技、生态环保、现代服务业为主的产业集群地，风景优美，具有深厚人文环境的宜居区，全国对外开发的前沿阵地。

2. 沿海城镇轴

按照“港城联动，多核带动，临海突破，生态约束”的原则，将沿海城镇轴建设为江苏新型工业化地区，全面融入长三角地区一体化发展。

3. 沿东陇海城镇轴

按照“产业带动，极核驱动，城港联动，东西互动”的原则，将沿东陇海城镇轴建设成为全省新兴工业化地区和我国中西部地区的主要出海通道。

4. 点状发展地区

按照“城镇优先、效率优先、生态优先、一三（产业）优先”的总体思路，将苏北水乡湿地地区和苏南丘陵山地地区建设成为区域环境优美，空间特色鲜明，城镇点状发展，人民生活安康富裕的城镇化地区。

图 7-15 江苏省城镇空间结构规划图（2012—2030）

（四）城镇空间结构的规划调整

与《江苏省城镇体系规划（2001—2020 年）》（简称"原版规划"）相比，江《苏省城镇体系规划（2012—2030）》（简称"新版规划"）在全省区域城镇空间结构方面加以适当调整，可将图 7-4 与图 7-15 相对照，主要变动内容包括：

（1）取消原版规划的新宜城镇聚合轴。长江以北划设苏北水乡腹地点状发展区域（涉及 10 个市县），加强向沿海地区和沿东陇海地区集聚，并设淮安增长极以加强区域带动服务能力；长江以南划设苏南低山丘陵点状发展区域（涉及 4～5 个县），加强向沿沪宁线和沿海地区集聚。

（2）原版规划的沪宁和宁通两条城镇聚合轴整合为沿江城市带，加密过江城市交通、打造城市组群来增强跨江联系，加强苏南对苏中地区的辐射带动和城市带的整体性。

（3）保留沿海（原连通）城镇轴，按照国家战略对江苏沿海的发展要求予以加强。保留东陇海（原徐连）城镇轴，重点建设城镇轴中段的城市组群，加强沿轴地区发展。

（4）保留南京都市圈、徐州都市圈和苏锡常都市圈，新增淮安增长极。按照"提升功能、建设枢纽、培育特色"原则，加强淮安中心城市公共服务功能，增强其区域辐射带动能力；完善交通设施建设，提升综合交通枢纽地位；强化产业特色、景观特色、文化特色，推进中心城市的跨越发展，促进区域协调发展。培育淮安成为特色增长极，全省城市化和经济发展转型的创新区。

因此，新版规划中全省形成一条城市带、两条城市轴、两个点状发展地区、（包含）三个都市圈、一个增长极的区域城镇空间结构，如图 7-15 所示。其中，城市带是优化提升的都市连绵区域，城镇轴是加快发展的点轴发展区域，点状发展地区是彰显特色的据点发展区域（张泉，2012）。

但是，在《江苏省新型城镇化与城乡发展一体化规划（2014—2020）》中提出：按照新形势下推进新型城镇化和城乡发展一体化的新要求，进一步优化城镇化战略布局，形成以沿江、沿东陇海线为横轴，以沿海、沿大运河为纵轴，以轴线上区域性中心城市为支撑，以周边中小城市和重点中心镇为组成部分，大中小城市和小城镇协调发展的“两横两纵”空间布局和城镇体系。

不难发现，沿大运河发展轴又重新提起，似乎是对那些反对取消大运河发展轴的一种回应。从前文分析可知，长江以北地区地域广大，以淮安、宿迁为主体的县市经济发展落后，交通等基础设施条件远比苏南地区差，沿海发展轴地理位置偏东且实力很弱，让其承担整个苏北苏中腹地的经济发展轴为时尚早。更何况，大运河发展轴已经规划建设了 10 多年，正确做法应是加大建设力度，形成贯通南北、辐射带动苏中苏北腹地的特色产业带。

（五）规划引导城镇功能，实现城镇协调发展

结合全省城镇空间发展态势，引导中心城市差别发展，培育具有国际竞争力的专业化城市。对部分具有一体化发展态势的城市组群进行整体功能引导。建制镇作为农村地域的基本公共服务中心和镇域非农产业集聚中心，应走特色化、集约化、现代化的发展道路。2030 年规划全省共设置 540 个镇（含高邮市菱塘回族乡）。全省择优培育 92 个重点中心镇，重点培育 100 个左右的特色镇。

1. 完善城市群发展协调机制

以长三角城市群和省内其他城市群为平台，健全完善城市发展协调机制，协同推进经济转型升级，空间结构优化，资源永续利用和区域环境联防联控联治。统筹制定实施省域城市群规划，建立城市联合体，明确城市功能定位和分工，加快城市群一体化进程。

建立统一开放的市场体系，推动城市间要素自由流动、资源优化配置、信息互通共享。加强城市间产业对接，以市场为导向，打造分工合理、协作融合的产业集群。完善城市间交通基础设施网络，建立高效畅通的物流体系。加快

人才信息、金融服务、科技服务、贸易网络等跨区域平台建设，形成区域协同、规则统一的制度基础。

2. 提升中心城市综合功能

强化省会城市南京的区域性科技文化、经济金融中心地位和省辖市所在地区域中心城市的科技、产业、人才、投资、信息等发展要素集聚功能，并不断提升其现代化和国际化水平。实施城镇空间结构调整优化，适当疏散中心城区经济功能和其他功能，合理控制人口规模，推进劳动密集型加工业向外转移，加强与周边城镇基础设施连接和公共服务共享，培育形成通勤高效、一体发展的都市区。以完善服务功能、改善人居环境为重点，进一步增强中心城市的凝聚力和影响力，发挥其带动区域发展的主导作用。推动建设南京江北新区。

3. 加快发展中小城市

优化产业和公共服务资源布局，在资源环境承载力强、发展潜力大的中小城市和县城实施经济社会发展重点项目。依托优势资源发展特色产业，积极承接中心城市产业转移，创造更多的就业岗位和创业机会，促进农业转移人口就地就近市民化。加强市政基础设施和公共服务设施建设，推动公共资源配置向中小城市和县城倾斜，引导高等学校和职业院校在中小城市布局、优质教育和医疗机构在中小城市设立分支机构。推进具备条件的县有序改市。

4. 分类建设发展小城镇

突出小城镇连接城市和农村的纽带作用，强化其在城镇体系中的重要节点地位。鼓励具备条件和基础的大中城市周边的小城镇发展成为新市镇或卫星城，有效疏解大城市中心城区功能，分担人口和公共服务压力。推动建制镇加强基础设施配套和公共服务设施布局，进一步完善服务“三农”功能，建设成为农村经济文化中心。合理规划布局重点中心镇，增强产业发展能力和交通节点功能，吸引更多农业转移人口，鼓励有条件的重点镇发展成为小城市。依托传统历史条件、区位优势和发展基础，推动其他镇发展特色经济，改善人居环境，未来发展成为服务农村、带动周边的综合性特色化小城镇。

本章参考文献

[1] Banker R D，Charnes A，Cooper W W. Some models for estimating technical and scale inefficiencies in data envelopment analysis [J]. Management Science，1984(30): 1078-1092.

[2] Charnes A，Cooper W W，Rhodes E. Measuring the efficiency of

decision making units [J]. European Journal of Operational Research, 1978(2): 429-444.

[3] Friedman J H, Turkey J W. A projection pursuit algorithm for exploratory data analysis [J]. IEEE Transactions on Computers, 1974, C-23(9): 881-890.

[4] 张泉.《江苏省城镇体系规划——2030 年》战略方针的思考 [J]. 城市规划, 2012(9): 45-52.

[5] 韩彪 . 中国 GDP 含金量研究文献述评 [J]. 深圳大学学报: 人文社会科学版, 2012(5): 95-99.

[6] 唐启义 . DPS 数据处理系统: 实验设计、统计分析及数据挖掘 [M]. 第 2 版 . 北京: 科学出版社, 2010.

[7] 成刚 . 数据包络分析方法与 MaxDEA 软件 [M]. 北京: 知识产权出版社, 2014.

第八章　城镇化中的异化现象

在我国推进城镇化的过程中，受制于制度局限性和政策管理等方面的缺陷，经济、社会、资源、环境等各方面的问题相继暴露出来。如热衷于土地城镇化而非人的城镇化，强征土地侵害农民利益，土地粗放利用等。本章重点剖析我国城镇化进程中的土地城镇化，人的半城市化，城中村和空心村等问题，检讨它们的现象特征和形成机理，并探讨相应的对策建议。

一、土地城镇化

“土地城镇化”指由于城镇化的推进，土地利用属性由农业用地转变为城市建设用地以及土地产权属性由农村集体土地转为国有土地的过程（吕萍，等，2008）。作为主要的生产要素，土地资源对城市化、工业化发展的支撑作用与制约作用远超过其他生产要素。1988 年我国土地有偿使用制度的建立对中国的城市发展具有划时代的意义。它赋予了地方政府更多的权力，使存量土地资本的价值货币化，土地收益成为提高政府财政收入和城市建设资金的重要来源，为城市的发展和经济的增长注入了活力和动力（田莉，2010）。

“土地城镇化”与我国的财税体制改革、政策变迁、政府治理方式密切相关，本章重点讨论我国财税体制改革促动下的城镇化发展模式与机制，以及该模式产生的双刃剑效应和未来的改革趋向。

（一）财税体制改革与土地财政

改革开放后，以 1994 年的分税制为分界点，中央—地方财税体制经历了两次大的历史变迁，即 20 世纪 80 年代的“财政包干制”和 1994 年的“分税制”改革。“财政包干制”为地方政府推动基层工业化提供了巨大的激励，乡镇企业蓬勃兴起，带动了国有企业的改革。但同时也带来了中央无法集中地方收入，“两个比重”[①] 迅速下降等问题。1994 年的分税制改革将中央与地方的税

① 即财政收入占 GDP 的比重与中央财政收入占总财政收入比重。

收分配比例固定化了，消除了地方上下级讨价还价、地方政府“放水养鱼”的局面，将原来大量的地方财政 收入集中到中央，也将税收权利和安排支出责任的权利集中于中央。

分税制后，中央和地方财政收入由“倒三七”变为“正三七”，作为地方政府税收主体的增值税增量的75%都被集中到中央政府，地方政府可支配的财政收入份额大为减少，但支出压力并没有减轻，形成学界通常所说的分税制“财权层层上收、事权层层下移”的效应。中央伴随分税制改革的另一个做法是预算制度改革。预算制度改革的主要内容是将预算外的资金纳入预算内进行管理，同时推行国库集中支付制度和预算外资金的“收支两条线”的管理办法，力图使地方政府的资金收入透明化、管理规范化。由于预算内资金的管理是相对集权化、透明化的，而预算外资金对于地方政府来说相对自由度较大。

这种制度压力下地方政府开始寻求新的地方财政收入增长源泉。20世纪90年代末，随着大批国外投资的涌入和中西部劳动力的大规模迁移，沿海地区的工业化和城市化加速，催生了对城市建设用地的大量需求，因此也催生了以土地出让金为特征的“土地财政”。

对于地方政府财政来说，预算内财政增收的重点变成了营业税（营业税主要来自于建筑业和第三产业）和土地税收，而预算外财政增收的重点就是土地出让金。地方的可控收入来源主要有两个：一是土地变现时的增值收益；二是通过招商引资和城市扩张来增加包括所得税、建筑业和房地产业营业税等由地方享有的税收的规模（蒋省三、刘守英等，2007）。在地方赤字的压力下，地方政府“吃饭靠财政、建设靠土地”的格局基本形成并不断强化，并以此形成了“土地财政”。中国所谓的土地财政实质是房地产财政，卖地牟利的财政扭曲了政府在市场经济中的功能于作用，极大地推升了城市化的成本。卖地财政的绝对收益取决于卖地的数量和价格，这样地方政府又和接盘的房地产开发商形成了生物链上的利益依存关系。地产暴力和金融向房地产倾斜从而一定程度上造成了产业空洞化（华生，2013）。

（二）土地城镇化的运作机制

1. 土地资本化与土地金融

我国建立了一套独特的土地产权制度和管理制度：权利二元、政府垄断、非市场配置和管经合一（刘守英，2012）。地方政府对土地一级市场直接垄断，使其成为建设用地的唯一出让者和城市化进程中土地级差收益的排他性获得者。分税制改革后，地方尤其是县市级及以下政府的财政压力日益增加，对土地出让和相关税种收入的依赖性日益增加。地方政府以最大化土地出让收入保证城市建设资金；以商住用地出让价格最大化来实现城市政府资金的平衡；建立政府融资平台，加大对城市基础设施建设的融资。

我国各级地方政府的城市建设资金主要来源于银行信贷，而土地是杠杆。地方政府向商业银行借贷，一靠资本金，其中一部分来自于收支盈余，更主要来自于土地出让收益；二靠资产作抵押，土地是最可靠、最可预期的抵押品。2000 年以后以政府收储土地为抵押品的各类地方融资平台（一般称为“政府性公司”）纷纷出现，其主要功能是进行城市公益性基础设施的投资和建设，这些公司的注册资金大都依靠土地出让金投入,用于城市公共建设。“政府性公司”成立的另一大目的是要为城市建设进行融资。也就是说，政府注入公司的土地出让金并非直接用来进行开发建设，而是用来作为资本金，获取银行贷款。

城市开发建设中，资金投入的主角是金融资金而非财政资金。作为融资平台主体的政府性公司获得银行贷款的途径有三种：公司互保、财政担保和土地抵押。其中土地抵押贷款是融资的主要方式。除了政府性公司外，土地储备中心是各地政府以地生财的重要部门。土地储备制度，最初用意是为了盘活面临改制的国有企业的土地存量资产，以解决下岗职工的生计问题。根据刘守英等（2012）对绍兴县土地储备中心储备土地来源构成的调研，政府储备的土地已远远超出了存量的内涵，早已延伸到以征收农民集体所有土地为主。政府储备的土地几乎全部用于住宅和商业经营目的，以实现土地收益的最大化。他们将土地金融和地方财政的关系概况为：银行不断地向土地储备中心发放土地抵押贷款，土地储备中心则不断进行征地—开发—出让，以赚取土地出让收入，基本思路是用旧储土地的抵押贷款进行新一轮土地征收，然后用出让土地的收入还清抵押贷款，再用新征用的土地进行新一轮的土地抵押贷款。金融资金作为土地征用、开发、出让过程的“润滑剂”，使得政府能够迅速扩大土地开发规模，积累起大量的土地出让收入。以地融资，成为推进快速城镇化的重要机制。

2. 土地城镇化的运作机制

“土地收入—银行贷款—城市建设—征地”之间形成了一个不断滚动增长的循环过程。这个过程不但地方政府带来了滚滚财源，也塑造了 21 世纪繁荣的工业化和城市景象，形成土地、财政和金融“三位一体”的发展模式，触发了地方政府“经营城市”、“经营土地”的行为取向。这种模式下发展出来的轰轰烈烈的城市化，实际上是以土地而非以产业和人口为中心的城市化。其经济增长模式主要靠政府对公共设施的投资为拉动力量，以土地征收、开发、出让为主要手段，以城市扩张为基本形态，以 GDP 和财政收入的增长为基本目标。工业对于城市化的基础地位已经逐渐被城市房地产业所替代了（刘守英等，2012）。

1988 年以来，房地产市场的发展对促进消费、扩大内需、拉动投资、改善居民居住条件和城镇面貌、带动建筑建材等相关产业发展，促进宏观经济发展，发挥了重要的作用。1988 至 2013 年间，房地产的投资增加了 335 倍，远高于 GDP 增长的 38 倍（图 8-1 ）。因此，可以判断，房地产投资增长给我国带来的 GDP 增长相当可观，对我国 30 多年来的宏观经济增长发挥了重要作用（田莉，2012）。

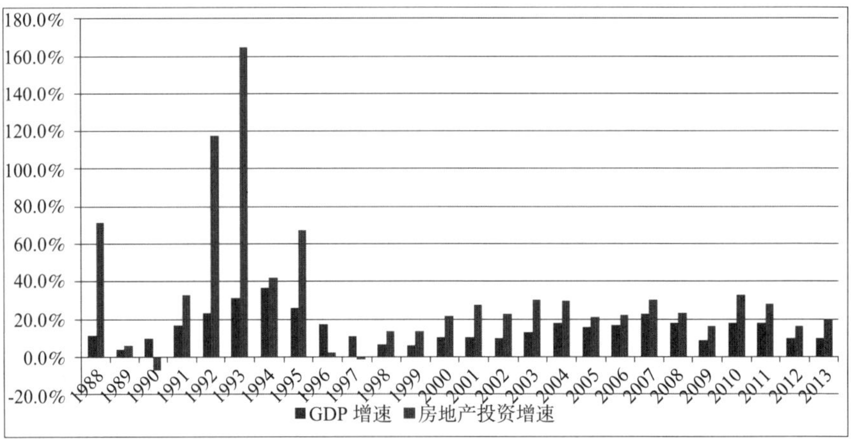

图 8-1　1988 年以来我国房地产投资和 GDP 增速比较

资料来源：中国统计年鉴 (1989—2014)

土地资本化带来的收益在基础设施建设投资中发挥了重要作用。以广州为例，1992 年土地收益和基础设施建设投资的比例为 109.7%。之后，随着基础设施投资额的增加，仅仅依靠土地收益不足以全部支付基础设施建设的投资，然而它仍然扮演着重要角色。1992 ~ 2006 年间，土地收益在广州基础设施建设投资的比例介于 38% ~ 109%。总体平均水平为 68.3%，土地收益成为基础设施建设投资的最主要来源（田莉，2012）。

廖良浩（Liew，1995）将中国渐进式经济改革的成功归因于强势的政府和基层的充分参与。在中国现行的官员考核机制下，GDP 和城市形象是两项重要的政绩指标。吴群和李永乐（2010）利用 1999 ~ 2007 年 31 个省份的面板数据得出：分税制带来了地方政府追求财源行为变化，中国式分权激励了地方政府掠取土地财政收益，政府间政治晋升竞赛又进一步驱动了地方政府采取积极的土地财政策略。随着 1994 年分税制的实行，地方政府成为有自身经济利益的集团，为了增加地方财政收入，它具有发展经济的强烈动机，称为“发展型政府”。在制造业税收大部分被中央政府分享的情况下，土地财政成为地方政府财税收入的最主要来源，这也直接导致了城市的快速扩张在这种情况下，地方政府和企业的利益是一致的。新旧体制共存的渐进式改革为地方政府和开发商的“联盟”创造了条件，使房地产热和城市扩张持续升温（田莉，2013）。

自2005年以来国家对于征地限制大大加强，地方政府土地城镇化的发展模式面临土地资源的强大约束。但是自2008年底以来，激进的投资政策和严格的土地红线政策形成了巨大的矛盾，这种矛盾促使地方政府对传统的土地城镇化模式进行了一系列诸如“城乡统筹”、“城乡一体化”模式的“制度创新”。以成都2007年开始推行的城乡综合配套改革试验区为例，“大统筹、大集中、大流转”为特征，“土地整理、农民集中居住、农村产权制度改革”为主要内容的综合改革，通过土地整理、集中居住来增加城乡建设用地，同时解决农民集中居住以后所产生的社会保障、就业、生活方式转变等问题。在成都土地制度综合改革实验区，这些耕地可以被征用为城市建设用地，并且在整个成都市范围内进行城市建设用地指标的流转。这些新增的城乡建设用地被称为“增减挂钩”的“周转指标”。成都的“城乡一体化”模式有效地解决了城市建设用地指标被严格控制和约束的问题，其基本模式并没有脱离东部地区城市化的模式，反而可以看作是对东部模式的加剧和扩展化。

（三）土地城镇化的负面效应

快速的土地城镇化产生了诸多问题，表现为地方政府多征多卖土地，导致土地利用的浪费和不集约，土地城镇化并没有带来外来人口真正意义上转为城镇人口，“空城、鬼城”现象频发；地方政府财政和基础设施投资高度依赖土地出让和土地抵押，加大政府财政和银行金融风险；征地补偿的低价和土地出让的高价，农民土地财产权利受到侵犯。农民对低价补偿不满，引发群体性事件，成为社会稳定的主要威胁。

1. 城市蔓延与土地低效利用

中央政府和地方政府两者的关系是经济学意义上的委托人与代理人（principal-agent）的关系（田莉，2013）。抽象的土地国家所有权中，地方政府是土地事实上的代理人，对土地的使用和控制最终是通过地方政府来实现的。地方政府以地套现，加快了城市扩张。首先带动的就是房地产业的暴利，其已经成为政府偿还城市基础设施投资巨额贷款和实现土地出让收入的通道，也成为过剩资本争先恐后涌入的安乐窝（杨帅、温铁军，2010）。

在我国房地产业链条中，从土地使用权出让到房地产开发、转让、保有等环节共涉及 11 个税种。除企业所得税和个人所得税由中央和地方分享外，其余税种收入均归地方政府所有。在税收冲动下，地方政府通过土地征收—新城建设，或是旧城拆迁—城中村改造等途径，刺激建筑业、房地产业的快速发展以及相关税收的增长。可以说，房地产业极大地推动了 21 世纪以来我国各级城市的空间蔓延，大量“空城、鬼城”也是这一时期的产物。

据统计，全国城市建成区面积由 1981 年的 7438km^2 增加到 2012 年的 45566km^2，年平均拓展速度为 9.01%，远高于同期城镇人口的年增长速度 6.24% 和城镇化的年增长率 4.68%，城镇建成区人均面积达到与此同时，建成区人口密度却呈现不断下降的趋势（表 8-1），城镇化的空间形态呈现低密度蔓延的特点。

我国 20 世纪 80 年代以来城市建成区面积和人口密度变化　　表 8-1

年份	城市建成区面积（km^2）	城镇人口（万人）	城镇化率（%）	建成区人口密度（人 / km^2）
1981	7438	19970	20.12	26849
1985	9386	25094	23.71	26736
1990	12856	30191	26.41	23484
1995	19264	35174	29.04	18259
2000	22439	45906	36.22	20458
2005	32521	56212	42.99	17285
2006	33660	58288	43.90	17317
2007	35470	60633	44.94	17094
2008	36295	62403	45.68	17193
2009	38107	64512	46.60	16929
2010	40058	66978	49.70	16720
2011	43603	69079	51.27	15843
2012	45566	71182	52.61	15622
2013		73111	53.73	

数据来源：历年《中国城市建设统计年鉴》、《中国统计年鉴》。

2. 流动人口的“半城镇化”

土地城市化并没有带来人口的城市化进程，催生了与“打工经济”密切联系的长期在“乡村—城镇”之间异地流动的“流动人口”。这一庞大人群不务农却依然保持农村户口，生活在城镇却不能平等地享受城镇的福利和服务，因而也被称作“第三类人群”（赵民，2013）。2012年我国流动人口数量达2.36亿人，比2011年增长了600万人，相当于每六个人中有一个是流动人口。

城镇化本质上应是农村人口在城市的一种社会融合，但大量的流动人口在经济体系、社会体系、文化体系及制度体系等方面均难以融入城市，在行动、生活方式等方面与城市居民存在明显的隔阂，处在“半城镇化”状态，对中国社会发展提出严峻挑战，对中国社会结构的转型和变迁相当不利（王春光，2006）。对地方政府而言，土地城镇化可以带来大量的“土地财政”，而“人口的城镇化”却会给地方财政带来基础设施、公共服务设施、社会福利等方面的财政负担，直接导致地方政府对“土地城镇化”的偏好而漠视“人的城镇化”（田莉，2013）。

3. 地方债务和金融风险

土地城镇化的发展模式使城市建设主要依赖土地出让和土地抵押融资。高度依赖土地的增长方式，加大了我国经济的风险，导致我国宏观经济运行的紧缩与扩张被放大。在地方政府“土地—财政—金融”联动的供地融资和发展机制使地方政府形成了很大的债务风险。根据国家审计署2013年8月至9月对中央、省级、市级、县级、乡镇的政府性债务情况审计（表8-2），2012年底全国政府性债务的总负债率为39.43%，全国政府负有偿还责任债务的债务率为105.66%。地方政府性债务对土地出让收入的依赖程度较高。截至2012年底，11个省级、316个市级、1396个县级政府承诺以土地出让收入偿还的债务余34865.2 4亿元，占省市县三级政府负有偿还责任债务余额93642. 66亿元的37.23%。2010年全国地方政府性债务余额占GDP的比例达到26%[①]。与一些国家的政府债务主要用于消费性支出不同，我国的政府性债务主要用于经济社会发展和人民生活条件改善相关的项目建设。

2013年6月底地方各级政府性债务规模情况表（亿元）　　　　表8-2

政府层级	政府负有偿还责任的债务	政府负或有债务	
		政府负有担保责任的债务	政府可能承担一定救助责任的债务
省级	17780.84	15627.58	18531.33
市级	48434.61	7424.13	17043.7

① 国家审计署.全国地方政府性债务审计结果[ED/OL].[2014-10-12]. http://www.audit.gov.cn/n1992139/n1992150/n1992500/2752208.html.

续表

政府层级	政府负有偿还责任的债务	政府负或有债务	
		政府负有担保责任的债务	政府可能承担一定救助责任的债务
县级	39573.6	3488.04	7357.54
乡镇	3070.12	116.02	461.15
合计	108859.2	26655.77	43393.72

资料来源:《全国政府性债务审计结果》. 审计署，2013 年 12 月 30 日。

此外，地方融资平台已形成“土地抵押—获取贷款—土地收储—土地抵押”的循环，使中央银行承受了很大的金融风险。从地方性债务资金的来源情况看（表 8-3），银行是最大的资金供给者。2012 年有 2 个省级、31 个市级、29 个县级、148 个乡镇政府负有偿还责任债务的借新还旧率超过 20%（《全国政府性债务审计结果》，审计署，2013）。2010 年底，有 148 家融资平台公司逾期债务率平均为 16.26%，这种“借新债、还旧债”的偿还方式存在内在不可持续性。

2013 年 6 月底地方政府性债务资金来源情况表（亿元）　　表 8-3

债权人类别		政府负有偿还责任的债务	政府负或有债务	
			政府负有担保责任的债务	政府可能承担一定救助责任的债务
银行贷款		55252.45	19085.18	26849.76
BT		12146.3	465.05	2152.16
发行债券		11658.67	1673.58	5124.66
其中	地方政府债券	6146.28	489.74	0
	企业债券	4590.09	808.62	3428.66
	中期票据	575.44	344.82	1019.88
	短期融资券	123.53	9.13	222.64
应付未付款项		7781.9	90.98	701.89
信托融资		7620.33	2527.33	4104.67
其他单位和个人借款		6679.41	552.79	1159.39
垫资施工、延期付款		3269.21	12.71	476.67
证券、保险业和其他金融机构融资		2000.29	309.93	1055.91
国债、外债等财政转贷		1326.21	1707.52	0
融资租赁		751.17	193.05	1374.72
集资		373.23	37.65	393.89
合计		108859.17	26655.77	43393.72

资料来源:《全国政府性债务审计结果》. 审计署，2013 年 12 月 30 日。

4. 社会冲突和住房问题

错综复杂的利益主体对土地城镇化进程发挥着这样或那样的影响。总体而言，相关利益主体主要包括：中央政府、地方政府（市、县、镇乡、村）、农民 / 城市居民，开发商 / 企业（田莉，2013）。20 世纪 90 年代初的分权改革，使地方政府成为羽翼丰满的经济主体，地方政府像企业家一样，热衷于追求“预算外”收入，形成了转型期特有的地方政府与企业之间的“联盟”（Zhu，1999）。征地过程中，被征地农民与地方政府利益之间形成尖锐的矛盾。在现行土地利益分配格局下，被征地农民虽然获得了土地补偿和安置款项，近年来国家又建立了被征地农民社会保障制度，但总体来说，多数被征地农民没有充分分享城市化的成果，没有充分获得土地增值收益，加上少数地方在征地过程中违法程序，发生克扣征地款项等行为，引发了一系列群体性事件。被征地农民上访多由所征土地被用于经营性用途而起。征地冲突多由征地补偿低和补偿款的分配不公平、不透明引起，因政府应对方式不当而激发。被征地农民多采取“集体上访、层层上访”的途径解决征地问题，在利益诉求得不到满足时，部分被征地农民往往采取极端的方式，危及了社会稳定，形成了政府与农民的对立（刘守英，周飞舟，2012）。2003 ~ 2011 年媒体报道的征地冲突案件如图 8-2 所示。

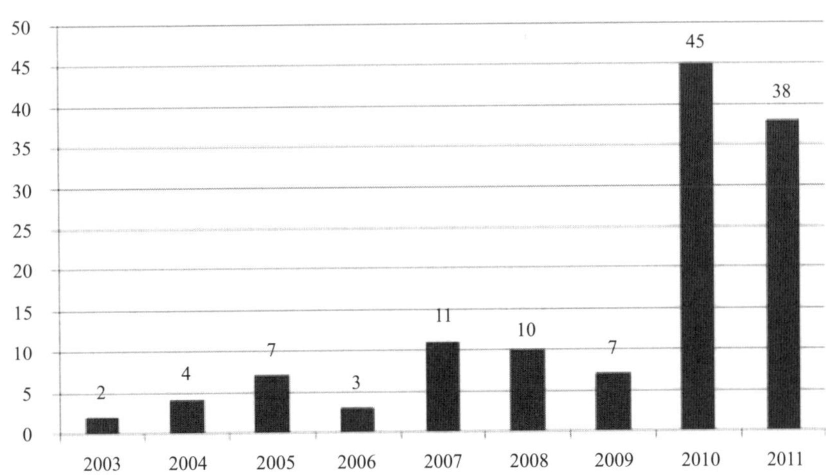

图 8-2　2003 ~ 2011 年媒体报道的征地冲突案件年份分布

资料来源：刘守英 . 以地谋发展模式的风险与改革 [J]. 国际经济评论，2012(2)：92-109+7

在土地财政的激励下，地方政府和开发商形成“联盟”，成为高房价和高地价的直接受益者。普通居民面对日益高涨的房价只有“望房兴叹”（表 8-4）。

以一线城市市中心房价数据比对，在中国归属的世界中低收入国家中，北京、上海中心区的房价已经遥遥领先，即使与中高收入国家首都相比，其房价也是价高一头（华生，2013）。

部分中低和中高收入城市房价水平　表 8-4

中高收入国家城市	每平方米房价中值	中低收入国家城市	每平方米房价中值
阿根廷布宜诺斯艾利斯	1711.49	中国北京	3422.73
墨西哥墨西哥城	1507.75	中国上海	3353.79
巴西里约热内卢	2538.91	印度德里	1644.00
智利圣地亚哥	1173.60	印度孟买	6681.00
南非开普敦	2832.59	印度雅加达	835.64
俄罗斯莫斯科	7334.96	马来西亚吉隆坡	1627.96
土耳其伊斯坦布尔	1685.00	菲律宾马尼拉	1575.97
波兰华沙	3181.50	泰国曼谷	1879.84
罗马尼亚布加勒斯特	2829.00	埃及开罗	851.78

资料来源：转引自华生．城市化转型与土地陷阱 [M]. 北京：东方出版社，2013。

（四）土地城镇化的变革导向

中国发展型地方政府主导的土地资本化和城镇化进程对发展经济、改善城市形象和投资环境发挥了重要作用。时过境迁，伴随着可利用土地资源的捉襟见肘和房价一路高歌，2013 年末的中央城镇化工作会议明确提出“要以人为本，推进以人为核心的城镇化”，传统的“土地城镇化”方式转型已迫在眉睫。

1. 政府职能转变的影响：由“土地城镇化”偏好转向“人的城镇化”

在社会主义市场经济体制已初步建立的新历史条件下，中国政府必须适时实现角色的转型，由发展型政府转变为公共服务型政府，将对“土地城镇化”的痴迷转向对“人的城镇化”的重视。其中，失地农民工的市民化是未来我国城镇化进程中需要关注的核心问题。通过逐步提供和市民同等的教育、医疗、社会保障等公共服务给那些在城市中具有稳定职业的农民工及其家庭成员，使他们逐步融入城市，脱离“半城镇化”状态。同时，可以借鉴城乡建设用地挂钩的办法，建立“人地”挂钩机制，即根据吸纳农民工人口定居的数量，每年增加一部分用地指标用于解决农民工市民化后的用地问题（中国发展基金会，2010）。在中央层面上，对于解决进城农民“市民化”标准的地方政府，应将人口流出地的公共财政转移至人口输入地。此外，每年的建设用地储备出让计划中，必须将保障性用地的出让作为硬性指标，以解决城市中低收入阶层的住房问题，充分体现土地的福利功能特征（田莉，2013）。

2. 破解中央与地方的“土地博弈”困局，摆脱“土地财政”依赖

“土地财政”与地方政府垄断建设用地供应是一套共生的制度安排。破解中央与地方的“土地博弈”困局，只有从改变地方财政收入的结构入手，建立财权与事权相适应的制度，才能避免地方政府沉迷于“土地财政”，充当“低价征地、高价出让”的土地经营者的角色。在切断“卖地财政”的同时，应借鉴发达国家的经验，建立和完善房产财产税的年税制度，使之成为地方政府可以常年分享的财政收入重要而稳定的来源，只有这样，才能使地方政府摆脱“土地财政”的依赖，而逐步转向其应主要的承担的公共服务的职能（田莉，2013）。

3. 土地管理职能重构，规范国有土地出让收益管理

刘守英（2012）针对我国以地谋发展的模式的风险分析，提出了改革“土地财政”的建议：把土地经营职能分解出去。考虑成立类似国资委那样的国有土地资产管理委员会专门负责组织领导经营国有土地方面的工作；把经营土地的职能剥离出去以后，进一步明确和细化各级土地管理部门要行使的土地管理职能；把经营土地的职能剥离出去以后，进一步明确和细化各级土地管理部门要行使的土地管理职能；规范国有土地出让收益管理和监督使用。明确国有土地经营收益不能成为政府财政的当期盈余。专司土地经营的机构获得的国有土地出让收益，应进入与政府财政相分离的专门账户，由专门机构统一管理。土地出让收益的使用应经过本级人民代表大会审批。

4. 重构土地收益分配关系，完善土地治理结构

土地城镇化进程中出现的种种问题，核心根源在于土地增值收益分配的不公平。宋敏（2006）等对浙江省的一项调查表明，以征地成本价为100%计，被征土地收益分配的格局大致是：地方政府20%～30%，村级组织25%～30%，开发企业40%～50%，农民仅享有5%～10%。由于土地开发所产生的土地巨额增值收益，大部分被中间商或地方政府所获取。这也直接刺激我国城市在低成本的基础上大肆扩张，并衍生出土地利用绩效偏低、征地过程中的社会动荡、贫富差距过大等一系列问题。

合乎公共利益的优良的土地制度，应让各个利益主体都享受到土地增值带来的发展机会。在我国未来的城乡发展中，首先，进一步明晰农村集体土地产权，明确土地收益受益主体，使得集体组织和农民获得与其权益相匹配的收益，共享城镇化的果实。其次，改变以GDP和城市形象为标准的考核制度，规范

国有土地出让收入分配，严格界定国有土地出让收入的支出范围，强化土地的福利功能。最后，完善土地出让收入制度，优化土地出让的支出结构，建立对被征地农民补偿标准调整机制，增加土地出让收益用于农村和农民的比例（田莉，2013）。

二、人的半城市化

（一）人的半城市化内涵

人的半城市化是城镇化过程中的另一种突出的异化现象（何为、黄贤金，2012）。城市化是一个长期的过程，从微观的角度来看，城市化的过程是乡村人向城市人转变的加成。城市人和乡村人可以看作是“人”的城市化过程的两个端点，而人的半城市化就是处于两者之间的状态；我国学者王春光（2006）认为，人的半城市化指的是农村人口向城市人口转化过程中的一种不完整状态。而从实际的状态特征来看，“半城市化人”不仅仅包括处于中间状态的农村人口，同样也包括处于从小城镇向大城市迁移的城市人。

专栏 8–1

中国城镇化率

人口的大规模流动是城镇化过程中的一个突出现象。中国社会科学院发布的《城市蓝皮书 2013》指出，2012 年中国城镇中农业转移人口处于快速稳定增长阶段，现有总量约 2.4 亿人，占城镇人口的 1/3 左右；全国按户籍人口计算的城镇化率仅有 35.29%。由于成本障碍、制度障碍、能力障碍、文化障碍、社会排斥以及承载力约束等方面的影响，农业转移人口市民化进程严重滞后。农业转移人口在政治权利、公共服务、经济生活、文化素质等各个方面与城镇居民的差距均较大。综合测算表明，2011 年全国农业转移人口市民化程度仅有 40% 左右，以此计算，中国真实的完全城镇化率只有 42.2%，比国家统计局公布的常住人口城镇化率低 10.4 个百分点。

卫生计生委日前发布的《中国流动人口发展报告 2013》显示，2012 年我国流动人口数量达 2.36 亿人，相当于每 6 个人中有一个是流动人口。清华大学的城镇化报告指出，根据国际城市化的发展规律和中国社会经济发展趋势，目前一些较为保守的估计也认为，未来 20 年左右的时间内，中国社会还将有 3 亿多农村户籍人口向城市和城镇转移。

资料来源：潘家华，魏后凯编．城市蓝皮书 · 中国城市发展报告 NO.6：农业转移人口的市民化 [M]. 北京：社会科学文献出版社，2013。

2012年，中国城镇化率达到52.57%（国家统计局，2013），与世界平均水平大体相当，城镇化发展取得显著成效。然而社科院发布的2013年《城市蓝皮书》中显示，2012年中国真实的完全城镇化率仅为42.2%（完全城镇化率包括部分已经转变为城市人口但是并未登记在户的人群），两个数据相差10.4个百分点，约1.4亿人；根据相关资料显示，2012年，中国户籍城镇化率仅有35.29%，常住人口的城镇化率与户籍人口的城镇化率相差达17个百分点，约2.4亿人（潘家华等，2013）。

（二）天差地别的两类"半城市化人"

城市化从机制上有自上而下和自下而上两种过程，从空间上包括原有城市的扩张与新城市的诞生，人的城市化过程也存在两类方式，一是乡村人口向城市的迁移，二是本地乡村人口随着地区的发展逐步演变为城市人口。在这两个过程中，都可以出现所谓的半城市化人，然而这两类人的生存状况却是天差地别。"离土离乡"的半城市化人与"离土不离乡"的半城市化人，虽然同样在一个过程中，境遇却不可同日而语。

专栏8–2

半城市化地区的百万富翁

1995年，重庆边缘的六公里村是一个穷困的小村庄。重庆成为直辖市后，城市迅速发展并向周边扩张，2010年，六公里已经被快速发展的城市吞并，成为城中村。这里从15年前破屋乱瓦的景象变成了一片繁华的景象，借村庄土地流转制度之便，村长徐钦权带领村民对村里的土地进行功能流转开发，建设了大量的住宅楼供给来重庆打工的外来人口。村民靠房租的收益已经远远超过了从事农业生产的收益。

珠三角地区城中村是城市景观中的一大特点，改革开放后，城中村的原村民借当地发展迅速、外来人口众多的优势，自建大量的住宅楼以供出租，由于缺乏管制和统一规划，出现了大量的"牵手楼"。但是原村民却通过密集的建设获得了非常之高的租金收益。

资料来源：（加拿大）道格·桑德斯．落脚城市[M].陈信宏译．上海：上海译文出版社，2012。

第一类离土不离乡的半城市化人，这类人群只占了半城市化人群中的一小部分，并且多半分布在经济较发达地区的乡村地区或者是处在大中城市边缘的郊区或乡村。这一部分处在城市门口的人，在城市快速发展过程中，享受到了城市发展带来的土地增值的收益、基础设施扩张的收益等，甚至于有相当一部分人成为百万富翁、千万富翁乃至亿万富翁。

另一类从乡村向城市迁移的半城市化人可以说是离土离乡的半城市化人，准确地说是流动人口，这类人群占据了半城市化人群的主体，农民工是这类人群的典型代表，另外还包括大量的城市流动人口，如北漂族或南漂族，生活工作在北京、上海等大城市的城市人口，同样不能完全享有当地户籍人口的社会福利待遇。

这部分半城市化人是城镇化过程中的难点与焦点，流动人口尤其是农村流动人口在城市生活的状态普遍较差，租借在狭小的房子或者工棚中，为生计奔波劳碌，遭受同工不同酬等不公待遇，却难以享受城市各方面的福利待遇；为城市缴纳税收，承受城市快速发展带来的物价、地价提升的生活压力，却很难分享城市发展带来的收益。

（三）流动人口的人群特征与问题

1. 流动人口的人群特征

21 世纪以来，流动人口表现出如下人群变化特征：

1）规模不断扩大，农村流动人口占比上升

第六次全国人口普查的数据显示，2010 年中国农村流动人口约为 1.53 亿，占全部流动人口的 63%（总共为 2.44 亿人），相对于“五普”数据，在总量和占比上都有所提升，因而导致的城乡户籍矛盾，公共服务、基础设施和社会福利供给与人口分布脱钩等问题更加严重。

2）人口流动家庭化趋势明显，对公共设施需求量增加

根据相关数据统计，流动人口的年龄主要集中在 25 ~ 49 岁之间。而这部分人正处于婚恋或养育子女的阶段。据相关调查显示，抽样的流动人口中 63% 为已婚人口，其中 85% 与配偶居住在一起，人口流动的家庭化趋势已经非常明显。伴随这一趋势，流动人口所带来的社会服务需求、基础设施需求种类与数量将明显提高。

3）受教育程度在逐步提高

流动人口的受教育程度在逐步提升，2012 年，新一代劳动年龄的流动人口平均受教育年龄为 10.6 年，较上一代增加了 1.7 年，流动人口中受过高等教育的人群成倍增长，蚁族是其中的典型代表。

4）农村流动人口低龄化

根据《中国流动人口发展报告2013》数据统计，新一代的农村户籍流动人口首次外出的平均年龄为 19 岁，较上一代约小 7 岁，其中 20 岁之前就已经外出的比例达到 75%。流动人口的整体年龄低龄化趋势明显，这一结果也受

到在外地上学学生增多的影响。

2. 流动人口所面临的问题

1）居住空间边缘化

流动人口，尤其是农村流动人口是城市低租金、非正式的房屋租赁市场的最大主顾，企业和工地宿舍条件非常恶劣，十多个人乃至几十个人拥挤在有限的空间里，由于松散的规划管理，城中村成为了流动人口最为集中居住的地方，成为半城市人在城市生活的基地。

2）生活孤岛化

流动人口往往生活在城市隔离的“孤岛”中，在城市中缺乏完整的社会关系网络，并且由于文化或者思想的差异，很难建立与居民的关系网络；由于大部分流动人口收入较低，很难享有城市公共空间生活。绝大多数流动人口在城市中过着居无定所、与家人分离无法享有家庭生活等非正常化的生活，产生诸多社会问题。

3）遭受社会歧视与不公待遇

由于我国历来的城乡分隔，造成了城市居民和乡村居民、大城市居民和小城镇居民之间社会文化、思想观念的差异，甚至产生了严重的隔阂。城市居民对流动人口，尤其是对农村流动人口的歧视已经成为严重的社会问题。流动人口在城市中经常遭遇不公正的待遇，如企业拖欠农民工工资的现象屡次出现，城市管理部门置之不理；欠缺基本的社会福利保障；子女难以在当地学校接受教育等等，城市生活对于流动人口而言举步维艰。

4）难以照料家人

农民的半城市化也对农村带来了一系列问题，大部分进城务工的农民还要把“根”留在农村，而农村人口向城市的流动往往只有青壮年劳动力，导致村庄里大量的留守儿童和老人无人照顾，造成农村严重的空心化和老龄化。

（四）难以跨越的制度高墙

1. 涉及权利的户籍制度

在我国，横在农村人口和城市人口之间的最大障碍是制度障碍，并且以“户籍制度”为首。中国自新中国成立以来一直采取城市偏向战略，为了保证新中国成立初期完成初始的资本积累，保证主要资源集中于少数人的城市，推行了严格的户籍制度，限制人口在城市与乡村之间自由的迁徙，并且集中资源与财力，投资城市、发展城市。在教育、医疗、社会福利与社会保障、公共服务设施、基础设施等众多方面，城市人口分配到更多资源，政府、企业与社会对城市人口的投入更大。“户籍”制度无形中成为乡村人向城市人转变的一道难以跨越的高墙。

户籍制度之所以如此有影响力，是其涉及权利的分配，户籍与个人所享有的社会福利、教育、医疗资源以及其他基础设施和公共服务密切挂钩。近年来，农村虽然已逐步建立起新型农村合作医疗、新型农村养老保险和农村低保等社会保障项目，但是相对城市而言农村社会保障依然存在着项目不全、覆盖面狭窄、保障水平低、社会化程度低等一系列问题。流动人口所拥有的养老和医疗水平很低，如果一味地将这部分人员的待遇提高到城镇户籍人口的水平，势必会给社保资金带来压力，加重养老金缺口的程度。国家统计局公布的数据显示，2012 年中国城镇化率达到 52.57%，但只实现了 35%的户籍人口城镇化率，这意味着，还有 2.5 亿左右的流动人口难以享受到城镇基本社会公共服务，如果实现城乡社会保障并轨，仅以这部分数据估算的话，那么仅城乡养老保险的资金缺口就会高达 30.69 万亿元，其中企业需要承担的约 23.22 万亿元。

农业人口向城市转变还存在其他的门槛条件，包括社会、文化以及心理的障碍等，然而这些问题都可以认为是由于深刻而长久的“户籍”制度造成的，长期的“户籍”分隔了城乡沟通，加剧了城乡差异，在这种环境下，社会歧视、文化隔离必然产生。

专栏 8–3

农业人口向城市人口转变的成本计算

按照中国社科院发布的 2013 年《社会蓝皮书》的统计数据，将农村人口向城市人口转变的成本划分为：（1）公共成本——指政府为农业转移人口所提供的各项公共服务、社会保障以及基础设施扩建所需要的费用；（2）企业成本——依据国家劳动合同法规定，企业必须为员工提供的必要劳动条件、劳动保护、福利报酬以及需缴纳的各项税费；（3）个人成本——主要包括农业转移人口及其家庭在城市定居所需的生活、发展费用。

2012 年，城镇基本养老保险和新农保的参保率分别呈上升趋势，其中，城镇职工人均养老金水平已达 2.09 万元，新农保为 859.15 元，两者养老金水平相差 24 倍之多。

按经济发展水平，以东、中、西部地区进行划分，农民工市民化的人均公共成本分别为 17.6 万元 / 年，19.4 万元 / 年和 10.6 万元 / 年，全国平均约为 13 万元 / 年。

资料来源：潘家华，魏后凯编 . 城市蓝皮书 · 中国城市发展报告 NO.6：农业转移人口的市民化 [M]. 北京：社会科学文献出版社，2013。

2. 制约农民市民化的土地制度

土地制度是阻碍农业人口市民化另外一个重要制度障碍。在现行土地制度下，大量农村集体土地转变为城市国有土地，城市在此过程中获得了巨大的收益，然而大量的失地农民却未能享受城镇化所带来的好处（李忠，2005）。农村土地征地补偿标准远低于城市土地，根据现行法律，征用农村集体用地变为国有土地需要给予农民补偿费用，包括土地补偿费、安置补助费以及地上附着物和青苗补偿费；土地补偿费和安置补助费的总和不得超过土地被征用前三年平均年产值的 30 倍。而按照我国东部地区一般耕地年产值 800 元左右计算，每亩土地补偿费至多 2 万多元。并且征地补偿费用由集体统一支配，经过乡（镇）、村、组的层层截留，真正到农民手中的少之又少。农村土地被征用转变为建设用地后，出让价格会直线上升，巨大的差额收益完全被政府所得，转而投入城市发展建设中。农村集体土地具有很高的价值，但是由于国家对农村集体土地流转的限制，农民无法获得土地及房产的增值收益，农民通过土地提升自身利益的途径完全被土地制度制约。这一流转制度限制了农民经济收入的提升，加剧了城乡之间的差距，导致了农民进城成本的进一步增高。

（五）推进流动人口市民化的策略

1. 推进户籍制度改革，逐步消除户籍差异

要推进流动人口的市民化，必须消除城乡二元差异，户籍制度改革是重中之重。但是户籍制度改革却不能操之过急，我国城乡收入和福利差距非常大，如果户籍制度一次性消失，对于政府以及城市将会造成巨大的压力，并有可能导致社会服务体系与基础设施体系的崩溃。户籍制度改革，需要逐步剥离户籍制度的福利分配功能，而仅保留其管理作用，首要任务是消除城乡公共服务的差距，建立城乡统一的基本公共服务体系，逐步提高农村公共服务供给水平，缩小城乡之间公共服务的差距。

户籍制度改革的另一主要措施是将流动人口市民化方式由“高门槛、一次性”向“低门槛，阶梯式”转变，现在已经推行的居住证制度正是该思路的一种实践方式。流动人口在此过程中将逐步享有市民的所有福利待遇，相对提高了公平性，也体现了权利义务的对等性。

需要指出的是，我国福利支出的责任主要由地方政府承担，有关数据表明，教育卫生方面地方政府担负了近 80%的投入，对于大城市而言，这一比例更加突出。在这种机制下，地方政府很难有为新落户人口提供公共服务的积极性。因此，福利支出机制的改革将对户籍制度改革、流动人口市民化产生重要影响，

建立中央地方较为合理的社会福利支出分担机制将有利于推进城镇化发展。

> 专栏 8–4
>
> **上海居住证制度**
>
> 上海市持有居住证或者临时居住证的居民享有的权利包括：
>
> 子女义务教育；免费享受国家规定的基本项目的计划生育技术服务；享受计划免疫等传染病防治服务；参加社会保险并享受相关待遇；在本市申领机动车驾驶证、办理机动车注册登记手续；申请、申报本市科技项目和奖励；可被行政机关聘用；参加本市专业技术职务的任职资格评定或者考试、职业（执业）资格考试、职业（执业）资格等级；在本市办理因私处境或出国；参加本市劳动模范、三八红旗手等评选。
>
> 资料来源：中国流动人口发展报告 2013[R]. 北京：中国人口出版社，2013。

2. 推进土地制度改革

当前的土地制度制约了农民向城市的迈进，土地制度改革应对土地管理制度、土地使用制度、土地征收制度，土地收益分配制度等各项制度安排进行系统的配套改革，并着眼于提升农民从土地中获得的收益，逐步放开农村集体土地流转市场，给予农民一定的主动权，使农民可以"带资进城"。土地可以说是农民的重要资产，然而由于农村土地的产权归集体所有，导致农民离开农村进入城市时无法有效的处置农村的集体资产，因此资产确权是土地制度改革的重要方向；同时需要合理分配土地增值收益，针对农村资产管理，建立有效的保障机制，并培育城乡一体的土地要素市场。

3. 加强流动人口的住房保障措施

随着我国流动人口的不断增加，流动人口在城市居住已经成一个较为突出的问题，对于农村流动人口而言更显其困扰，甚至已经衍生出社会安全问题；虽然农村流动人口已经被纳入城镇住房保障体系，然而实际的保障效果极其微弱。本章对于加强流动人口住房保障措施的建议包括以下几个方面：

（1）推进土地制度与住房制度改革，通过建立宅基地及农村住房的自由交易市场，提高农民流入城市的住房支付能力。

（2）通过专项财政补贴改善流动人口的租房居住条件或支付能力。

（3）多渠道提供流动人口廉租房：合理引导城中村或城边村自建房建设，提供流动人口适宜的租住房屋，作为政府廉租房开发的补充。

三、城中村

（一）城中村的产生

1. 关于“城中村”的形成背景

目前一般认为我国实行的城乡二元土地制度是“城中村”产生的主要原因。田莉（1998）认为快速城市化时期城市用地的迅速扩展和政府调控力度不足是“城中村”产生的根源；郑静（2002）则认为土地管理制度是城中村产生的直接原因。对于土地出让中经济补偿数额的多少，“城”“乡”双方并非总能顺利达成一致。为降低补偿成本，也为了避免处理与“城中村”相关的一系列复杂的社会管理问题，城市在征地中有意避开城中村，村镇也乐意保留原有的居住方式与社区关系，这是城中村产生的直接原因；李培林在《巨变：村落的终结》一文则认为“城中村”的产生与城市土地和房屋租金收益的刺激有关。刘中一等认为以村籍为边界的高收入和高福利是城中村形成的重要原因之一。

2. “城中村”的界定

“城中村”，顾名思义，即城市中的村庄。目前学术界对“城中村”含义的界定并没有统一的认识，人们对“城中村”的定义也往往停留在具体描述的层面上。我们认为“城中村”是指那些已经纳入城市总体规划所划定的城市范围之内，土地集体所有，行政上设立村民委员会且隶属于乡镇，居民为农业户口且在习惯上仍称为“村”的社区聚落。因此，一个行政村成为“城中村”，至少应具有如下 4 个基本特征。从地域空间范围上看，“城中村”应该在城市总体发展规划所划定的城市范围之内。从土地的所有权属来看，“城中村”的土地是集体所有制而非国家所有，这一点是“城中村”的核心特征之一，也是“城中村”问题的核心所在。从行政体制上看，“城中村”的基层组织仍然是村民委员会，在行政隶属上仍然是乡镇体制。从居民的户籍上看，“城中村”的居民仍然是农业户口，在理论上他们仍然拥有耕地，虽然耕地的数量实际上往往很少甚至已经没有。居民的收入也往往来自非农业生产，如自建房出租、集体物业分红等。

（二）“城中村”现象的深层分析

1. 城市化滞后于工业化是“城中村”形成和发展的直接原因

“城中村”是我国农村城市化进程中出现的一种独特现象，是与我国特殊的国情紧密联系的。我国的城市化进程，是在从计划经济向市场经济转变过程中进行的，带有很明显的中国特色。改革开放以来，我国几乎所有的城市特别是那些大城市和特大城市都经历了并正在经历着快速的扩张，这也是“城中村”问题在大城市和特大城市中特别突出的原因之一。这样快速的发展一方面适应了我国改革开放以来的快速的工业化的要求，另一方面也带来了城市化的质量不高和城市内在素质低下的问题，“城中村”就是问题之一。

1）城市工业化进程快速发展带来的城市在地域上的跳跃式发展

改革开放以后，我国的经济特别是那些大城市和特大城市的经济快速发展，工业化进程进一步加快。由于改革开放前城市内部空间布局的紊乱，各个城市的老城区内功能分区不明确，混杂分布了大量的工业、服务、居住等用地，发展空间不足，环境不佳。因此，为了降低工业发展的成本，很多城市都选择了到老城区之外的新区寻求发展的道路，建立了大量的卫星城、开发区、工业园，甚至有些城市将城市中心或副中心转移到郊区。由于这些开发的新区往往选址于与老城有一段距离的城市郊区，因此，在他们和老城区之间的间隔区域分布的行政村就成了大量的“城中村”。

2）我国城市化长期滞后于工业化直接促进了“城中村”的形成

城市化率滞后于工业化率。在中国的城市化进程和工业化过程中，城市化率始终滞后于工业化率。城市化率明显偏低，带来了严重的后果。体现在以下方面：

（1）城市化的滞后阻碍了农村人口向城市转移。城市化的滞后影响了工业化的正常发展，而工业化又是农村人口向城市转移的有效途径。城市化发展的滞后为农村人口向城市转移设置了层层障碍，如户籍制度的改革、社会保险和医疗保险制度的改革等等。城市化的滞后阻碍了第三产业的发展，二第三产业是农村人口向城市转移的又一重要途径。

（2）城市化的滞后导致了城市的管理缺位。城市管理缺位的具体表现为：城市生活环境的恶化，治安事件屡禁不止，城市土地利用率低，大量侵占农田。

（3）城市化的滞后影响了国民素质的提高。由于城市化的滞后，导致农村人口比重过大，不利于国民素质整体水平的提高。大批农民被隔离到工业化过程之外，分享不到工业化带来的成果，使城乡居民收入差距拉大，进一步减少了农民受教育的机会。

综上所述：一方面城市化的滞后阻碍了“城中村”人口向城市转移，抑制了“城中村”人口的素质提高。另一方面对农村的人口的大量涌入，但城市的管理无法跟上，本来就不完善的“城中村”生活环境每况愈下，终究形成了现在的“城中村”。

2. 土地所有权制度的“二元”结构是“城中村”形成的内生原因

土地所有权制度的二元结构即“城中村”的土地集体所有与城市土地的国家所有的二元结构。可以说，土地问题是“城中村”问题的核心，“城中村”问题的形成、发展乃至问题的解决都集中在这一点上。根据我国的宪法规定，“城市数据来源于各年《中国统计年鉴》的土地属国家所有，农村和郊区的土地，除法律规定属国家所有的以外，属集体所有，宅基地和自留地属集体所有”。因此在这些“城中村”被纳入城市总体规划范围之内的时候，他们的土地保留了集体所有制。在这样的集体所有制下，农民原则上享有土地的占有、使用和收益权。为了便于农村集体所有土地的管理，我国的相关政策又规定了行政村享有土地非农使用的初审权。而“城中村”的一个重要特点就是土地的非农使用且地价昂贵，因此在政策允许、政策空白和“上有政策、下有对策”的背景下，很多“城中村”都利用其土地的集体所有制和有利的区位积聚了大量的财富，村民和村集体形成了一个极具内聚力的利益共同体。在市场经济的大潮下，他们对形成他们几乎一切经济来源的土地有着特别的敏感。同时由于城市规划对集体所有制的土地无能为力，村民为了尽快获得更大的既得利益，极力抢占空间建房，以便在“城中村”的改造到来之前获得更大的收益，并在“城中村”改造时获得更多的国家补偿。这一切都给“城中村”的改造带来了巨大的成本。

(三) 城中村的主要特征及负面影响

1. 城中村的主要特征

根据城中村的形成发展过程中，乡村与城市交融程度、村落用地形态、主要经济成分等的不同，城中村的发展可分为以下四个阶段：聚落阶段、城乡结合部阶段、城中村阶段、城中村瓦解阶段。四个阶段的具体特征为：传统农村居住聚落、城乡接触、城乡冲突和完全城市化。经过上述四个阶段，城中村完成了从形成、发展到消失的过程，因此，也称为城中村的四阶段“生命周期”。

城中村直接脱胎于农村社区，还没有转化成真正的城市社区，既带有典型农村社区的特征，也具有某些不成熟的城市社区的特点，可以说是生长在城市中的农村社区，成为转型中的传统农村社区与城市社区的混合体。在这个混合体中，农村传统生产生活方式与现代城市生产生活方式交流融合与摩擦冲突并存，本土文化与外来文化互相碰撞，社区结构比较复杂，管理难度较大。城中村的基本特征如下：

1）地域空间特征

由于城中村原来就是农村社区，随着城市规模的不断扩大，逐渐被包围在城市建成区内，地处城乡结合部或城市边缘区。由于土地已经被征用或大部分被征用，农业用地已不断减少或基本消失。主要空间特征为：①土地利用混杂：城市用地与农村用地、非农用地与农业用地相互交错、界限模糊，空间关系复杂化；村内厂房、仓库甚至危险品仓库与居民混杂，布局混乱。②建设开发无序：在城乡结合部由于建设管理的混乱，违法、违规建筑现象非常普遍。缺乏统一规划，建设布局零乱，建筑容积率高，人口拥挤。③环境脏乱不堪：以单家独户为特色，各户之间互不相连，但间距极小，以致村内建筑密度往往高达70%以上甚至90%。采光、通风等条件极差加上道路狭窄、弯曲，更难以满足消防要求，一旦失火，势必火烧连营，隐患极大。此外，还有道路等级低且不成系统和配套设施不足、市政建设落后等特征。

2）社会特征

城中村暂住人口的比例常常高于本地人口，人口密度高，人口聚居规模大。另外，城中村社区成员异质化程度高，职业群体构成比较复杂，尤其是大量暂住人口的来源、经历、从业动机差异较大。居住在城中村的外来人口主要为年龄20左右至30岁之间的农村剩余青壮年劳动力，工资水平都不高，他们的工作、生活、收入、消费都依托城市，在达到一定年龄或经济实力达到一定程度后就会离开城中村而回到农村或完全融入城市，具有较强的流动性。

3）经济特征

城中村由于基本没有了农业用地，因而产业结构多以第二、三产业为主。城中村集体经济一般较强，集体经济收益主要来源于土地收益、物业收益和村办企业。城市建设征地的补偿是城中村集体经济收益的一个重要来源，越靠近市区的土地征用补偿费用越高。由于大量的外来人口涌入城市寻找就业机会，对交通方便、管理松弛的低租金出租屋的需求相当旺盛。加之村民拥有宅基地，因而靠近市中心区城中村的出租屋收入相当可观，形成了独特的出租屋经济。

2. 城中村的负面影响

1）阻碍城市现代化进程

城中村被包围在城市用地之间，建筑拥挤、用地布局混乱、环境卫生质量差，与周边的城区面貌格格不入。首先严重影响了城市综合环境质量，不利于城市形象和城市品位的提高；其次影响城市投资环境，不利于生产力的发展；再次，随着村民乱占乱建行为的升级，城中村改造的难度也逐年加大，进而影响城市的整体建设和管理水平。

2）降低城市土地的效率

城中村土地利用的低效造成城市土地资源的严重浪费。城中村占据着宝贵的城市用地，但由于法制观念的淡薄及受到经济利益的驱使，村民“乱占乱建”、“少征多占”、“占而不用”的现象十分突出。有些村民以建房为由圈土地，乡镇企业也大量占有土地。村里的土地资源由于缺乏统一规划和管理，造成土地的占有率高，利用率低，产出率更低，形不成规模效益。同时也破坏了城市土地利用的整体性，使城市在规模扩大时只能在外延空间寻找新的土地资源，而缺乏内涵型发展的空间。

3）不利于城市精神文明建设

由于缺乏有效的监督管理，外来人口膨胀，城中村的“出租屋经济”不仅冲击了正常的房屋租赁市场，而且往往成为滋生“黄、赌、毒”的温床，给社会治安造成极大的压力。同时，私房出租的巨大收益，造成不少原村民无所事事，过着奢靡堕落的生活，成为游手好闲、唯钱独尊的“二世祖”。这一系列的社会问题伴随着城中村的成长而存在，对城市的精神文明建设产生及其不良的影响。

（四）城中村改造的现实意义和改造思路

1. 城中村改造的现实意义

城中村转型发展是城市化发展的迫切需要。城市化是人口、产业、资本和市场向城市集中的过程，其中农村剩余劳动力和农村人口向城市集中是城市化的基本特征。我国目前这种城市化水平滞后于工业化的现象是我国经济结构调整中的一个大问题，它制约了工业化和市场化的发展进程。

1）城市土地高效利用的需要

对城市的宏观发展而言，城中村的土地利用低效，未能发挥土地的最大经济效益、社会效益、环境效益。很多“城中村”占据了城市比较优越的区位，但是在开发建设的水平上却远远落后于城市地区。在我国土地资源日益紧缺，改造“城中村”、盘活效益低下的“城中村”土地已经成为历史的必然，合理改造将会大大促进城市土地潜力的提高以及城市经济的发展。

2）加快城市化进程的需要

“城中村”的改造不同于城市中的旧城改造，被认为是城市化进程中最大的难题。宅基地、自留地以及工业用地，祖屋、新房、出租房，合法产权以及违章、违法建筑，形成复杂纷繁的土地、房屋关系；村民、集体、开发商以及全社会利益，村民的眼前利益和长远利益，多方利益交织在一起。有人把改造

“城中村”比喻为“第二次土改”，可见其复杂性。加快城市化进程，其主要任务是提高城镇化水平，是城镇化与工业化、市场化的发展相匹配，形成同步发展、良性互动的状态。“城中村”是我国农村城市化进程中出现的一个特殊历史性现象，积极妥善解决城中村问题，促进其经济管理体制和社会管理体制向现代化城市管理和方式转变，使“城中村”真正融入城市发展，对于加快城市化进程具有举足轻重的作用。

3）城中村自身发展的需要

加快“城中村”的改制和改造也是“城中村”本身经济和社会发展的迫切需要。目前，“城中村”以出租屋、集体经济分红等作为主要经济收入来源，这种发展方式已经越来越缺乏后劲。城中村经济进一步发展必须要有与其相适应的经济组织形式，即以股份制的方式促进原有村集体经济组织向公司转变。此外，村委会因受自身条件和工作对象范围的限制，无法适应城市建设和管理的需要。“城中村”在教育、卫生、城建、治安等各方面向社会化转变，需要村民向市民转变，这对于“城中村”来说是新的考验，也是进一步发展必须作出的选择。

2. 关于“城中村”改造的思路

解决“城中村”的对策在于从体制入手，改革土地、人口与城市管理体制。“只占地，不管人”，使城中村社区仍停留在松散落后的传统农村状态，没有同步实现人的城市化。为实现“城中村”的转型，必须改革城市土地、人口与规划管理体制。建议将村镇改制与城市扩张结合起来，做到既征地又管人，使就业居住性质与户口性质同步转变。规划先行、政策灵活是“城中村”问题得以解决的前提条件。只有规划先行，才能突破“二元管理体制”的局限，提高土地的利用率；只有政策灵活，才能根据不同情况，统筹兼顾，做到合理合法，又不失公正、公平。

“城中村”改造应作为一项综合性的社会工程来对待，在实施改造之前超前调整政策，建立一整套相互支持的政策系统，从经济基础和社会结构上动摇“城中村”存在的基础；同时对村民的既得利益给予合理的保护，形成改造后村民转化为城市居民的一系列社会保障措施，消除村民因经济利益问题而产生的对抗情绪，引导村民在经济和社会生活方面融入城市社会，适应城市经济和社会的生活方式，才能为“城中村”的改造创造有利的条件。

1）改造目标设定

当前对“城中村”改造的长远目标已趋于共识，即：“城中村”成为城市的有机组成部分，应消除城乡差异，实现城市的协调发展，完成原住民向市民身份的转变，因此不仅现有的行政和社会结构要改变，而且管理体制、设施标准、景观环境等都要求基本统一。实施“城中村”改造后，原集体经济实现可持续发展，能为原住民提供强大的经济和精神支柱，能提供外来暂住人口廉价住房，能有效推进改造的顺利进行，并最终融入城市经济发展中。

根据这一目标要求，必须做到以下几点。一是空间融合。通过对建筑空间实体及各类配套设施的改造，改善城中村的生活环境，将城中村的土地按照城市规划进行统一利用，完善城市用地布局结构，营造整体协调的城市面貌。二是管理融合。按照现代城市社区建设的要求，完善城中村的管理体制和社区组织体系，将城中村纳入城市管理的统一法制秩序。三是经济融合。将城中村的集体股份合作公司改造成为参与平等竞争的市场主体，集体和原村民的经济来源由过度依赖于物业出租转型为多元化的产业经营，融入城市产业发展体系，实现可持续发展。四是文化融合。妥善保护城中村的珍贵历史文化遗存和优秀地方文化传统，打破封闭的文化心理，使城中村居民融入具有特色的现代都市文化。

2）改造模式的选择

城中村改造思路是：根据城市自身特点与条件，针对不同类型的城中村，在统一规划的前提下，进行个性化规划设计，要做到“一村一策”，“一村一模式”；既根据具体情况保留出租屋，壮大集体经济，又兼顾开发商收益。针对不同的改造目标和现状情况，有不同的改造模式可供选择。例如，有的改造仅仅是局部建设，有的则是整体推倒重来；有的以拓宽开敞空间、完善配套设施为主，有的则以改变私人居住环境为主；有的就地拆迁安置，有的则采取土地置换的方式实行整村搬迁。

3）改造中若干难点分析

一是资金问题，旧村改造资金需求巨大，单一资金来源往往难以满足改造需求。二是来自村民的阻力，出租屋实际上已经成为村民家庭经济收入的重要来源甚至主要来源。如果实施旧村改造，必然在一定程度上引致出租收益的损失；此外，尽管居民普遍认为村内现状居住环境差、希望改善，但传统的家庭经济模式与居住模式以及关于“祖屋”的观念使得村民是不希望离开祖屋、希望保留单家独院的居住方式。三是容积率问题，“城中村”特别是成熟的“城中村”现状建筑密集，其容积率往往已经超过城市规划要求的规划容积率。若严格按规划控制的容积率执行，则全部回迁已经困难，更无须考虑改造后需要增加的公共设施与绿地。四是政策限制与市场化的困难，按现行土地政策，“城中村”的自留居住用地、自留工商用地等建设用地均属集体用地性质，因此可用于建设村民住宅、村的公共设施、村集体经济发展二、三产业，但不能转让，不得建房出售。在这样的背景下，旧村改造的融资、开发商的介入等在操作上面临困难，市场化的改造方式难以实现。

4）城中村改造策略

（1）规划先行、促进空间融合

城市规划是引导城市土地最优化利用的有效途径，它应当体现的是土地使用的社会价值、市场价值和生态资源价值的协调统一。因此，“城中村”的改造必须服从城市的整体规划与布局，“城中村”应在总体规划的框架下，结合城中村各自的特点进行规划设计，制定出具体的改造方案。加强对“城中村”的土地利用进行规划，对其建筑式样、建筑高度、建筑密度、容积率及绿化率等方面进行调整并使其与整个城市功能分区、建设相协调，提高城中村土地价值和整个城市土地的最优化利用。

首先，应在对城市总体规划及相关规划充分研究的基础上，明确“城中村”在城市规划区内所承担的功能定位，并从城市整体发展目标，提出“城中村”总体改造策略。由于“城中村”处于城市的不同位置，分布相对零散，其发展特点和阶段存在着较大的差别。因此，“城中村”改造规划在城市总体规划的基础上，须编制由整体到局部的多层次规划体系。在全局的层面上，提出对“城中村”改造的指导思想、改造时序，明确总体改造策略。

其次，根据对“城中村”的发展前景的判断，在充分考虑地区环境背景及相关政策的背景下，充分调查“城中村”发展现状，包括“城中村”本地户籍人口和流动人口，集体经济组织、社会管理等发展情况，以及“城中村”范围内建筑的性质、质量、高度等，摸清“城中村”的家底。在对“城中村”现状充分认识的基础上，综合上层次规划要求，针对规划所需要解决的主要问题提出有利于“城中村”长远发展的改造具体思路，具体内容包括“城中村”不同分区的改造模式、功能定位、改造时序、开发强度等内容。

此外，将城中村改造规划法定化。过去城中村的无度发展和违法建筑的无序建设都有法律缺陷的原因，合法与违法之间的界定不清、政府行为的法律依据不足是造成顶风抢建的根本原因之一。所以首先要形成一个好的法律体系，把城中村的范围、作用、问题、治理原则、惩治条件和方式、政府责任、城市规划的法律效力等都说清楚，变成法律，是非常必要的。这方面可以参考香港的做法。为防止任何人士在未开发的政府土地及私人农地上非法兴建低质素非法房屋，即“寮屋”，香港房屋署对现存的寮屋及其用途作了详细的记录，“寮屋”管制人员对寮屋区进行日常巡逻及定期检查工作，任何非法扩建或新建的寮屋均会即时被拆除,有关人士更可能被检控,从而有效地控制了非法兴建“寮屋”的蔓延。

（2）以土地利用统一管理为核心、促进管理融合

早期的城市化过程中，政府在征地中有意避开城中村，其目的是降低补偿成本，同时也避免了与城中村相关的一系列复杂的社会管理问题。换言之，政府是将城中村的社会管理交给了农民，即村集体股份公司或村委会。城中村的社会管理与“外部”的城市社区管理一起,构成了目前城市的“二元结构管理”。这种“二元结构管理”的外在表现就是，城中村得不到相应的政府公共服务，社会管理能力明显不足；城中村外的社区享受各类政府公共服务，社区管理井然有序。其后果是，原城中村逐渐成为城市海洋中的“孤岛”，最终变成城市管理的“盲区”。要改变这种状况，就必须把目前城市与城中村的二元结构管理转变为一元化管理，把城中村改造成和谐的新社区。

土地的集体所有制和宅基地政策是“城中村”形成的最主要原因，因此积极转变“城中村”土地利用管理模式是其成功改造的关键。在我国，乡村土地为国家和集体所有，农民拥有土地使用权或承包权，但土地所有权、使用权、承包权和产权的法律边界尚未明确，难以有效而充分地实现土地的转让、转租、抵押、入股和买卖。可以从土地产权改革入手，促进“城中村”土地利用管理模式与城区土地管理模式相统一。集体土地国有化改制，是指集体经济比较发达、整体建设水平较高的城市周边地区或城市内部的村镇在城市化过程中，以农村集体经济组织成员全部由农民转为城市居民并实现村镇建制向城市建制的过渡为前提，通过行政命令的方式将原属农村集体所有的土地整体性、一次性地转归国有，并基本不改变原有的土地用途和使用权归属。

“城中村”土地改制的目的是要为城中村改造创造良好的制度环境和平等畅顺的政策法律氛围，以实现“城中村”的城市化改造，推动“城中村”的可持续发展。其基本思路是要在现行制度体制框架下寻找到一种出路，彻底摆脱土地所有制二元结构对“城中村”城市化发展造成的制度障碍，在土地上做文章，通过将土地合法地引入市场流通，显化土地价值，是城中村集体通过盘活土地资产获得改造的资金来源，使政府能够统一有效地利用规划土地，使社会繁荣稳定，真正实现农村、政府、社会的“三赢”。

此外，城中村的改造策略还应包括：积极推进集体经济结构重组、促进经济融合，加强教育援助、促进文化融合，推动永久性公屋出租房建设和加强城乡结合部建设、从源头减少城中村的形成等。

四、空心村

（一）我国空心村问题的产生及整治背景

1. 空心村问题的提出

农村空心化观象在国际上具有一定的普遍性，发达国家也经历过农村人口快速减少而导致农村地域过疏、萧条的现象。但中国农村发展经历了长期城乡二元结构背景下的矛盾激化与问题积淀，农村空心化的问题要远比其他国家更复杂、更严重（刘彦随等，2009）。

农村空心化是20世纪90年代以来我国乡村发展转型进程中出现的乡村地域系统发生退化的一种不良现象，它的出现不仅影响了乡村地域自身的可持续发展，而且对中国城镇化进程乃至整个国民经济的健康发展产生了巨大冲击和影响（刘彦随，2011）。我国农村经济的快速发展和农民收入水平的不断提高，促使农村住宅以及村内不同年龄层次居民的空间布局发生了重大变化，农村聚落空心化问题开始备受关注（冯文勇，2002）。农村空心化本质上是城乡发展转型进程中乡村地域系统演化的一种不良过程，是复杂的社会经济过程在村庄物质形态中的表现（冯丽，2008），它与新房扩建占地相伴而生，造成了土地资源的双向浪费（程连生等，2001）。

2. 从“以乡补城”转向“以城带乡”

长期以来，我国实施城市与工业优先发展战略，“三农”（农业、农村、农民）被赋予对工业发展、城市建设进行哺育和贡献的外生职能，其自身的发展则通过城市转移支付、人口劳动力向城市迁移等路径来实现。

改革开放后，尽管在我国“家庭联产承包责任制”、“政社分离”及农产品流通体制等改革举措的推动下，农业有了显著发展。但由于改革重心依然偏向城市和工业发展，并以此作为推动我国经济发展的根本动力，致使城乡差距不断扩大。贫困的农民、衰落的乡村和弱质的农业，日益上升为制约中国社会稳定、经济持续发展的最大难题和阻力。

2004年之后，中共中央和国务院连续发布了7个“一号文件”，更加重视和关注“三农”问题，相继出台了“多予、少取、放活”和取消农业税等优惠政策。2010年，中共中央“一号文件”，把“统筹城乡发展作为全面建设小康社会的根本要求”。这一系列惠农政策的不断深入，充分反映了我国长期以来“以乡补城”战略逐步向“以城带乡”战略的重大转变，统筹城乡要素配置与促进城乡协调发展将成为重要的战略方向。

（二）我国农村土地利用存在的主要问题及其制度根源

1. 我国农村土地利用存在的问题

我国农村土地利用存在的问题主要表现为以下 3 个方面：

1）农村居民点建设用地规模大、效率低

2008 年，全国农村居民点用地接近 2.50 亿亩，户均 1 亩，人均 229m^2。全国农村居民点用地占建设用地总量的比重为 56.3%（国家统计局中国农村统计年鉴，2009），且农村居民点布局呈现“散、乱、空”的局面。

2）农村人口减少、建设用地反增

1996 ~ 2008 年，全国农村人口非农化转移减少了 1.35 亿人，而同期建设用地不减反增 23.5 万 hm^2。尤其是传统的平原农区，农村常住人口逐渐减少与新房扩建占地持续相伴而生，建新不拆旧、新房没人住的问题普遍发生，造成大量农村土地资源的浪费和耕地资源的破坏。

3）村庄规划建设滞后、布局混乱

长期以来，村镇规划缺失，村庄建设无序，导致大部分农村的道路狭窄弯曲、村内旧房排水困难、房屋交错分布，“垃圾靠风刮、污水靠蒸发、家里亮堂堂、外面乱糟糟”。在我国东部沿海地区和中西部地区的城市近郊区，农民已经开始第四代住房的建设，有些甚至按照城市的建设标准，建造高层公寓。但由于长期以来农村建设普遍缺少统一规划，而且农村建房审批与管理无序带来许多实际问题，比如楼房建设质量不高、资金的投入与监管无序、城乡空间总体布局不协调等。

2. 农村空心化的制度根源探究

城乡分割的二元结构体制、不完善的农村宅基地使用制度、村庄规划与管理的缺位等因素共同作用，促进了农村空心化的演进和空心村的形成。我国城乡分割的二元结构是空心村产生和发展的制度根源。

1）城乡二元户籍制度

1958 年《中华人民共和国户口登记条例》颁布，正式形成了限制人口迁移和劳动力流动的城乡分割的户籍制度。该制度将农民权益绑缚在农村集体土地上，限制农村劳动力向城市自由流动，制约了城乡之间人口、土地等要素的合理流动和优化配置，造成我国的城市化进程长期滞后于工业化进程，大量农村剩余劳动力滞留在农村建屋盖房，致使农村宅基地的基数很大，构成了农村空心化产生的潜育环境。1984 年，国务院发出《关于农民进入集镇落户问题的通知》，允许长期在城镇务工、经商、办企业的农民，在居有住所的前提下到集镇落户定居，农村劳动力开始向城镇加速转移，农村宅基地闲置现象开始出现。

2）城乡二元土地制度

我国实施城市建设用地国有、农村土地集体所有的城乡有别的土地制度，农村施行家庭联产承包经营责任制和统分结合的双层体制，农民享有土地承包权。我国城乡二元土地制度表现为城乡土地产权、土地用途、土地市场等典型的二元结构特征。现行的农地使用权流转制度使农地处于分散和低效利用状态，难以形成土地的集约化、规模化经营，经营农地的比较效益逐步降低（冯文勇等，2003），从而大幅度缩小占用村边耕地建房的机会成本；农地产权的虚位使农用地的监督和管理不到位，宅基地占用村边农地的现象突出。

3）城乡二元社会保障制度

我国城乡社会保障制度具有明显差别。从总体上看，城镇逐步形成了以社会保险为核心，社会救助为基础，包括法定的基本保险、企业的补充保险、互助保险和个人储蓄保险的多元化、多层次的社会保障体系；广大农村地区采取“家庭保障”与“土地保障”相互结合、相互补充的社会保障制度（王娜加，2008），包括养老、合作医疗等社会保险制度，农村最低生活保障等社会救济制度，而失业保险、住房保障等社会福利很少或基本没有。

农村土地保障是农村正规社会保障十分重要的补充，农村承包土地可以作为农民从事非农产业的退路，抵御非农产业的失业风险；农村宅基地作为一种资源形态存在，其使用权明显表现为农民的生存保障权。由于农村宅基地的保障功能和城镇的社会保障功能尚未统筹，不健全的社会保障体系和较高的城市生活门槛使进城农民很难获取生存保障和筹集到城镇长期生活所需的资金。农村劳动力多以短期方式流动，这些人以保有宅基地作为最后的保障，造成宅基地的“季节性闲置”；农村房屋禁止自由买卖，导致在城市中购房的原农村居民在农村的房屋长期闲置，这类人一方面分享城市化的成果和城镇的社会保障，另一方面拥有农村宅基地，继续享有农村宅基地的社会保障功能，造成社会保障资源的双重占用。

（三）空心村的内涵及其影响因素

1. 空心村的内涵

长期以来，学术界尚未对农村空心化和空心村（又称空壳村或空洞村）的概念形成统一认识。早期的研究主要针对乡村聚落空心化、乡村聚落空废化和住宅的空心化，侧重对农村宅基地演化特征与问题的探讨。有学者从土地利用的角度定义空心化为村庄内部出现大面积空闲的一种特殊结构布局的村庄，还有学者从城镇化背景、村庄空间形态、住宅的空间布局和村民的年龄结构、空心村形成原因等方面定义了空心村。

刘彦随等（2010）结合山东典型村庄调研和系统的理论分析，指出农村空心化本质上是在城乡转型发展进程中，由于农村人口非农化引起“人走屋空”，以及宅基地普遍“建新不拆旧”，新建住宅逐渐向外围扩展，导致村庄用地规模扩大、闲置废弃加剧的一种“外扩内空”的不良演化过程，强调农村空心化是乡村地域系统演化的一种特殊形态，其结果产生了空心村。既包括农村土地空心化、人口空心化，也包括农村产业空心化和基础设施空心化，本质上是农村地域经济社会功能的整体退化。

2. 农村空心化形成的影响因素

农村空心化的发生发展受自然、经济、社会文化与制度管理等多种因素的影响。程连生等（2001）考察了太原盆地的空心村，认为农民空间欲望、家庭数量、经济收入、土地政策是农村空心化的主要影响因素。王成新等（2005）在山东调研发现，村落向心力与离心力失衡、经济发展迅速和观念意识落后、新房建设加速和规划管理薄弱是农村空心化的主要影响因素。薛力（2001）指出空心村是社会经济结构的变化在村庄空间结构上的反映，经济结构、家庭结构和人口结构的非农化，落后的村庄规划管理，以及原有的村庄格局形态是影响农村空心化的主要因素。

目前，关于农村空心化影响因素的定性研究较多，关于农村空心化程度的评价及其影响因素之间的定量研究较少。王介勇等（2013）选择山东省为研究区，采用逐步回归方法对农村空心化程度及其影响因素之间的定量关系，进行了定量研究。结果表明，山东省农村空心化程度与户均宅基地宗数、人均耕地面积呈显著的正相关，与村庄人均收入显著负相关。

1）资源与环境因素

原村庄的资源与环境是农村空心化发生、发展的重要前提。在土地资源较丰富、农村人居环境相对较差，且发展规划缺失、宅基地管理政策缺位的地区，农村空心化的发生发展更具有普遍性。从我国重点农区典型村庄农村空心化演进态势来看，农村内部生活空间拥挤、自然灾害频发、居住环境恶化等因素往往构成农户外迁和农村空心化的离心力，而村庄周边的开阔空间和相对丰裕的土地资源成为空心村形成与发展的重要物质基础（刘彦随等，2009）。

2）经济与社会因素

实行农村家庭联产承包责任制以来，随着农民收入的持续增长，农民具备更新住宅的意愿和能力，被长期压制的农民住宅需求开始释放，农村住房建设规模不断增大。同时，农村“主干”家庭向“核心”家庭的快速变迁，加剧了分家立户及其建房高潮的到来。原有旧住宅环境较差，面积偏小等固有缺陷，促使农户住房投资区位的明显改变（乔家君等，2008），从而使旧宅基地的废弃或闲置成为可能。此外，随着工业经济的快速发展，农村低建筑成本、低运输成本及低土地成本在一定程度上促进了空心村的形成。而传统的“多一处宅基、多一份家业”的小农思想，以及盲目的攀比心理、特定的社会观念与文化习俗，成为祖辈宅基地深度开发利用的阻力所在，客观上加剧了农村宅基地废弃化和农村空心化发展。

3）体制与制度因素

城乡分割的二元体制是空心村形成的根本原因。1958 年以来，城乡二元的户籍制度将农民权益绑缚在农村集体土地上，限制农村人口向城市自由流动，因而庞大的人口基数带来相应巨大的宅基地数量。随着工业化、城镇化和农村就业结构的变化，青壮年向城镇转移，但城镇化滞后于非农化需求，现行城乡二元户籍和社会保障体系，难以在制度上给进城农民以必要的生存保障，因而守住农村旧宅基地成为理性选择。农民非农就业与户籍迁移的政策放宽后，农民进城务工相对容易，但难以筹集到进城安居所需的资金，农村劳动力多以短期方式流动，造成宅基地“季节性闲置”。同时，在法律上农村房屋禁止自由买卖，宅基地依法退出机制缺失，导致有的农民即使在城镇安居乐业，农村旧宅基地也长期闲置（龙花楼等，2009）。因此，着眼统筹城乡发展，研究解决保障农民权益，促进农村集体土地流转置换，实现城乡土地一体化配置，成为推进空心村整治与新农村建设急需解决的产权制度问题。

4）管理与政策因素

当前我国宅基地使用权具有身份性、从属性、无偿性、无固定期限性等特点，是一种不稳定、不完全、有条件和受限制的用益物权（卢向虎等，2006），尚存在农村土地立法不健全，过分强调其社会保障性等弊端，致使用益物权性质不能得以彰显。宅基地使用权不能变现，以及房屋和宅基地的不可分性也使进城农民不愿轻易放弃农村的房屋所有权，宅基地使用权制度的固化成为空心村整治改造的重要阻力。同时，现行立法对农户的内涵界定比较模糊、宅基地使用权取得与建造房屋的目的相脱钩，以及宅基地实行无偿无限期使用、房屋继承后实行地随房走的制度，使“一户一宅”管理政策难以形成有效约束，“一户多宅”现象更加严重（吴文恒等，2008）。现行的政策法规对闲置、废弃宅基地如何管理和合理退出没有具体规定，对违法违规行为缺乏制度约束，加之几千年封建思想与风俗习惯的影响，多数农民认为宅基地的使用权是私有的，造成农民在宅基地使用上暴露出只占不退、有权无责的问题。也有一些地区不从实际需求出发，新农村建设兴起建房攀比风，加之农村土地管理无序，造成了新的耕地占用和新建房屋的闲置浪费。

（四）空心村的危害及治理意义

1. 农村空心化的危害

1）造成耕地资源的严重流失

田光进（2003）基于 20 世纪 90 年代中国土地利用矢量数据，得出淮河与长江中下游、华北平原是我国农村居民点扩展造成耕地资源流失的主要地区。在快速城镇化发展的背景下，大量转移到城市的人口仍占有农村宅基地，农村居民点用地继续增加。必须认识到，我国数量庞大、布局分散的农村聚落的蔓延扩展对耕地保护的威胁比城市更大，对其管理和控制的成本也更高。

2）农村整体面貌难以改变

改革开放以来，农村房屋更新速度加快，住房质量逐渐提高，而农村的整体面貌并没有得到根本改善。村庄内部的空心性及其外部的广延性直接引起宅基地更大程度的分散，给公用基础设施建设带来极大困难（卢向虎等，2005）；村内道路基本沿袭原来的道路系统，狭窄弯曲，进出艰难；村外新宅竞相抬高地基，使一些村内旧房成为雨后“蓄水池”；农村建房的规模、质量与投资渐渐在提高，因而潜伏着两大问题：一是多年打工挣来的辛苦钱全扎在新房上，甚至形成新的债务，限制了农业生产性投资；二是由于规划缺位、选址随意，今天的新房难免空心化，再整治改造的成本将会成倍增长。

3）乡村人居环境受到破坏

农村空心化打破了原有村庄相对集中、同族临近的居住空间格局，“四世同堂”、亲缘邻近、邻里和睦的关系逐步弱化，并影响到各种社会经济关系的重构（李君等，2008）。农村空心化的无序状态也淡化了村民的集体意识，宅基地审批中的违规行为影响了基层干群关系；农宅地基盲目攀高引发的民事纠纷给社会治安和农村社会稳定留下隐患（薛力，2001）。尽管农房建了不少，但是农民居住环境没有根本改善。村内旧房子成为农村火灾的主要源头和卫生防疫的死角，威胁农村安全和新农村建设。

2. 空心村整治的意义

从全国来看，64 万个行政村，330 万个自然村，农村居民点面积近 215 亿亩，户均接近 1 亩，人均 228m^2，远超过了强制性国家标准《村镇规划标准》

（GB 50188—93）规定的人均建设用地上限 150m^2。付标等估算，河南省仅空心村闲置的土地至少有 250 万亩，在 3～5 年内开展空心村专项整治可以复垦 150 万亩耕地。刘彦随等对山东禹城典型村庄用地潜力调查与评价：48 个典型村宅基地废弃率平均为 8.4%，最大值为 25%；宅基地空闲率平均为 10.0%，最大值为 18.7%。空心村整治增地潜力为 54.3%，人均增地 0.82 亩，可净增耕地 13%～15%。全国的潜力状况也相类似，通过对农村散乱、废弃、闲置的建设用地（包括宅基地）进行整治复垦，集中建设中心居民点，配套建设公共服务设施，约可净增耕地 13%左右。

我国农村空心化问题的积淀时间长，量大面广，潜力巨大。国家坚守 18 亿亩耕地红线、扎实推进新农村建设、实行耕地“补占平衡”、促进乡村空间重构与统筹城乡发展，都对深入开展空心化村庄整治提出了迫切要求。

3. 空心村整治的策略建议

1）规划引领

做好空心村整治规划，充分发挥规划的引领和指导作用。充分调查摸清空心村现状、整治潜力，获得空心村整治的总体规模、资金需求、预期效果等方面基本的数据。以乡镇、村级规划为基础，自下而上逐级编制空心村整治规划。另外，应对空心村整治标准、建设内容、资金来源等有基本的规划和要求。

2）制度改革

根据党的十八届三中全会深化农村土地制度改革的精神，可以在土地规划的总体管理下，允许集体将部分倒腾出来的宅基地指标转变为农村集体经营性用地，采取租赁、入股等方式发展商业、办公、旅游和娱乐业。这些“三产用地”将促进乡村经济的升级转型，扩大土地开发利用途径，延伸乡村经济产业链，显著增强集体经济的实力。同时，可以增加村庄就业岗位，提高村民收入水平，使集体和个人从村庄改造中直接获益，并提升财力水平以补贴下一阶段的整治工作。

3）政策激励

国家应出台统一的政策，对资金来源、项目立项、新增耕地指标使用、农民权益维护等方面进行规范引导。地方政府可针对土地权属调整方案的制定、土地后期管护、基层政府及各部门职责等方面，出台合当地实际、具有针对性、可操作性的地方性政策法规，为空心村整治提供及时、必要的政策支持。如改善参与动员政策，调动群众积极性；完善宣传保障工作，营造良好的舆论环境等。改变村民“厅堂天下”等错误的土地和住宅观念，是消除整治阻力的重要前提基础。

4）资金保障

首先应健全财政对空心村整治的补贴机制，建立专项转移支付机制。应明确各级政府的财权和事权划分，建立专项的转移支付机制，补充地方政府有限的可支配财力，整体提升财政保障水平。其次，挖掘现有土地资源价值，吸纳村民和集体的闲散资金。在不违反相关规划的前提下，可探索建立村集体内部的土地交易机制。最后，加强金融机构对于空心村整治工作的参与程度。逐步放宽政策限制，引导金融机构成为空心村整治的主要融资主体，通过金融信贷资本的投入，带动更多的社会资本参与。

本章参考文献

[1] 程连生，冯文勇，蒋立宏．太原盆地东南部农村聚落空心化机理分析[J]. 地理学报，2001，56（4）：437-446.

[2] （加拿大）道格·桑德斯．落脚城市 [M]. 陈信宏译．上海：上海译文出版社，2012.

[3] 冯文勇．农村聚落空心化问题探讨 [J]. 农业现代化研究，2002，23（4）：67-269.

[4] 冯文勇，陈新莓．晋中平原地区农村聚落扩展分析 [J]. 人文地理，2003，18（6）：93-96.

[5] 冯丽．城市化背景下“空心村“现象及调控机制探讨 [J]. 理论界，2008（2）：174-175.

[6] 何为，黄贤金．半城市化：中国城市化进程中的两类异化现象研究[J].2012（2）：24-32.

[7] 黄锟．农村土地制度对新生代农民工市民化的影响与制度创新 [J]. 农业现代化研究，2011（02）：196-199+229.

[8] 黄皓．对“城中村”改造的再认识 [D]. 上海：同济大学，2006.

[9] 李忠．城镇化和土地制度问题研究 [J]. 经济研究参考，2005（48）.

[10] 李培林．巨变：村落的终结——都市里的村庄研究 [J]. 中国社会科学，2002（1）：168-179.

[11] 李君，李小建．河南中收入丘陵区村庄空心化微观分析 [J]. 中国人口、资源与环境，2008，18（1）：170-175.

[12] 吕萍，周滔，张正峰等．土地城市化及其度量指标体系的构建与应用 [J]. 中国土地科学，2008（8）：24-28+42.

[13] 刘守英 . 以地谋发展模式的风险与改革 [J]. 国际经济评论，2012（2）：92-109+7.

[14] 刘守英，周飞舟，邵挺 . 土地制度改革与转变发展方式 [M]. 北京：中国发展出版社，2012.

[15] 潘家华，魏后凯 . 城市蓝皮书·中国城市发展报告 NO.6：农业转移人口的市民化 [M]. 北京：社会科学文献出版社，2013.

[16] 刘彦随，刘玉，翟荣新 . 中国农村空心化的地理学研究与整治实践 [J]. 地理学报，2009，64（10）：1193-1202.

[17] 刘彦随 . 中国新农村建设地理论 [M]. 北京：科学出版社，2011.

[18] 刘彦随，刘玉 . 中国农村空心化问题研究的进展与展望 [J]. 地理研究，2010（1）：35-42.

[19] 刘中一，刘中炜 . 城中村改造的经济学思考 [J]. 经济论坛，2004（02）：8-9.

[20] 黎智辉 . 城中村改造实施机制研究 [D]. 武汉：华中科技大学，2004.

[21] 龙花楼，李裕瑞，刘彦随 . 中国空心化村庄深化特征及其动力机制 [J]. 地理学报，2009，64（910）：1203-1213.

[22] 卢向虎，朱淑芳，张正河 . 中国农村人口城乡迁移规模的实证分析 [J]. 中国农村经济，2006（91）：35-41.

[23] 卢向虎，杨延梅，蒋宗杰 . 农村宅基地土地整理的再思考 [J]. 农村经济，2005（96）：26-27.

[24] 乔家君，祝英丽 . 基于农户调查的村域住房投资区位及变化分析 [J]. 资源科学，2008，30（92）：206-212.

[25] 田光进 . 基于遥感与 GIS 的中国城镇用地扩展特征 [J]. 地球科学进展，2003，18（4）：504-508.

[26] 田莉 . 我国城镇化进程中喜忧参半的土地城市化 [J]. 城市规划，2011（2）：11-12.

[27] 田莉 . 处于十字路口的中国土地城镇化——土地有偿使用制度建立以来的历程回顾及转型展望 [J]. 城市规划，2013（5）：22-28.

[28] 田莉 . 有偿使用制度下的土地增值与城市发展——土地产权的视角分析 [M]. 北京：中国建筑工业出版社，2008.

[29] 田莉 ."都市里的乡村"现象评析——兼论乡村—城市转型期的矛盾与协调发展 [J]. 城市问题，1998（6）：43-46.

[30] 王春光 . 对中国农村流动人口"半城市化"的实证分析 [J]. 学习与

探索，2009（5）：94-103.

[31] 王春光．农村流动人口的“半城市化”问题研究 [J]. 社会学研究，2006（5）：107-122+244.

[32] 王娜加．农村宅基地使用权的性质与物权重构 [J]. 广州大学学报：社会科学版，2008，7（5）：14-18.

[33] 王成新，姚士谋，陈彩虹．中国农村聚落空心化问题实证研究 [J]. 地理科学，2005（3）：257-262.

[34] 王介勇，刘彦随，陈秧分．农村空心化程度影响因素的实证研究——基于山东省村庄调查数据 [J]. 自然资源学报，2013（1）：10-18.

[35] 吴群，李永乐．财政分权、地方政府竞争与土地财政 [J]. 财贸经济，2010（7）：51-59.

[36] 吴文恒，牛叔文，郭晓东，等．黄淮海平原中部地区村庄格局演变实证分析 [J]. 地理研究，2008，27（5）：1017-1026.

[37] 向碧华．城中村问题研究 [D]. 武汉：武汉大学，2005.

[38] 薛力．城市化背景下的“空心村”现象及其对策探讨——以江苏省为例 [J]. 城市规划，2001（6）：8-13.

[39] 蒋省三，刘守英，李青．土地制度改革与国民经济成长 [J]. 管理世界，2007（9）：1-9.

[40] 杨帅，温铁军．经济波动、财税体制变迁与土地资源资本化——对中国改革开放以来“三次圈地”相关问题的实证分析 [J]. 管理世界，2010（4）：32-41+187.

[41] 赵民，陈晨，郁海文．“人口流动”视角的城镇化及政策议题 [J]. 城市规划学刊，2013（2）：1-9.

[42] 赵崔莉，刘新卫．基于城镇化视角的中国农村土地制度改革 [J]. 中国人口·资源与环境，2011（1）：121-126.

[43] 郑静．广州城中村：形成、演变与对策．中国的选举与治理（网站）2002-10-29

[44] 广州城中村：形成、演变与对策 [ED/OL].[2006-09-14].http：//www.fs-home.com/quick_news/2006_9_15/200691584918.htm.

[45] 国家人口和计划生育委员会流动人口服务管理司．中国流动人口发展报告 [R].2013.

[46] 国家卫生和计划生育委员会流动人口司．中国流动人口发展报告 [M]. 北京：中国人口出版社，2013.

[47] 国家统计局中国农村统计年鉴 [M]. 北京：中国统计出版社，2010.

[48] 审计署 . 全国政府性债务审计结果 [R].2013.

[49] 中国发展研究基金会 . 中国发展报告 2010：促进人的发展的中国新型城镇化战略 [R].2010.

[50] 中央城镇化工作会议公报 [R].2013.

[51] Liew，L.H.Gradualism in China's Economic Reform[J].Journal of Economic Issues，1995，29（3）：883-895.

[52] Zhu，J.M.Local Developmental State and Order in China's Urban Development during Transition[J].International Journal of Urban and Regional Research，2004，28（2）：424-447.

第九章　中国新型城镇化进程的体制与政策保障

随着传统城镇化模式带来的问题日益凸显，如要素结构失衡、空间失衡、产业结构失衡和大城市病的爆发等，十八大以来新型城镇化提上未来我国战略发展的议事日程。新型城镇化模式是以现代化为发展目标，以人的城市化为核心、以市场运作为主导、以内外需为牵引、以创新要素为驱动、以内涵增长为重点、以适度聚集为原则、实现低成本、高收益，促进城乡经济、社会、环境全面协调可持续发展。为此，必须对现有的制度进行改革，以推进新型城镇化进程。

一、城镇化发展的道路转型

（一）我国转型发展的背景

改革开放后的前三十年，我国基本上走的是一条依靠外部资源（资金、技术）、外部市场的外向型经济模式，它以最快的速度显现了全球化时期转型国家的“后发优势”（林毅夫，2002）。2008 年全球经济危机之后，我国依赖国际市场维持经济高成长的时代也随之结束，我国城市化发展所需的市场空间被大大压缩（赵燕菁，2006；张京祥，2013）。以经济指标增长、工业化大推进、出口导向为特征的城市化增长方式的环境已经终结。随着我国城市化“刘易斯拐点”的临近，以充足廉价的劳动力，以“土地财政”、政府垄断的土地市场的低成本的传统城镇化模式的制度根基已被动摇。

党的十八大提出了“生态文明”建设，我国进入了经济建设、政治建设、文化建设、社会建设、生态文明建设五位一体的阶段。社会主义市场经济改革已经从“摸着石头过河”走向改革的“深水区”。“持续改革”，进一步深化改革已经凝聚共识（张京祥，2013）。在改革的“深水区”，需进行制度的顶层设计，理顺中央与地方的事权—财政关系，城市与乡村的经济—社会关系，政府与市场的责任—权利边界，经济与环境的空间—生态关系。

（二）新型城镇化的主体

城镇化是国家现代化的必由之路。推进城镇化是解决农业、农村、农民问题的重要途径，是推动区域协调发展的有力支撑，是扩大内需和促进产业升级的重要抓手。2012 年中央经济工作会议首次正式提出“把生态文明理念和原则全面融入城镇化全过程，走集约、智能、绿色、低碳的新型城镇化道路”。新型城镇化的本质是推进以人为核心的城镇化，提高城镇人口素质和居民生活质量，把促进有能力在城镇稳定就业和生活的常住人口有序实现市民化作为首要任务。

至 2012 年，我国流动人口数量已达 2.36 亿人（相比“六普”增长了 1600 万人）。新生代流动人口已经成为流动人口的主体，流动人口正在经历代际更替。[①] 这部分以农民工为主体的流动人口大都无法享受到市民待遇，特别是来自农村的流动人口还没有真正融入所居住的城市，处于“半城市化”状态。据《中国流动人口发展报告 2013》，新生代流动人口在 20 岁之间就已经外出的比例达到 75%，在有意愿落户城市的新生代流动人口中超过七成希望落户大城市，新生代流动人口由生存型向发展型转变。[②] 流动人口融入流入地城市长久定居已成为不争的事实。新形势下，流动人口的就地城镇化、市民化是我国新型城镇化发展要重点解决的问题，他们正是新型城镇化的主体。城镇化政策设计应顺应新生代流动人口的发展需求，提升其生存发展能力。

华生（2013）指出农民工及其家属以及其他外来就业人员的市民化进程将“产生巨大的基础教育、基本公共卫生和城镇基础设施等基本公共服务需求，拉动一系列的巨大投资和消费支出”，还可以大大提升全社会的劳动生产率和整体经济效益水平。[③] 农民工市民化的投入是这个历史发展阶段上综合经济社会收益最高的投入，也是推动我国投资和消费需求的真正源泉所在。

（三）新型城镇化发展的政策导向

十八届三中全会提出完善城镇化健康发展体制机制。坚持走中国特色新型城镇化道路，推进以人为核心的城镇化，推动大中小城市和小城镇协调发展、产业和城镇融合发展，促进城镇化和新农村建设协调推进。优化城市空间结构

---

① 全国流动人口动态监测数据显示，2012 年流动人口的平均年龄约为 28 岁，超过一半的劳动年龄流动人口出生于 1980 年以后。

② 流动形态由“钟摆式”流动向在城市稳定生活、稳定工作转变，最近 3 年没有更换过工作的比例超过六成，流动方式由个体劳动力流动向家庭化迁移转变。（中国流动人口发展报告，2013）

③ 按照今后 20 年，我国城市化率从今天的 53% 左右上升至 75% 以上（城市户籍人口从今天的 35% 左右上升 40 个百分点），每年要解决 2500~3000 万农村户籍人口的市民化转化。

和管理格局，增强城市综合承载能力。

2013 年 12 月在我国首次召开的中央城镇化工作会议提出会议提出了推进城镇化的主要任务：①推进农业转移人口市民化；②提高城镇建设用地利用效率；③建立多元可持续的资金保障机制；④优化城镇化布局和形态；⑤提高城镇建设水平；⑥加强对城镇化的管理。会议指出，城镇化是长期的历史进程，要科学有序、积极稳妥地向前推进。在具体工作中，要科学规划实施，加强相关法规、标准和制度建设。

我国新型城镇化的推进，其核心就是农民工的市民化，要把进城落户的农民完全纳入城镇住房和社会保障体系。建立财政转移支付同农业转移人口市民化挂钩机制。很重要的一点就是必须逐渐消除制度障碍，推动农村移民在城镇中定居和融合。制度改革包括与城镇化战略密切相关的土地制度、财税制度、户籍制度、社会保障制度。城镇化深入推进的过程中，政府职能转变，从发展型政府过渡到服务型政府。

二、城乡土地制度改革

(一) 我国城乡土地制度变迁

我国实行的是城乡分治、政府垄断城市土地一级市场的土地制度。一方面，农村与城市土地分属不同法律约束，由不同机构管理，形成不同的市场和权利体系。另一方面，只要涉及农地变为建设用地，就要通过政府征地。在现行土地法律制度下，政府作为农地转为市地的唯一仲裁者，拥有从农村获得土地转换给城市土地使用者并获得级差地租的排他性权力，从而形成了中国土地市场城乡分割、政府主导的独特格局（刘守英，2008、2012）。

过去 30 多年，我国土地制度经历了三次重要的改革阶段。第一，20 世纪 70 年代末至 80 年代中期。以包产到户为特征的农地制度改革，农地制度改革拉开中国改革的序幕，开启了中国经济增长的闸门，也引发中国经济、社会和政治结构的深刻变革。第二，20 世纪 80 年代中期至 90 年代末期。面对包产到户制度效应减弱和大量剩余劳动力从农业中释放出来的局面，中央政策鼓励农民利用集体土地创办乡镇企业。农村工业化成为这一时期国民经济成长的主要力量，根本改变了国民经济以国有经济为主、工业化以国家工业化为主导的发展格局。第三，20 世纪 90 年代末至今。1998 年以来，中国经济的高增长，靠高速的工业化和快速的城市化两个引擎拉动，土地成为这两个引擎的杠杆。

地方政府通过低价征用农民土地，以创办园区、通过土地的协议出让（即以成本甚至零地价）推进了高速的工业化；利用对土地一级市场的垄断和经营性用地的市场化出让，依靠土地出让收入和土地抵押融资推动了快速的城市化（刘守英，2012）。“土地财政”的融资模式走出了一条中国特色的城市化道路。但也带来土地市场发育不完善、农民土地财产权利被侵犯、土地利益矛盾加剧、城市蔓延、耕地流失等问题（刘守英，2008；田莉，2008；王洁晶，2013）。同时，随着出口导向战略的实施，中国经济全面融入全球一体化体系。沿海发达地区（尤其珠三角和长三角）成为中国经济高速成长的主角，这些地区大量集体建设用地进入市场，支持了中国作为世界制造工厂的形成。1998 年《土地管理法》颁布，在国家对土地用途管制和严格保护耕地政策下，珠三角和长三角能形成世界工厂，正是得益于将近一半的集体存量建设用地进入市场（刘守英，2012）。

（二）土地流转与集体土地入市

我国农村土地流转制度的变迁随着土地产权制度的变化经历了一个曲折的过程。经历了土地承包责任制基础上的地下流转（1978 ~ 1983 年）、自发流转（1984 ~ 2007 年）阶段，以及农村土地产权制度改革基础上的规范流转阶段（2008 年至今）。流转形式从单一化走向多样化，从 1984 年最早提出的“转包”形式，逐渐发展成为“转包、出租、互换、转让、股份合作”。十七届三中全会后，农村土地流转模式不断创新，出现了“返租倒包”、“两权”抵押、“两田制”、“宅基地换房”、“土地换社保”等新形式（刘润秋，2012）。中央从 2004 年至今连续 11 年一号文件对农村土地流转的政策也在逐步放宽、政策导向也变得清晰。

1. 土地流转的政策导向

刘守英（2008）根据对我国现行土地政策和法律的演进、城乡二元土地市场的演进、农地制度的基本框架和权利体系的研究认为农地政策在越来越朝强化产权保护和农地市场化的方向演进。农村土地流转事关我国农业经济发展、城乡土地制度、城镇化发展进程，是我国对农村改革的重点。十八大以来，我国在不同场合陆续鼓励深化农村土地制度改革。十八届三中全会后，中央对农村土地流转的态度已基本清晰，鼓励探索创新，在明确底线的前提下，支持地方先行先试；因地制宜，循序渐进，不搞“一刀切”，不追求一步到位，允许采取差异性、过渡性的制度和政策安排。对十八大以来农村土地流转政策总结归纳，形成以下几个方面：

1）落实集体所有权，稳定农户承包权，放活土地经营权

稳定农村土地承包关系并保持长久不变，不论承包经营权如何流转，集体

土地承包权都属于农民家庭。土地承包经营权主体同经营权主体发生分离。在坚持和完善最严格的耕地保护制度前提下，赋予农民对承包地占有、使用、收益、流转及承包经营权抵押、担保权能。稳定农户承包权、放活土地经营权，允许承包土地的经营权向金融机构抵押融资。土地经营权流转、集中、规模经营，要与城镇化进程和农村劳动力转移规模相适应。鼓励承包经营权在公开市场上向专业大户、家庭农场、农民合作社、农业企业流转，发展多种形式规模经营。

2）引导和规范农村集体经营性建设用地入市

建立城乡统一的建设用地市场。在符合规划和用途管制的前提下，允许农村集体经营性建设用地出让、租赁、入股，实行与国有土地同等入市、同权同价，加快建立农村集体经营性建设用地产权流转和增值收益分配制度。

3）宅基地谨慎稳妥入市

在保障农户宅基地用益物权前提下，改革完善农村宅基地制度，选择若干试点，慎重稳妥推进农民住房财产权抵押、担保、转让，探索农民增加财产性收入渠道。完善城乡建设用地增减挂钩试点工作，切实保证耕地数量不减少、质量有提高。

2. 集体土地入市的实践

1）天津“宅基地换房”

天津“宅基地换房”试点始于2005年下半年，试点范围包括十二镇五村。2008年3月天津滨海新区综合配套改革试验方案获中央批准后，土地制度改革成为重要试点内容。“宅基地换房”是指农民用自己的宅基地，按照规定的置换标准换取小城镇内一套住宅，迁入小城镇居住。在修建集中居住区后，对村庄原宅基地进行复耕，节约下来的建设用地指标挂钩流转到小城镇土地后再“招”、“拍”、“挂”出售，土地收益的一部分用来弥补小城镇建设资金缺口。在新型小城镇，除了农民的集中安置住宅区外，还规划一块商务区或经济功能区，用未来这部分土地的出让收入平衡小城镇建设资金并增加就业岗位。华明镇是天津“宅基地换房”首批试点镇（图9-1），并作为“新农村建设的先行者”入选上海世博会城市最佳实践区。

然而，在全国影响很大的天津“宅基地换房”模式，其实施效果并非尽如人意。天津“宅基地换房”纠纷的主要起因为利益分配问题：①农民换房后还需要补钱，同时居住面积缩水。几万元的购房款加装修费对有的农民来说是一笔巨款，没钱搬家，或搬家后生活无着。②农民换房后生活成本上升，收入水平下降。换房上楼后，不仅失去庭院经济收入来源，水、电、气、物管等费用对农民来说也是沉重负担。另外，居住地远离耕地，给农民的生产生活带来极大的不便，有农民换房后每天花费 5 元坐公交车去 20 里之外的地方种葡萄。③宅基地整理节余的建设用地和土地收益并没有留在农村集体，而是通过指标流转，变成国有建设用地用于“招拍挂”，其收益多少和去向农民不得而知。④农民在换房过程中并没有真正的选择权。置换方案往往由政府单方面制定，农民只能被动地接受或者不接受，有的地方没有充分的协商程序，没有按规定召开村民代表会议，甚至采取“强制清理”和断水断电等方法强行推进“宅基地换房”。天津华明镇街道委员会发布《关于强势推进贯庄村整体搬迁工作的决定》的文件，以停发奖金乃至辞退作为威胁，要求与未搬迁户有亲属关系的华明街道办事处工作人员、管委会及物业聘用人员、贯庄村两委会成员、企业负责人等必须在规定时间内劝说亲属搬迁（刘润秋，2011）。

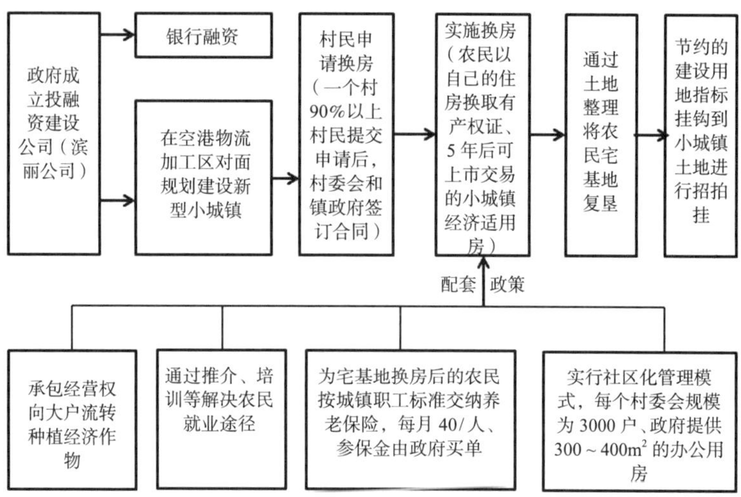

图 9-1 天津华明镇“宅基地换房”模式操作流程示意图

资料来源：刘润秋．土地流转占补平衡：典型模式与制度缺陷 [J]. 社会科学研究，2011(4)：41-45

2）浙江嘉兴“两分两换”

“两分两换”是 2008 年 5 月嘉兴市被列为浙江省统筹城乡发展综合配套改革试点区之后启动的农村土地改革新政策（图 9-2）。“两分”是指“将宅基地与承包地分开，搬迁与土地流转分开”。“两换”是指“以承包地换股、换租、换保障，推进集约经营，转换生产方式；以宅基地换钱、换房、换地方，推进集中居住，转换生活方式”。“两分两换”模式的核心是以宅基地集中置换为突破口，鼓励农民放弃承包地和宅基地，集中居住，借此实现城乡建设用地增减挂钩，推进土地集约利用，降低城市化成本。“两分两换”的核心内容是宅基地置换。引导农民按照城镇规划和村庄规划，通过多种形式搬迁建房，逐步向城市和新市镇集聚，实现集中居住。嘉兴以农村土地制度改革为核心，推动了包括户籍制度、规划管理制度、公共服务均等化、新市镇建设在内的“十改联动”（刘润秋，2011）。

“两分两换”模式加速了城市化进程，节约了大量宅基地，土地集约使用效果明显，实现了农村宅基地和承包地的资产增值，在改善农民生活环境和质量的同时，也为地方政府带来了土地方面的财政收入（扈映等，2010）。

“两分两换”的实现需要地方政府具有较为雄厚的财力，宅基地置换中进行土地整理及安置点建设需要巨大的资金投入，土地换社保中将放弃土地承包经营权的农民纳入社会保障也需要长期的财政支持，同时也需以农民生产方式的转变为前提。两分两换模式不具有普适性，尤其是中西部农业经济仍占据一定比例的区域。在实践过程中，放弃土地承包经营权的农民缺少稳定的非农就业机会。由于在就业等方面顾虑较多，很多地方实质上推行的是“一分一换”，即单纯的宅基地流转，土地承包经营权换社保对农民吸引力不大。

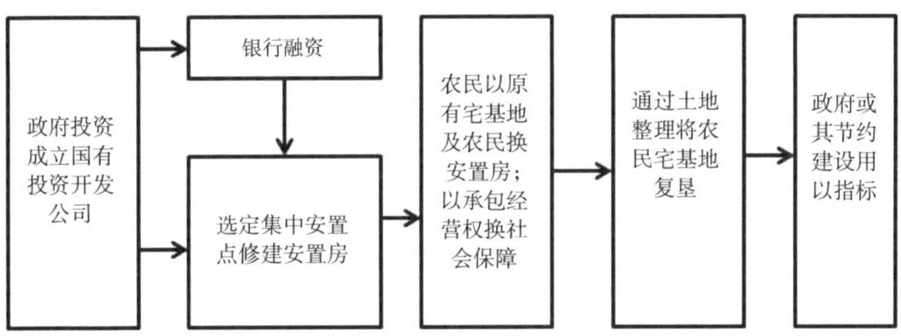

图 9-2　嘉兴“两分两换”模式操作流程示意图

资料来源：刘润秋 . 土地流转占补平衡：典型模式与制度缺陷 . 社会科学研究，2011(4)：41-45

3）成渝“地票”制度

全国统筹城乡综合配套改革试验区的设立赋予了重庆市和成都市开展土地制度改革先行先试的权利，重庆、成都分别于 2008 年、2010 年制定并实施了地票交易的相关政策，成都于 2011 年 4 月作了调整和修改。所谓“地票”即“建设用地挂钩指标”，特指农村宅基地及其附属设施用地、乡镇企业用地、农村公共设施和公益事业建设用地等农村集体建设用地复垦为耕地后可用于建设的用地指标。“地票”购买用途是增加等量城镇建设用地；指标落地时，冲抵新增建设用地有偿使用费和耕地开垦费（刘润秋，2011）。“地票”模式从经济学角度看，最具意义的地方是将非城郊农民宅基地的开发权显性化，实现了土地开发权的剥离和转让。通过对集体建设用地复垦、指标转移出售，地票制度让非城郊农民也分享到了土地增值收益，促进了本地农民（无论近远郊）的市民化（华生，2013）。

继重庆“地票”模式之后，成都也出现了土地竞拍持证准入制度（即地票）与招拍挂挂钩新政，规定招拍挂出让的土地，竞买者必须持有“地票”（指相应面积的《建设用地指标证书》）才能参与土地竞标。更进一步的是，成都“地票”将所有国有经营性建设用地纳入其中，凡是建设用地出让必须凭证入场，这是对政府土地储备机构的土地收储方式以及开发商拿地方式的根本改变。

成渝两地地票交易制度利用了城乡建设用地增减挂钩试点政策，在保护耕地压力、城镇建设用地指标紧张的情况下，有效缓解了城市化进程中的土地短缺难题，让农民通过初次分配直接享受货币化的土地增值收益，通过级差收益分配实现城市反哺农村的利益分配格局（程世勇，2010），调度了中央、地方和农民多方面积极性。

地票制度的创新性并没有掩盖其面临的深层次制度问题，成渝两地的试点没有扩大，反而路越走越窄。[①] 其问题主要有三方面：①政府强势主导：“地票”交易强化了地方政府垄断土地发展权的非均衡的利益分配模式（程世勇，2010）；②地票供给来源有限，其市场价值具有区域专用型。成渝两地的实践反映出通过增减挂钩整理出来的土地多为农民在农村并点高密度居住后挤出来的原村庄用地。地票的价值取决于落地处的土地市场价值，在落地点和落地范围不确定或带有行政决定色彩时，地票就无法获得稳定的内在价值；③地票的区域属性与全国性地票市场的矛盾。我国农民迁移主要从中西部到东部沿海，由农民工进城引发的土地开发权转移需求集中表现在沿海城市，目前严格限制在本区域本市县的土地挂钩和地票交易对异地就业的农民工市民化起不到作用（华生，2013）。

3. 集体土地产权变迁的两种模式

新制度经济学认为，制度变迁是经济增长的源泉。根据林毅夫（1989）的分类，制度变迁有两种方式：诱致性制度变迁和强制性制度变迁 。诱致性制度变迁指一群（个）人在响应由制度不均衡引致的获利机会时所进行的自发性变迁。在这个过程中，处于基层的微观经济行为主体（如农民、居民、企业）因为发现潜在获利机会，产生对新制度的需求，最后可能影响决策者安排更好的制度。强制性制度变迁指的是由政府法令引起的变迁，与诱致性制度变迁相反，

① 成都强制性地让开发商竞拍“地票”，既不符合市场运作规则，还具有推高地价和房价的风险，很快被有关部门紧急叫停。

强制性制度变迁由政府命令、法律引入和实行，强调决策者的主动性。诱致性制度变迁比强制性制度变迁付出更少变迁成本，但同时也会由于自身的外部性问题，导致社会效益的损耗。

田莉（2013）以新制度经济学中制度变迁为切入点，研究了以顺德为代表的诱致性土地制度变迁和成都为代表的强制性土地制度变迁。这两种制度都通过集体土地产权制度的创新，集体建设用地入市流转，农民的土地财产权益得以显现，赋予了乡村持续的发展动力，从而实现了农村社会经济的全面发展。

以诱致性制度变迁为特点的顺德模式，集体和农民利用自己的土地创办企业，降低了创业门槛，为农村乃至国家经济发展作出了重要贡献，自下而上的土地股份制创新对减少城乡差距发挥了积极作用。由于缺乏规范和管制，现实中突破法律私下流转大量存在，流转行为得不到法律的承认和保护，流转双方（即农民、农民集体与用地单位、企业）的权益都难以得到保障。流转后产权的分散和碎化造成土地的碎片化、无序化和低效，致使工业零散分布于各个自然村内，“村村点火，户户冒烟”，出现了大量违章、低效用地，导致土地资源的严重浪费，不利于乡村地区的可持续发展。

以成都为代表的强制性制度变迁，通过自上而下的土地产权创新，较好地协调了国家、集体和农户的利益。国家、集体、农民三方都获得了利益：通过城乡建设用地的增减挂钩，国家在耕地面积没有减少的情况下获得了经济发展的建设用地。集体土地所有权进一步明晰，集体经济得到了发展壮大。农民的土地承包权、林权、房产权和宅基地使用权进一步明确，收入和社会保障水平有较大提高（王习明，2011）。

专栏 9–1

农村土地产权制度创新——顺德模式和成都模式

■　**以顺德为代表的诱致性土地制度变迁**

1993 年，土地股份合作制率先在广东南海、顺德等地产生。鉴于土地家庭承包经营带来的土地规模小，家家户户分散经营与农业产业化经营所要求的土地有序流转、集约经营不相适应，严重阻碍了农业产业化经营水平的提高。农村集体资产产权的不清晰，使农民难以对集体资产的管理进行监督，对发展集体经济不关心，造成村级集体经济发展严重滞后，与农村经济持续快速发展极不和谐；农村城市化进程需要大量的承包土地转为非农建设用地，但由于征用土地补偿标准过低，土地承包户对此产生了极大的抵触情绪等问题。南海区政府 1992 年开始，利用大量本地和外地资金在当地投资设厂的机遇，认可集体在不改变土地所有权性质的前提下，将集体土地进行统一规划，把土地或厂房出租给企业使用，打破了国家统一征地垄断农地非农化的格局，为农民利用自己的土地推进工业化留下了一定的空间。1993 年，顺德率先在全国开展以土地经营权流转为核心的制度改革，称为“顺德模式”(图 9-3)。

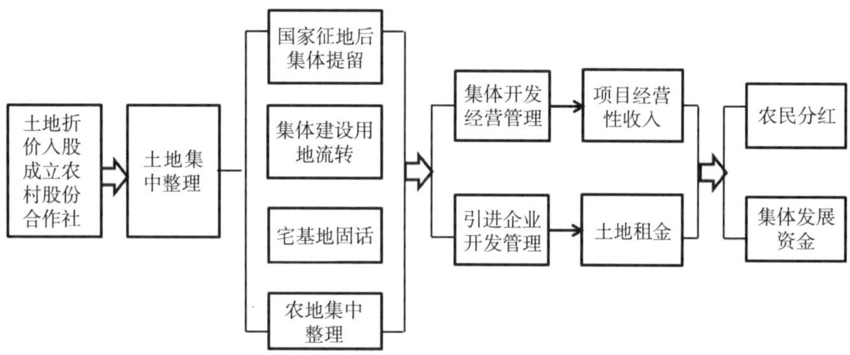

图 9-3 顺德农村股份合作社运作机制

资料来源：田莉，城乡统筹规划实施的二元土地困境：基于产权创新的破解之道 [J]. 城市规划 2012.36 (4): 25-31

土地股份合作制是农户以承包的土地入股，集体以机动地及其存量资产作股，并以在册村民为配股对象，按各户所拥有的土地、村龄或对集体经济贡献大小确定配股比例，进行生产资料合作的新的社区合作经济组织。它打破了农户一家一户式的传统经营、组织模式，促进了农村土地使用权流转，实现了产业的多元化、规模化和集约化。土地股份合作制的核心理念是让农民以土地权利参与工业化，分享工业化进程中农地非农化的增值收益。随着农村土地股份制的实行，以村委会或村民小组为单位的对土地的集体经营权替代了以家庭为单位的农民土地承包权，土地使用者角色的转换，使农村土地由过去的集体所有、农民家庭分散承包变成了“集体所有、集体经营”所有权与经营权的又一次统一，导致了农村土地向集体经济组织的又一次集中。

■ 以成都为代表的强制性土地制度变迁及其影响

成都市自 2003 年开始实施以工业向园区集中、农民向城镇集中、土地向规模经营集中为主要内容的城乡一体化发展战略，对农村土地流转的新模式进行了探索。2008 年颁布《关于加强耕地保护进一步改革完善农村土地和房屋产权制度的意见(试行)》，正式启动了农村产权制度改革试点，改革的核心是“还权赋能”，创建集体建设用地市场化的制度基础和建立合理的土地增值收益分配机制，并成立了农村产权交易所负责土地流转的相关交易。截止 2011 年，成都市已完成全市 265 个乡镇(街办)，4276 个村(社区）、3万多个村民小组，172余万农户的确权登记发证工作，全市土地基本“应确尽确”，并全部纳入数据库。纵观成都市10年来的经验，在推进城乡统筹过程中，解决了耕地保护、农业产业化和农村劳动力转移等重大问题，对我国的城乡统筹发展具有一定的普遍意义和推广价值。

2008年成都提出“确权—颁证—流转”的土地流转模式。确权颁证是成都农村土地产权改革的核心和基础。通过对农村土地所有权、土地承包经营权、宅基地使用权、房屋产权、林权的确权，对农村集体土地发放所有权证和使用权证，对农村房屋发放房屋所有权证。确权颁证前，土地产权不明晰，要素流动无基础，村民务农年人均纯收入约30元。确权颁证后，农民手中的土地资本化，价值陡增。通过确权颁证，农民固有的土地资源具备了向土地资产转换的条件。

资料来源：田莉．城乡统筹规划实施的二元土地困境：基于产权创新的破解之道[J].城市规划学刊，2013（1）：18-22

（三）城乡土地制度改革的方向

1. 改革建设用地指标分配机制

我国建设用地指标是按行政计划无偿分配，其分配依据是按基数和经济发展需要，本质上是土地指标与经济建设的挂钩，是只见GDP和经济增长，不见人口的分配机制分配。分配的建设用地往往被行政级别高的城市截留，县城和中小城镇建设用地指标不足。建设用地指标供给往往与人口的实际流向不相匹配。

在工业化和城市化快速推进的大城市，行政计划分配的城市建设用地日益满足不了地方政府对建设用地的需求。1998年修订的《土地管理法》增加了“耕地占补平衡”的政策。我国从2005年在江苏、天津、山东等八省市开始试点“城乡建设用地增减挂钩”。其实质是将农村集体建设用地（主要是宅基地）等村庄用地复垦后，将指标转移使用到城市房地产建设用地中，是建设用地总量平衡下土地开发权的转移。“城乡建设用地增减挂钩”是对自上而下的建设用地行政性分配的补充与改进。这种制度安排，缓解了地方建设用地紧张与中央保护耕地的矛盾并迅速在全国普及开来。但是挂钩指标严格限定在本市范围内，且不容许跨地跨省，对我国以外地农民工为主体的市民化没有什么帮助。“城乡建设用地增减挂钩”政策推出后，农村建设用地省出的指标成为地方政府、开发商口中的“唐僧肉”。指标附着的经济价值激发了地方政府通过各种途径迫使农民上楼、撤村并点，而没有解决农民的长远生计问题。给被迫上楼的农民带来了生产、生活的不便，许多农民仍要外出打工，存在二次迁移安居问题。有学者指出，当前农村土地制度改革中的“占补平衡”模式，在具体运行中往往发生异化，存在实占“虚补”、占“优”补“劣”、农地“非农化”、耕地“非粮化”等隐患，有悖“占补平衡”的初衷，有可能危及粮食安全，给国家整体经济运行带来巨大的风险（刘润秋，2010）。

我国建设用地分配制度改革进程严重滞后，制约了与以人为中心的城镇化发展，需要修正完善。华生（2013）提出建设用地指标分配应与城镇常住户籍人口即市民化人口挂钩的新机制。地方申请年度建设用地指标，应有相应的市民化即城镇户籍人口增加的计划，并根据上一年市民化人口完成情况，增减下一年度建设用地指标。这不仅有利于建设市场经济条件下的人户分离，而且有利于中小城镇的发展，促进大、中、小城镇符合就业和市场状况的协调发展。实行建设用地指标与城镇户籍人口全面挂钩，会使地方政府实实在在地区增加本地城镇户籍人口，担负起新增市民户籍人口的住房、教育、就业、社保等全面保障义务。建立了建设用地指标增加的内在平衡和约束机制，可有力抑制地方建设用地饥渴症，从而改变“土地财政”的路径依赖。

2. 完善土地增值收益分配机制

我国现行征地制度下，政府征地成为农地非农化的唯一管道，国有土地成为非农建设的唯一合法用地。政府主导的征地模式，农民在得到按土地原用途的倍数补偿后，失去土地所有权和丧失土地发展权。在征地补偿中，“摆平就是水平”的传统做法造成了老实人吃亏、钉子户得利等问题。为了获取较高的一次性补偿，村集体和农民往往采取增加违建方式，抬高征地拆迁成本。此外，官民对立，维稳成本增高，最终导致城镇化成本越来越高。

十八大以来，中央多次强调需建立兼顾国家、集体、个人的土地增值收益分配机制。加快推进征地制度改革，缩小征地范围，扩大国有土地有偿使用范围，减少非公益性用地划拨，规范征地程序，完善对被征地农民合理、规范、多元保障机制，保障农民公平分享土地增值收益。改变对被征地农民的补偿办法，除补偿农民被征收的集体土地外，还必须对农民的住房、社保、就业培训给予合理保障。因地制宜采取留地安置、补偿等多种方式，确保被征地农民长期受益。

根据《土地管理法》规定“国家为了公共利益的需要，可以依法对集体所有的土地实行征用”,刘守英（2008）提出应制定《公共利益征地否定式目录》，明确规定营利性目的用地不得征用……建立公平、共享的增值收益分配制度加快推进征地制度改革。进一步完善征地补偿安置制度，拓宽安置途径，探索留地安置、土地入股等多种模式，实现“保权让利”或“转权让利”，确保农民长远生计。完善征地补偿争议协调裁决制度，畅通救济渠道，维护农民土地合法权益；区分“涨价归公”与“涨价归政府”，防止“归公”的土地增值变成地方政府，乃至部分地方政府官员的体制外收入，保证“涨价归公”的土地增值回馈社会；建立土地基金制度。将一定比例的土地收益归集起来，用于调剂丰欠余缺，平抑市场波动对地方财政的影响，实现土地收益的“年际”合理分配（刘守英，2012）。以征地是否是以公共利益的需要划分，刘润秋（2012）提出了集体经营性建设用地流转改革的两种模式：①在当前征地制度下，以公共利益的需要为前提，对征地收益的分配进行改革。改革的重点在于对国家、集体和个人土地增值收益分配的调整。②对于非公共利益需要产生的征地需求，打破土地一级市场“先征后供”的方式，允许集体经营性建设用以直接入市交易，以出让、出租、入股等多种方式进入土地市场。

杨帅、温铁军（2010）认为需修改《土地管理法》的相关内容，改变收益分配不合理的土地征收制度。明确城乡不同主体的所有权与使用权“同权同利”的基本原则，以降低征地中大量的冲突，上访及群体性事件带来的巨大社会成本。宋立（2008）认为土地增值利益的分配应首先满足失地农民的发展需求，提高被征地农民的补偿标准，保障失地农民的基本生活。在保证失地农民生活水平提高的前提下，进一步提高失地农民的发展能力，使他们能够拥有公平的发展机会，参与社会发展和分享社会发展利益。

华生（2013）提出改革现行经营城市土地、谋求卖地净收益的房地产财政，实行以财务平衡为原则的新型征地制度。财务平衡的本质是将征地全过程的成本和利益分配公开化透明化。一块土地的征收拆迁补偿成本，加上该地块本身的整理和基础设施建设费用构成土地的基本地价。政府以弥补土地一级开发、收支平衡为限，用市场化原则公开拍卖该地块的商住用地。任何单位、包括工业用地和政府机构本身占用土地必须支付基础地价（基础地价指不包括任何盈利的全成本地价）。由于是全成本地价，使政府在征地活动中的经济利益中立化，从而恢复政府作为土地增值收益分配中的仲裁人角色。

在对失地农民的补偿方面，华生（2013）认为应贯彻国际上通行的公正补偿原则，不仅要考虑征地给他们带来的当前经济损失，还要考虑征地对他们的长期经济影响。在征地补偿时，不能采取农民实际建筑面积补偿，应当借鉴国际成熟经验，对征地补偿实行房地分离，在对土地的公平补偿以外，对建筑物仅按重建建筑成本价扣除折旧补偿，严重违法违规的抢建不予补偿。

对远郊农民，应通过征地人员安置或购买流转农田作为替地，保证农民在征地后长期经济来源不受影响。对城郊和城中村的农民，原则上应取消现行一次性巨额现金补偿办法，而采取农民宅基地换住宅，农地换部分公租房的办法，使农民在丧失土地后既有城市住宅，又有公租房收入作为长期经济来源。城郊拆迁需进行土地增值收益调节，在给予一个较大的豁免额后征收个人所得税及土地增值税。该办法有利于引导农民选择以长期经济来源为主的补偿方式，而放弃一次性货币补偿方式。

3. 构建城乡统一平等的土地市场

平等保护城乡土地产权，改变同一块土地因所有制不同、权利设置不同的格局，赋予集体所有土地与国有土地同等的占有、使用、收益和处分权，对两种所有制土地所享有的权利予以平等保护，实现宪法和相关法律保障下的同地、同权；城乡不同主体土地进入权平等，以用途管制为唯一的准入制度，在用途管制下，农民集体土地与其他主体土地依法享有平等进入非农使用的权利和平等分享土地非农增值收益的权利。

重构平等交易的土地市场。建立公开、公正、公平的统一交易平台和交易规则，实现主体平等、市场交易决定供求和价格形成的土地市场。打破目前地方政府独家垄断供地的格局，实现同一交易平台、不同主体平等供地的局面。只要符合相关法律，遵守交易规则，无论政府、农民集体、国有土地用地单位等，都可以在统一的土地交易市场从事土地交易。活跃土地二级市场，促进土地抵押、租赁、出让市场的发展和完善（刘守英，2011）。

4. 建立不动产统一登记制度

土地登记制度是国家按照法律、法规规定的程序和要求进行土地登记，以保护土地权利人的合法权益，促进土地利用的一项制度。按照《物权法》的要求，尽快出台不动产统一登记法律法规，推进实施以土地为基础的不动产统一登记制度，统一法律依据、登记机关和权属证书等。由中央政府统一进行覆盖所有土地资源的确权、登记、颁证，确认土地所有者和土地使用者的土地权属关系，为保障土地财产权、便利土地权利交易提供基础性制度服务；确认不同主体土地平等进入权。（刘守英，2012）。

为了我国下一步深化保障房制度改革、推进房产税政策的出台，房地产登记工作也需紧跟启动。由于房产实名登记的基础工作相当完备，户籍制度和身份证制度亦很完备，我国需逐步推进全国城镇房地产信息联网。[①] 2014 年 8 月

① 2011年12月，李克强在天津考察，强调要加快全国城市个人住房信息系统的建设和联网工作，为保障房公平分配、房地产调控、相关制度改革奠定基础。2012年7月，全国已40多个城市实现个人住房信息联网。

15 日，国务院法制办公室发布《不动产登记暂行条例（征求意见稿）》，明确界定了不动产是指土地、海域以及房屋、林木等定着物。国家实行不动产统一登记制度。集体土地所有权；房屋等建筑物、构筑物所有权；森林、林木所有权；耕地、林地、草地等土地承包经营权；建设用地使用权；宅基地使用权；海域使用权；地役权；抵押权以及法律规定需要登记的其他不动产权利需依照规定办理不动产登记。国土资源部被赋予“指导监督全国土地登记、房屋登记、林地登记、海域登记等不动产登记工作”的职责，《不动产登记条例》的出台亦已提上议程。根据国土资源部的时间表，国土资源部在其官网我国将在 2015 年推进统一登记制度的实施过渡，2016 年全面实施统一登记制度，2018 年前，不动产登记信息管理基础平台投入运行，不动产统一登记体系基本形成。

5. 土地管理机构职能调整

剥离土地管理机构的国有土地经营职能。明确土地管理部门是隶属于国土部的土地行政管理机构，行使所辖行政区域内所有土地的行政管理职能。地方政府是受国务院委托的国有土地所有者代表，行使所辖行政区域内国有土地占有、使用、处置、收益各项权能，包括对农村土地的依法征用、征收和对国有建设用地使用权出让、转让等部分经营职能。地方政府土地经营职能不再由土地管理行政机构行使，而是由政府委派专门的机构来履行。也可以参照国有企业改革的经验，成立专门的国有土地公司等经济组织，把需要经营的国有土地交给他们参与市场运作，或转让、或出租、或联营、或入股，负保值增值的责任，并向国家财政上缴土地收益。这些经济组织作为市场主体，按照统一的市场规则，接受政府的调控和监管（刘守英，2011）。

三、财税体制改革

中国的财政体制改革，大致分为两个阶段：第一阶段是 1994 年实施的分税制财政改革，其目的是构建于市场经济相适应的政府与企业、个人之见的分配关系和中央与地方的分配关系；第二阶段是 1998 年开始推行的侧重于财政支出的预算管理改革，其目的是转变财政职能，优化支出结构，逐步建立公共财政体制框架。

十八大、十八届三中全会提出明确事权、改革税制、稳定税负、透明预算、提高效率，加快形成有利于转变经济发展方式、有利于建立公平统一市场、有利于推进基本公共服务均等化、主体功能区建设的现代财政制度，形成中央和地方财力与事权相匹配的财税体制[①]。当前，财税体制改革的方向要从基于工业化的财税体制转向基于城市化的财税体制。未来基于城市化的财税体制，应该建立财政收入与支出的统一规则框架，将纳税义务与享受公共服务相连接。建立面向城市家庭和个人的征税体制，形成企业和个人两大税收基础，逐步建立起地方税制，增加财产税、消费税等地方税种，同时降低现有各类名义税率，优化税收结构，提高直接税比例，降低间接税比例。合理划分中央与地方的收支关系，让财力与事权相匹配，加大财政透明度，积极向公共财政转型。财税改革的重点是要调动地方的积极性，与中央一起形成合力来推动城镇化发展，改变传统的城镇化路径，提高城镇化质量（文辉，2013）。建立健康、可持续的财政系统，从土地财政走向公共财政，将地方政府的激励从"卖地"、"造城"调整到创造就业，吸纳人口，提供公共服务和升级产业结构等（王洁晶，2013）。

（一）明晰中央与地方的责任分工

我国在税权分配上中央政府对税权高度集中，地方政府几乎没有调节余地。在税权划分上，没有根据税种内在特性和经济功能来确定收入归属，使得一些收入规模不大的小税种容易成为较低级次政府的专享税种，而大部分主要税种都采取了在各级政府间共享的形式。这样的分税方法导致政府间财力分配的重心偏高，级次越高的政府集中的财力越多（田发，2010）。由于 1994 年的分税安排没有延伸至省级以下，省级以下政府的财力差距很大，而省级以下政府承担了所有公共支出的 50%以上（图 9-4、表 9-1）。

财力与事权匹配的过程，就是从中央到地方支出责任细化，明晰各级政府的支出责任。借鉴西方国家建立各级地方财政自主性财力的做法，适当调整和规范中央与地方的收入划分办法，扩大政府间收入划分的覆盖面，保证各级政府有行使职权与提供公共服务的财权（主要含税基拥有权及其相适应的税政管理权、征收管理权）和财力（王诚尧，2008）。地方税收收入应主要靠共享税，提高增值税收入地方分成比例，将消费税改造成中央和地方共享税。推进房地产税与国有土地收益制度改革，并赋予地方一定税权（《中国财政政策报告》，2014）。省以下体制应当允许多样化，允许各省探索适合于本省的行政体制和

① 中共中央关于全面深化改革若干重大问题的决定（2013）提出适度加强中央事权和支出责任，国防、外交、国家安全、关系全国统一市场规则和管理等作为中央事权；部分社会保障、跨区域重大项目建设维护等作为中央和地方共同事权，逐步理顺事权关系；区域性公共服务作为地方事权。中央和地方按照事权划分相应承担和分担支出责任。中央可通过安排转移支付将部分事权支出责任委托地方承担。对于跨区域且对其他地区影响较大的公共服务，中央通过转移支付承担一部分地方事权支出责任。

财政体制。未来改革思路需要综合考虑客观经济环境、改革总体取向和改革措施间的搭配与协调，要避免为改革而改革（刘守英等，2012）。

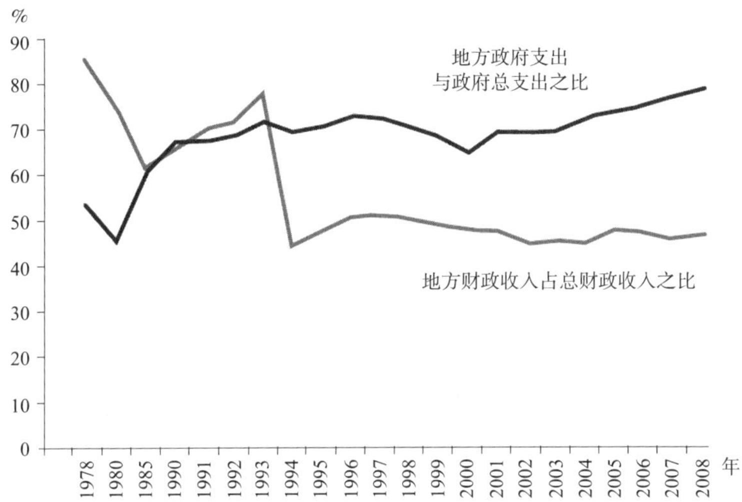

图 9-4　地方政府事责与财力不匹配

资料来源：世界银行，国务院发展研究中心联合课题组 .2030 年的中国：建设现代、和谐、有创造力的社会 [M]. 北京：中国财政经济出版社，2012：67

省以下地方政府在政府收支总额中的比重　　　　表 9-1

	发展中国家	经合组织国家	转型国家	中国
省以下地方政府占政府税收收入的比重（%）	9.27	19.13	16.59	34.2
省以下地方政府占政府支出总额的比重（%）	13.78	32.41	26.12	59.3

资料来源：世界银行，国务院发展研究中心联合课题组 . 2030 年的中国：建设现代、和谐、有创造力的社会 [M]. 北京：中国财政经济出版社，2012。转引自 Dollar and Hofman(2006)，世界银行工作人员计算。

（二）构建基本公共服务均等化的财税体制

我国在基本公共服务提供上则体现为总量不足与支出责任主体下移。在基本公共服务支出责任分工上“中央与地方公共服务责任分工错位”地方政府尤其是基层政府承担的支出责任过重（表 9-2）。政府支出中较大份额被用于“经济事务”，而在医疗、社会保障等公用领域存在“缺位”，基本公共服务供给成为我国财税体制中最薄弱的环节。

政府支出规模和构成的跨国比较（按占 GDP 百分比计）　　表 9-2

占 GDP 比例*	高收入国家	中等收入国家		中国
	OECD	中高收入	中低收入	
总支出	41.6	33.1	36.1	25.7
一般公共服务	5.6	5.6	5.5	2.9
国防	1.6	1.5	2.2	1.3
公共秩序和安全	1.6	2	2.6	1.3
经济事务	4.2	5.3	6.1	7.9
环境保护	0.7	0.5	0.3	0.5
住房和社区设施	0.8	1.2	3	1.9
医疗卫生	6.3	3.3	3.1	1
娱乐、文化和宗教	1.2	0.8	1	0.5
教育	5.4	3.9	5.4	3.7
社会保障**	15.2	9	6.9	4.7
备注：除社会保障和医疗以外的总支出	20.1	20.8	26.2	20

* 中国的数据位 2008 年数据，其他国家均为 2007 年数据。

** 中国的社会保障支出中既包括养老基金支出，也包括医疗保险支出，加上从一般预算列出的医疗支出，2008 年政府医疗卫生支出达到 GDP 的 2.5% 左右。

来源：世界银行，国务院发展研究中心联合课题组 .2030 年的中国：建设现代、和谐、有创造力的社会 [M]. 北京：中国财政经济出版社，2012：99。

从国外公共服务均等化的财税经验，基本上把公共财政支出范围限定在“市场失灵”领域，并普遍将关于国家整体利益的支出，需要统一规划的支出，一般划归中央；而与地方利益有直接关系的支出，需要因地制宜安排的支出，外溢性较小的支出，一般划归地方政府。这一安排经过长期的磨合与调整，形成了各级政府间财政支出与其职责范围密切的对应关系，使各级政府有能力提供大致均等的基本公共服务。国务院发展研究中心和世界银行联合课题组编著的《2030 年的中国》指出中国今后 20 年增加教育、医疗、社会保障和环境保护的支出将成为迫切需求。中国可能要把医疗支出占 GDP 的比例提高 1.5 个百分点，把教育占 GDP 的比例提高 1.5 个百分点。此外，还需要提高 3 ~ 4 个百分点的支出以满足基本养老金开支并逐渐弥补历史成本。这几项合起来要增加相当于 GDP 7% ~ 8%的财政支出，今后中国还需要将更多资源用于其迅速增长的基础设施资产的运营和维护。

社科院 2014 年发布的《中国财政政策报告》认为支出领域的改革是新一轮改革的核心领域，对于财政支出领域改革的方向，要适度控制总体规模，建立优化一般性行政支出结构的长效机制，降低行政成本；逐步压缩经济建设性支出的规模，优化公共投资结构；继续加大社会福利性支出比重，采取措施堵上制度漏洞，提升社会福利体系的可持续性和绩效，促进基本公共服务均等化。

建设服务型政府是我国社会主义政治体制改革的目标，在这一目标引导下，需逐步对各级政府职责交叉或重叠，存在问题比较多的教育、医疗、社会保障等基本公共服务领域的支出责任进行改革调整。可将义务教育支出责任划分作为改革的突破口，适当上收县乡政府现阶段承担的部分支出甚至管理责任。加大中央对地方义务教育专项转移支付。同时，强化中央和省级政府在公共卫生和基本医疗服务领域的支出责任，逐步提高养老保险、失业保险和医疗保险的统筹层次。考虑到地区间发展水平存在的差异，实现公共服务均等化，可从确保基本公共服务最低标准入手。中央和省级政府应明确提供最低社会保障、义务教育、初级医疗保障和环境保护等基本服务的要求，通过向欠发达地区的支出倾斜，使不同地区都能达到全国最低标准，逐步实现基本公共服务均等化（田发，2010）。

（三）建立健全地方债券发行管理制度

十八届三中全会提出推进城市建设管理创新，建立透明规范的城市建设投融资机制，允许地方政府通过发债等多种方式拓宽城市建设融资渠道，允许社会资本通过特许经营等方式参与城市基础设施投资和运营，研究建立城市基础设施、住宅政策性金融机构。1998 年以来，我国的一些城市为筹集市政建设资金，已在企业债的名义下发行了一定数量的具有准市政债券性质的债券。如 1999 年发行的上海浦东建设债券、济南市供水建设债券等，初步积累了一些市政债券发行的管理经验。应尽快修订《预算法》，建立地方政府发行地方市政债券①的制度，向公众筹集用于市政基础设施和社会公益性项目的建设资金，增加地方建设基金的来源渠道，用以弥补快速城镇化建设所遗留的城市基础设施、公共服务设施建设的欠账，降低政府对“土地财政”的依赖。

（四）疏堵结合构建地方主体税种

目前我国的税制设计下，中央和省级政府不断提高制造业、工商业税收等的分成额度，造成地方政府财政收入比重较大幅度下降，但事权没有相应减少，地方主体税种缺失，引发地方政府对土地财政依赖的恶性循环。实践中如何切

① 市政债券是一种以地方政府或其他授权代理机构为发债主体，公开向公众筹集用于城市基础设施建设或公共设施建设资金的融资工具。

实抑制地方政府“以地生财”的冲动，仍需疏堵结合，为地方财政开辟新的税源，减少对“土地财政”的依赖。

世界银行（2012）对中国开出的建议是可以考虑让相对发达的城市自行开辟新的收入来源，给中央留出更多财力用于对贫困地区的转移支付，有助于将更多地方财政收支纳入预算内。这样可以使地方政府从单纯追求增长速度和投资转向一种更为平衡的增长战略，从而有益于减少城乡差异。

中央城镇化工作会议（2014）提出要完善地方税体系，逐步建立地方主体税种，建立财政转移支付同农业转移人口市民化挂钩机制。赋予地方适当的税权，包括赋予地方一定的税收立法权、税制改革权、税收征收权和收入归属权。改革税制结构，探索推进对财产税、房产税①、遗产税、拥堵费等新税（费）种的征收，使之成为地方政府的重要财政收入来源，缓解地方财政困难，加强对土地增值税、城市土地使用税的征收力度（刘守英等，2012）。一个好的地方税应该达到几个方面的标准：地方政府应该能自行确定税率——至少在一定范围内可以自定税率；税项应该是当地纳税人看得见的；规模足以支付很大一部分地方公共服务，同时税源不易于转移到本辖区以外（世界银行，2012）。

（五）建立可持续的房地产税

如今，宅地和房产已经成为国人财富主要载体，建立对城市居民房地产财富和收入的完整调节机制，就成为捍卫社会公平和分配公正的一道重要防线。

从政府财政体制改革的角度看，陈志勇、陈莉莉（2011）基于2000～2009年我国省级面板数据对2000年以来我国财税体制变迁，地方“土地财政”模式与经济增长的关系进行的计量分析，认为应弱化土地房产税收的一次性特征。要大力推进土地房产税系的改革，逐步形成以保有环节房地产税为重要收入来源的地方财政收入体系，房地产转移环节的税种主要起辅助作用，形成功能相互配合的土地房产税收体系。

世界银行（2013）认为征收房地产税有助于土地的更有效利用，抑制城市的无序扩张，同时减少地方政府对土地出让收入的依赖。尽管房地产税很有必要，但要真正成为财政收入的一项重要来源还需要较长一段时间。巴尔（Bahl，2009）指出，只有少数国家（如美国和加拿大）的房地产税能占到的GDP的

① 财政部原部长谢旭人表示下一步税收制度改革的重点将包括对房地产交易环节征收的有关税种进行简并，并研究逐步在全国推开房产税等。谢旭人．将简并房产交易税种[ED/OL].[2012-12-06]. http：//news.xinhuanet.com/politics/2012-12/06/c_124055054.htm.

3%～4%.经合组织国家（OECD）和发展中国家的平均值分别约为2.1%和0.6%，只有少数的发展中国家，如乌拉圭能达到1.0%左右。引进房地产税需要有一套非常复杂的制度设计，房地产初始价值不容易估算清楚，这可能会导致把初始税率设定在较低水平，征收初期的收入会远低于上述国家的平均值。因此，地方政府只能逐步减少对土地出让收入的依赖。

刘守英（2012）提出借鉴市场经济国家经验，建立适应资源国情的新型土地不动产税制。对土地保有、流转及其收益环节的税收制度进行整体构建、系统改革。在保有环节，将主要实行从量课征改为全部实施从价计征，提高课税弹性，发挥土地不动产税筹集地方政府财政收入的功能；在流转环节，调低整体税率，降低流转课税，发挥配置资源和提高效率的功能；对流转取得的收益，加强税收征管，充分发挥促进社会财富分配公平的功能。

华生（2010，2013）指出，我国积极筹备开征房产税，对转变政府职能，推动地方政府从土地财政转为税收财政，对合理引导住房消费，调整收入分配乃至反腐倡廉，意义重大。居民房地产调节的切入点和重点是对房地产的收入调节。由于房地产税不同于在交易发生处征收扣除的商品、收入等税收，是要从并无交易的人们住所征税，对征管能力要求很高，对居民普通开征难度和阻力很大，需分步推进。可采取如下措施：①启动立法程序，形成改革共识；②房地产登记工作的全面信息化和全国联网；③数据分析测算和选择确定方案；④开征居民住房闲置税。同时建议从占有土地的全部城乡二套房开始征收房产税，促进在城镇落户的农民放弃在农村的宅基地，也有助于抑制富裕城镇居民下乡置业。

房地产税的全面开征可分步、分阶段和分区域逐步展开，首先可从房价上涨较快、房价收入比较高、人均住房条件差异大的城市开始；可以从持有多套、超大面积住宅和豪华型公寓和别墅开始，逐步过渡到普通和全面的开征。可以在若干城市先行试点，取得经验，再行推行。各城镇的征收标准也应在国家统一规定的大区间内有所不同，形成不同城镇住房保有成本的差异，引导人口流动的合理布局。

目前，上海和重庆已试点征收房产税（表9-3）。下一步可选择中西部地区一些既没有自主的财税来源，又没有土地财政收入的中小城市试点，原则上对城乡房产无论存量还是增量都进行征税，当然要建立在城乡房产价值评估的基础上，特别是城乡要素能自由流动的基础上（文辉，2013）。

上海、重庆房产税征收细则　　表 9-3

	上海	重庆
征税对象	上海市新购且属于该居民家庭第二套及以上的住房和非上海市民家庭在当地新购的住房	1. 个人拥有的独栋商品住宅 2. 个人新购的高档住房。高档住房是指建筑面积交易单价达到上两年主城九区新建商品住房成交建筑面积均价 2 倍（含 2 倍）以上的住房 3. 在重庆市同时无户籍、无企业、无工作的个人新购的第二套（含第二套）以上的普通住房
税率	税基暂按应税住房市场交易价格的 70% 计算缴纳，适用税率暂定为 0.6%，对住房每平方米市场价格低于当地上年度新建商品住房平均销售价格 2 倍（含 2 倍）的，税率暂减为 0.4%	1. 独栋商品住宅和高档住房建筑面积交易单价在上两年主城九区新建商品住房成交建筑面积均价 3 倍以下的住房，税率为 0.5%；3 倍（含 3 倍）至 4 倍的，税率为 1%；4 倍（含 4 倍）以上的税率为 1.2% 2. 在重庆市同时无户籍、无企业、无工作的个人新购的第二套（含第二套）以上的普通住房，税率为 0.5%
税收减免	上海市居民家庭人均不超过 60m² 的，其新购的住房暂免征收房产税	1.1 月 28 日以前购买的独栋商品住宅免税面积为 180m² 2. 新购的独栋商品住宅、高档住房，免税面积为 100m²
纳税公式	应纳税额 = 新购住房应税面积 × 新购住房单价 × 相应税率 ×70%	应纳税额 = 应税建筑面积 × 建筑面积交易单价 × 对应税率

资料来源：刘开瑞，高艳波．对上海、重庆房产税征收的深思考——基于不动产购买者分析视角 [J]. 经济与管理，2012(9)：18-20。

（六）建立统一规范的财政转移支付制度

目前，我国以城乡公共服务均等化为目标的规范的财政转移支付制度建设滞后。由区域经济差异性决定的区域财政差异性，只能依靠转移支付来化解。我国目前转移支付制度存在规模偏小、转移支付结构部合理、标准不规范、转移支付资金安排中的有效监督不足等问题，需要增加转移支付的透明度和可预见性以及“横向转移支付”的规范性。应根据不同类型转移支付的特点，逐步建立一般性转移支付为主、专项转移支付为辅的转移支付体系，促进各地区基本公共服务均等化。完善一般性转移支付的测算办法和分配制度，整合和规范专项转移支付，尽可能按合理分配资金。结合主体功能区规划，探索制度化的生态补偿等财税措施（贾康、刘薇，2011）。同时，建立财政转移支付同农业转移人口市民化挂钩机制，拓宽人口市民化资金来源。

四、户籍制度改革

（一）户籍制度改革的历史变迁

“户籍制度”形成于 20 世纪 50 ~ 70 年代，1958 年 1 月《中华人民共和国户口登记条例》颁布，标志着全国统一户籍制度的正式形成。1963 年公安部依据是否吃国家计划供给的商品粮，将户口分为“农业户口”和“非农业户口”，使得户籍制度在城乡分割上具有了真正的操作依据（赵燕菁，2003）。在随后的户籍制度变迁中，伴随着国家对城市和农村人口数量的控制，与国家经济发展战略和城镇化政策的落实息息相关。现行的户籍制度影响最广的核心内容是户籍所在地和户籍类型，前者涉及到大、中、小城市、集镇和农村的差别以及不同省份的区域差别，后者涉及到农业户口与非农业户口的城乡差别，这三个差别共同影响了户口持有者的粮食供给、就业机会和社会福利（赵文远，2004；Fan，2008）。

2000 年后的户籍制度改革一定程度上取消了农业户口和非农业户口的城乡区别，改革的重点越来越转向改善农村福利和深化城乡一体化改革，但同时也隐含了新的二元分割——城市与小城镇的分割、大城市与小城市的分割以及特大城市中心区和郊区的分割。拥有高比例流动人口的特大城市的户籍制度改革还仅仅局限于类似“居住证”的制度创新上，比如上海、成都、昆明、沈阳，但实质的户口控制仍然牢牢掌握在政府手中（张立，2011）。

学界对于户籍改革的不同观点的主要分歧在于是采取激进（废除）的方式还是渐进（制度变革）的方式来完成户籍改革。前者认为户籍制度阻碍了市场要素的流动，进而抑制了经济发展，侵犯了人权，需要废除（Cheng，1991；胡星斗，2008）；后者认为户籍制度虽然有弊端，但有其历史作用，它使中国的城镇化进程避免了非洲和南美的过度城镇化现象，保持了社会的稳定（Mallee，2006）。与社会主义经济体制转型的改革一样，户籍制度的改革也是渐进的。问题产生的根源在于附着在户籍制度上的利益分配，因此改革要循序渐进。即使在政策上采取激进的改革措施，在行政运作中也会因为现实资源的不足而采取渐进的执行措施……户籍改革必然是渐进的，因为公共资源的增量本身就是渐进的（湛中乐，2009）。

在中国现实的制度背景下，单纯通过户籍制度的改革尚无法抹平城乡差别。急切需要变革的是，与户籍紧密相关的一系列不平等的城乡人口福利差别（张立，2011）。城镇户口与农村户口的差别只是户籍制度改革的内容之一，而不是户籍制度改革的全部，更不能将城镇化作为户籍制度改革的价值目标。比户籍改革更重要的是要改革附着于其上的各项福利制度，把改革重点集中在“赋予各类人口以无差别的社会福利”，即城乡平等的社会福利待遇，以及就业、就学的平等权利等（马福云，2001；姚秀兰，2004；宋嘉革，2006）。

（二）户籍制度改革的核心问题

进入21世纪，户籍制度改革实践中，各地根据自身情况，制定了具有地方特殊的户籍制度政策。基于优质劳动力需求或是本地城乡统筹，经济发展的动力，大城市逐步通过各种条件限制适度降低了户口转换的标准，并通过居住证制度的设计，使原来对于农村户口遥不可及的城镇户口进行了分阶段准入设计，在各阶段使外来人员获得一些城镇居民的福利。表9-4列举了具有典型性的几类户籍制度改革政策。

各地在户籍改革方面的创新　　表9-4

广东	户口积分制度。2009年，广东出台了一项根据积分转户口的制度，它主要针对广东省内的农民工，而居住证制度则适用于其他外来人口。一个人的积分根据其教育、专业技术证书和职业、社保缴费年限、义务献血或做义工等对社会作出的贡献以及政府奖励等进行计算。同时，鼓励所有外来人员申请居住证，以获得额外的公共服务和福利。迄今为止这项改革的影响要小于预期：原计划在3年内为180万人转户口，但第一年只转了10万人
上海	明确居住证转户口的标准，但用配额对人数进行限制。上海是第一个实行对所有人开放居住证制度的城市，但它要求的条件最为严格。上海的居住证制度优先考虑三类人员：①有大学学历或特殊才能的人员和在上海工作、经商或投资的人员及其家人；②有稳定工作和住房的人员；③与有上海户口的家人团聚的人员。持有居住证的人员享受与本地人同样的公共服务，包括子女教育、医疗和计划生育服务、培训、社会保险和驾驶执照办理等。他们需要参加上海社会保险7年以后才可以申请上海户口。而且，上海对转入户口人数有限额，至今获得上海户口的外来人口数量还很少
重庆	通过放弃农村福利换取城市福利并转为城市本地户口。重庆用转户口来鼓励农民全家进城，但这只适用于重庆本地的农村居民，农民工要将户口从农村转到城市，需要在当地工作或经商5年以上，或在当地购买了商品房，或是进行了一定规模的投资或缴税。如果要转为小城镇的户口，条件相对要低得多。这一模式的主要特点是所谓的“脱掉三件农村衣服、换上五件城市衣服”（农村衣服指宅基地、承包农田和林地；城市衣服则是养老、医疗、住房、就业和教育）。从农村户口转为城镇户口的人员可以将农田、宅基地和林地保留3年。但3年后如果想保留城镇户口就必须放弃它们
成都	本地居民转换户口不需放弃农村的各项权益。成都实行了一种居住证制度，居住证分为临时和长期两种。居住证和转户口都只适用于成都本市农村地区的居民。本地流动人口如果在城市居住1个月至1年，可申请临时居住证，如果居住超过1年则申请长期居住证。如果本市的流动人口签订了就业合同，进行工商注册，购买住房或是居住证持有者的抚养对象，那么就可以申请获得居住证。居住证持有者能比临时居住证持有者享受更多的公共服务和福利，并可以转户口

资料来源：世界银行，国务院发展研究中心联合课题组.2030年的中国：建设现代、和谐、有创造力的社会[M].北京：中国财政经济出版社，2012。

大城市更多的是通过建立与户籍平行的居住证制度，来实现渐进式的户籍制度改革。近年来，实行居住证制度的最终目的是将外来人口获取基本公共服务的资格与户籍相分离。上海、深圳、浙江、广东、江苏、重庆、成都等省市都实行了居住证制度，各地做法有所不同。纵观全国主要城市的居住证准入制度，有些地区的居住证比较容易获得，但提供的福利较为有限；有些地区能提供很好的福利，但获得居住证的标准非常严格（如上海）；有些地区则混合上述两种做法，颁发两种居住证，一是容易获得但福利较少的临时居住证，一是可以享受更多福利的长期居住证（如浙江）。

地方户籍制度改革试点说明，如果仅在地方层面追求城乡一体化，将会面临诸多挑战。具体表现为：

（1）在农民工最为集中的大城市，户籍改革最不彻底，至少对来自省外或市外的人员是这样。

（2）大城市的改革一般主要针对有较高技能和较富裕的移民，大大限制了改革对劳动力市场的影响，降低了其在促进平等方面的效果。

（3）由于存在很多不确定因素，转户口又可能有很高的机会成本，比如需要放弃农村土地农民工对城镇户口的需求面临重要制约。在发达地区，农村土地价值很高，农业户口如果转为非农业户口，可能会失去土地征用所带来的大量补偿。

（4）缺乏与户籍政策相关的社会福利改革很可能导致代际损失，使农民工子女失去积累人力资本的机会。

（5）城市居民担心，如果外来人口的公共服务成本都由地方来承担，那么可能会对服务质量造成不利影响。

（6）深化户籍改革的关键制约可能是如何筹集用于农民工公共服务和社会福利的资金。根据财政分权的安排，主要社会服务和社会保障项目所需的多数资金由地方政府负责。由于公共资源有限，地方政府缺乏为农民工及其家庭提供免费服务或补贴服务的动力。

上述各项挑战都指向了户籍改革中的核心经济问题：改革的好处是全国性的，但根据目前对基本公共服务提供的政府间财政安排，改革成本主要由地方政府来承担，这是一个典型的外部性问题。外部性的存在导致难以开展集体行动，城市为福利改革提供资金，但只能获得改革的部分收益，而且由于外来务工人口是流动的，这种投资对本地的回报率并不清楚。如果只从地方角度来分析，不为外来人员提供基本服务或者不提供充分服务是一种理性选择，但从全国来看，这种选择只能导致次优结果（世界银行，国务院发展研究中心联合课题组，2012）。

（三）户籍制度改革的战略建议

户籍制度改革需要制定一个较长时期内渐进推进的战略，最终目标是要使户籍变成一个纯粹的人口登记制度，把它与社会福利完全分开，这需要中央在与各省密切协调的基础上进行全国性规划。

吴瑞君（1999）认为要建立户口登记与人口登记并存的管理方式，建立户籍管理与口籍管理并轨的双籍管理机制，取消大城市内部的不同区域户口的利益差异及现行社会经济政策对户籍的制约作用。同时提出了建设以居民现住地为管理立足点的属地化管理模式，适时地将城市行政管理基础从户籍人口转向常住人口。

赵燕菁（2003）认为户籍制度改革的方向不是简单地取消管制，而是将以前简单化但统一化的国家管制为主，转变为更精确但差异化的地方管制为主。管制执行的主体，要同变化后的税收——补贴的主体重新保持一致。户籍控制的程度，也应由地方政府独立确定。在转型经济完成之前，即使全国统一的正式的户籍制度被取消，也一定会有大量隐形的“户籍制度”作为替代，以区分不同的人口在城市中的权利和待遇。最终能够消除人口流动限制的唯一出路，就是加速城市化，使人口的收入、消费偏好等方面尽可能快地均质化。

李涛、任远（2011）提出户籍改革应该从以下四个基本思路着手努力：

（1）使户籍制度逐步与相关社会福利制度脱钩；率先推动社会保障和社会福利体制改革，使土地制度、土地流转和户籍身份脱钩，减少户籍改革的阻碍。

（2）对流动人口渐进式增加社会福利、逐步推进公共服务的均等化。使流动人口能够拥有“低门槛、渐进式”获取城市户籍背后权益的制度通道。

（3）扩大从外来移民到本地户籍人口之间的制度通道。不仅应对人才准入，还应对普通的劳动者，户籍改革不仅是人才政策，更应该是民生政策。

（4）推动城市户籍改革和区域户籍改革的联动。借鉴广东、重庆等地户籍制度区域一体化的经验。

国务院发展研究中心和世界银行（2012）认为：关键问题不是户籍改革本身，而是户籍改革的先决条件，即那些可降低户籍重要性的福利制度改革。要具备这些先决条件，就要求各级政府及相关部门采取一系列集体行动以确保那些对全国而言能达到社会和经济效益最优的改革措施不再被继续拖延。户籍制度改革三步走发展战略如下：

第一步，建立实施居住证制度的全国统一性框架，启动将非本地户口居民的社会福利与其户口状况相分离的进程。虽然在短期或中期内不大可能实行全国统一的居住证申请标准，但需要设置一些通用指标，各个城市可根据本地情况制定具体标准（如在本地的居住年限或社保缴费年限）。标准的制定可以借鉴此前很多地方试点项目的经验，也可以考虑类似广东的积分制度，避免标准过于僵化。实际操作中面临的另一个挑战是建立起全国流动人口信息体系标准和数据交换制度。虽然就目前来看，建立一个集中的全国数据库显得过于超前，但各地使用同一个信息平台对有效推进改革是不可或缺的。

第二步，逐步推广居住证制度和放宽落户标准。在这种框架下，可以逐渐扩大居住证登记的范围，先从本市农村地区的居民开始，逐步扩展到所有本省户籍居民，直到最终扩展到允许外省的人口也可以申请居住证。成都、重庆和广东等地户籍制度改革已经采取了这种模式，这有助于分步骤地实现社会福利均等化。

第三步，确定流动人口在获得居住证之后可享受到哪些权益以及获得各种权益的先后次序。在这个问题上，当前进行的一系列试点也可以提供很多借鉴。在开始阶段，让外来人员获得居住证后立即享有与当地居民相同的社会福利是不太可能的，但很重要的一点是要在地方居住证制度中，确定一个可以逐步获得这些福利的路线图。尤其应该优先考虑同等受教育权。随着劳动力总量的减少和农村富余劳动力逐渐耗竭，不同城市可能需要展开竞争来吸引外来劳动力。在某种程度上，居住证持有者拥有的权益以及获取这些权益的速度可以成为城市吸引外来劳动力的竞争手段。

在这种全国统一的框架之下，2015 ~ 2020 年间可在全国范围实行居住证制度。这个制度全面建立后，可以加快社会福利享受条件均等化的进程。最晚到 2030 年，持有居住证的外来人口就可以获得与当地居民同等的社会权益，而且申请居住证只需要满足较为基本的条件或在当地居住较短时间。要使这种过渡行之有效，一个关键的挑战是有关部门要就向居住证持有者提供公共服务的支出责任达成共识，中央和地方政府需要为此进行复杂的讨价还价。但双方都需要更好地理解人口流动的重要性以及劳动力流动的外部性。中央和地方可以共同承担改革带来的财政责任。但如果流动人口来自省外，那么中央就要对他们承担较多的支出责任；如果是省内流动，那么省级政府就要承担较多的支出责任；有些福利项目务工者自费的比例很大，这将被纳入申请居住证的标准中。

逐渐推广居住证制度，最终将户口变为仅仅是一种人口登记制度的户籍改革（图 9-5）。非本地人口的居住登记制度将逐渐扩大（一方面是覆盖面的扩大，另一方面是所享受社会权益的扩大），同时逐渐降低户口转换的门槛。

不容忽视的是户籍制度作为国家公共政策的一部分，户籍改革需要改革与户籍制度相关联的社会福利制度、公共服务体制、农村土地制度和区域管理体制，实行综合配套改革，才能真正解开城市户籍改革积重难返的“绳结”（李涛、任远，2011）。户籍制度改革需要完善相关的制度和法律体系，废除不合理的条文规定，首先需改革间接阻碍人口向城镇迁移的城镇配套政策（孟兆敏，2008）。此外，户籍制度改革需要多部门配合，整体推进。成都户籍制度改革进展顺利的一个基本经验是，户籍制度改革是在成都市统筹城乡工作委员会主管领导下，公安、劳动保障、教育、卫生等多部门密切配合来推进的。

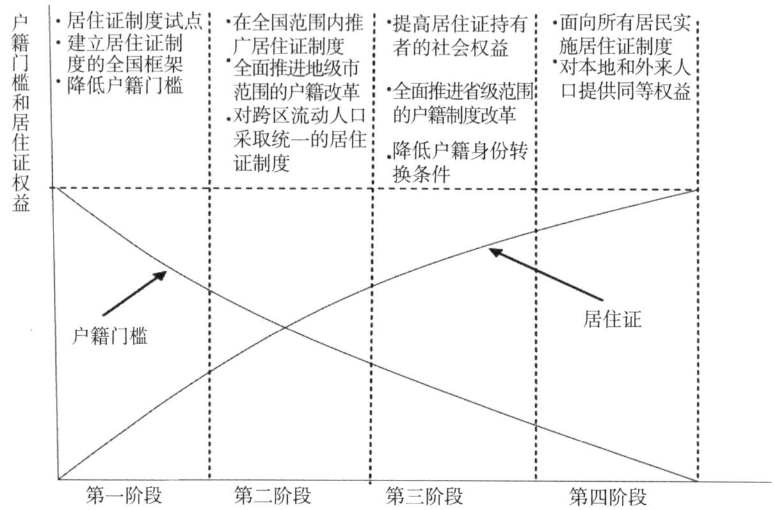

图 9-5　居住证推广和户籍一体化的路径示意图

资料来源：世界银行，国务院发展研究中心联合课题组 .2030 年的中国：建设现代、和谐、有创造力的社会 [M]. 北京：中国财政经济出版社，2012：371

（四）新型城镇化背景下的户籍制度改革

为深入贯彻落实党的十八大、十八届三中全会和中央城镇化工作会议关于进一步推进户籍制度改革的要求，促进有能力在城镇稳定就业和生活的常住人口有序实现市民化，稳步推进城镇基本公共服务常住人口全覆盖。2014 年 7 月 24 日，国务院发布了《国务院关于进一步推进户籍制度改革的意见》（国发〔2014〕25 号），提出到 2020 年，基本建立与全面建成小康社会相适应，有效支撑社会管理和公共服务，依法保障公民权利，以人为本、科学高效、规范有序的新型户籍制度，努力实现 1 亿左右农业转移人口和其他常住人口在城镇落户。

> 专栏 9–2
>
> **《国务院关于进一步推进户籍制度改革的意见》节选**
>
> **1. 进一步调整户口迁移政策**
>
> （1）全面放开建制镇和小城市落户限制。在县级市市区、县人民政府驻地镇和其他建制镇有合法稳定住所（含租赁）的人员，本人及其共同居住生活的配偶、未成年子女、父母等，可以在当地申请登记常住户口。

（2）有序放开中等城市落户限制。在城区人口 50 ~ 100 万的城市合法稳定就业并有合法稳定住所（含租赁），同时按照国家规定参加城镇社会保险达到一定年限的人员，本人及其共同居住生活的配偶、未成年子女、父母等，可以在当地申请登记常住户口。城市综合承载能力压力小的地方，可以参照建制镇和小城市标准，全面放开落户限制；城市综合承载能力压力大的地方，可以对合法稳定就业的范围、年限和合法稳定住所（含租赁）的范围、条件等作出具体规定，但对合法稳定住所（含租赁）不得设置住房面积、金额等要求，对参加城镇社会保险年限的要求不得超过 3 年。

（3）合理确定大城市落户条件。在城区人口 10 ~ 300 万的城市合法稳定就业达到一定年限并有合法稳定住所（含租赁），同时按照国家规定参加城镇社会保险达到一定年限的人员，本人及其共同居住生活的配偶、未成年子女、父母等，可以在当地申请登记常住户口。城区人口 300 ~ 500 万的城市，要适度控制落户规模和节奏，可以对合法稳定就业的范围、年限和合法稳定住所（含租赁）的范围、条件等作出较严格的规定，也可结合本地实际，建立积分落户制度。大城市对参加城镇社会保险年限的要求不得超过 5 年。

（4）严格控制特大城市人口规模。改进城区人口 500 万以上的城市现行落户政策，建立完善积分落户制度。根据综合承载能力和经济社会发展需要，以具有合法稳定就业和合法稳定住所（含租赁）、参加城镇社会保险年限、连续居住年限等为主要指标，合理设置积分分值。按照总量控制、公开透明、有序办理、公平公正的原则，达到规定分值的流动人口本人及其共同居住生活的配偶、未成年子女、父母等，可以在当地申请登记常住户口。

（5）有效解决户口迁移中的重点问题。认真落实优先解决存量的要求，重点解决进城时间长、就业能力强、可以适应城镇产业转型升级和市场竞争环境的人员落户问题。不断提高高校毕业生、技术工人、职业院校毕业生、留学回国人员等常住人口的城镇落户率。

2. 创新人口管理

（1）建立城乡统一的户口登记制度。取消农业户口与非农业户口性质区分和由此衍生的蓝印户口等户口类型，统一登记为居民户口，体现户籍制度的人口登记管理功能。建立与统一城乡户口登记制度相适应的教育、卫生计生、就业、社保、住房、土地及人口统计制度。

（2）建立居住证制度。公民离开常住户口所在地到其他设区的市级以上城市居住半年以上的，在居住地申领居住证。符合条件的居住证持有人，可以在居住地申请登记常住户口。以居住证为载体，建立健全与居住年限等条件相挂钩的基本公共服务提供机制。居住证持有人享有与当地户籍人口同等的劳动就业、基本公共教育、基本医疗卫生服务、计划生育服务、公共文化服务、证照办理服务等权利；以连续居住年限和参加社会保险年限等为条件，逐步享有与当地户籍人口同等的中等职业教育资助、就业扶持、住房保障、养老服务、社会福利、社会救助等权利，同时结合随迁子女在当地连续就学年限等情况，逐步享有随迁子女在当地参加中考和高考的资格。各地要积极创造条件，不断扩大向居住证持有人提供公共服务的范围。按照权责对等的原则，居住证持有人应当履行服兵役和参加民兵组织等国家和地方规定的公民义务。

（3）健全人口信息管理制度。建立健全实际居住人口登记制度，加强和完善人口统计调查，全面、准确掌握人口规模、人员结构、地区分布等情况。建设和完善覆盖全国人口、以公民身份号码为唯一标识、以人口基础信息为基准的国家人口基础信息库，分类完善劳动就业、教育、收入、社保、房产、信用、卫生计生、税务、婚姻、民族等信息系统，逐步实现跨部门、跨地区信息整合和共享，为制定人口发展战略和政策提供信息支持，为人口服务和管理提供支撑。

五、基本公共服务与社会保障体制改革

（一）基本公共服务均等化

经过30多年的改革开放，我国进入以促进人的发展为目标的发展型新阶段。人的发展，既取决于经济发展水平，也取决于基本公共服务保障水平。基本公共服务具有社会财富再分配的功能，是分配公共资源的主要渠道。加快推进基本公共服务均等化是我国扩大内需、加快服务业发展、优化产业结构、调整国民收入分配格局的重要途径。基本公共服务均等化应以城乡、区域的均等化、一体化为核心目标，以农民工市民化为突破口（迟福林等，2009）。农民工市民化的过程，实质是公共服务均等化的过程。在这个过程中，户口的转换是形，服务的分享是实（韩俊，2012）。对于已经具备条件的公共服务项目，如义务教育、就业培训、职业教育、计划生育等，应率先实现同等对待。

1. 我国基本公共服务供给现状

据统计，我国基本公共服务差距大体现在城乡、区域差距过大，我国初中高学历教师比例城乡差距33.6%（2008年）、每千农村农业人口医生和卫生员西部仅为东部的65.8%(2009年)，城乡养老保险覆盖率差距高达5:1(2009年)，农村低保标准为城市的44.28%，月人均保障水平仅为城市的39.54%（2009年）（迟福林等，2009）。在一些方面，机会不平等是由于不同群体的身份及其所从事的工作形成的，由于农民工、农村居民和城镇非正式部门劳动者缺乏社会保

障或者保障水平偏低（例如新型农村合作医疗制度的保障水平较低），他们还很难均等享受基本公共服务。在山区基本公共服务均等化还存在空间可达性的障碍。同时，我国基本公共服务还存在财政支出占比仍然偏低；制度缺失、体制城乡对接难；统筹层次不高、“碎片化”，无障碍转续困难等问题。

以基础教育为例，基础教育的主要挑战是不同地区、不同社会群体和不同收入群体的“教育质量均等化”。与城镇地区相比，农村和偏远地区在优质教师选聘、补偿和留用方面存在很多问题。在教育基础设施质量和学习投入方面也有差距。贫困家庭仍然很难承受学费以外的教育成本，特别是实际工资提高所带来的不断上升的机会成本。在城镇地区、户籍居民、农民工和贫困家庭子女在优质“重点”学校和普通学校的入学率不同，也体现在班级平均规模和转学率等指标上（图 9-6）。2009 年广东省有 55%的省内农民工子女和 79%的省外农民工子女就读于民办学校（而本地城市居民子女就读民办学校的比例只有 13%）。政府也已经实施了旨在鼓励教师到西部地区工作的免费高等教育项目，正在推广城镇教师轮岗制，但是各种措施的规模和连续性都存在较大差异（世界银行，国务院发展研究中心联合课题组，2012）。

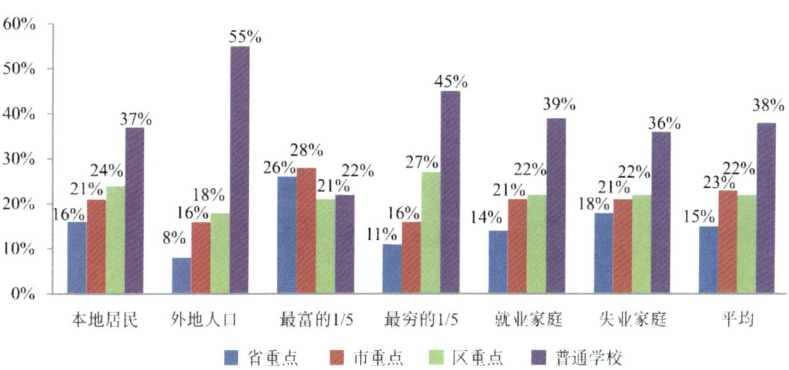

图 9-6　2005 年 5 座中国城市各类城镇学校不同学生人群的入学率

资料来源：Rong.W and Wu.K.B. Urban Service Delivery and Governance in Education in Five Chinese Cities[R].East Asia and Pacific Department，World Bank，Washington，DC，2008

2. 基本公共服务均等化的对策与保障机制

基本公共服务均等化指“在基本公共服务领域尽可能使居民享有同样的权利，享受水平大致相当的基本公共服务。均等化并不是强调所有居民都享有完全一致的基本公共服务，而是在承认地区、城乡、人群间存在差别的前提下，保障居民都享有一定标准之上的基本公共服务，其实质是“底线均等”。联合国开发计划署指出：“基本公共服务均等化的目标是确保所有社会成员平等享有义务教育、公共卫生与基本医疗、基本社会保障、公共就业服务等基本公共服务的权利。”

十八届三中全会提出统筹城乡基础设施建设和社区建设，推进城乡基本公共服务均等化……把进城落户农民完全纳入城镇住房和社会保障体系，稳步推进城镇基本公共服务常住人口全覆盖。鼓励社会资本投向农村建设，允许企业和社会组织在农村兴办各类事业。统筹城乡基础设施建设和社区建设，推进城乡基本公共服务均等化。2012 年 7 月，国务院正式印发《国家基本公共服务体系“十二五”规划》明确，建立健全基本公共服务体系，促进基本公共服务均等化。按照推进基本公共服务均等化和实施主体功能区规划、国家区域发展战略的要求，逐步建立城乡一体化的基本公共服务制度，健全促进区域基本公共服务均等化的体制机制，促进公共服务资源在城乡、区域之间均衡配置，缩小基本公共服务水平差距。

1）促进城乡基本公共服务均等化

（1）加强城乡基本公共服务规划一体化。涉及公共服务的各类规划，要贯彻区域覆盖、制度统筹的原则要求，以服务半径、服务人口为基本依据，打破城乡界限，统筹空间布局，制定实施城乡统一的基本公共服务设施配置和建设标准。

（2）推进城乡基本公共服务制度衔接。以制度统一为切入点，抓紧制定和实施统筹城乡基本公共服务制度的工作目标和阶段任务。鼓励各地开展统筹城乡基本公共服务制度改革试点，有条件的可率先把农村居民纳入城镇基本公共服务保障范围；暂不具备条件的，要注重缩小城乡服务水平差距，预留制度对接空间。

（3）加大农村基本公共服务支持力度。进一步加大公共资源向农村倾斜力度，新增预算内固定资产投资要优先投向农村基本公共服务项目。制定并推行各类机构服务项目及其规范标准，提高农村基层公共服务人员专业化水平。鼓励和引导城市优质公共服务资源向农村延伸，包括充分利用信息技术和流动服务等手段，促进农村共享城市优质公共服务资源。

（4）以输入地政府管理为主，加快建立农民工等流动人口基本公共服务制度，逐步实现基本公共服务由户籍人口向常住人口扩展。结合户籍管理制度改革和完善农村土地管理制度，逐步将基本公共服务领域各项法律法规和政策与户口性质相脱离，保障符合条件的外来人口与本地居民平等享有基本公共服务。积极探索多种有效方式，对符合条件的农民工及其子女，分阶段、有重点地纳入居住地基本公共服务保障范围。

2）促进区域基本公共服务均等化

（1）推进落实主体功能区基本公共服务政策。对优化开发区域和重点开发区域，要根据工业化、城镇化需要，加强基本公共服务能力建设，使基本公共服务设施布局、供给规模与人口分布、环境交通相适应。对限制开发和禁止开发区域，要加大财政转移支付力度和财政投入，保障不因经济开发活动受限制而影响基本公共服务水平的提高。

（2）加大困难地区基本公共服务支持力度。加大对贫困地区、革命老区、民族地区、边疆地区和集中连片特殊困难地区的基本公共服务财政投入和公共资源配置力度，政府基本公共服务投资项目优先向这些地区倾斜。鼓励发达地区采用定向援助、对口支援和对口帮扶等多种形式，支持这些地区发展基本公共服务，并形成长效机制。

（3）建立健全区域基本公共服务均等化协调机制。加强国务院各部门与省级政府间的磋商协调，保持区域间基本公共服务范围和标准基本一致，推动相关制度和规则衔接，做好投资、财税、产业、土地和人口等政策的配套协调。健全地方政府为主、统一与分级相结合的公共服务管理体制，着力加强省级政府推进省域内基本公共服务均等化的统筹职能。适应区域一体化发展要求，完善现有各类区域协调机制，强化其促进区域内基本公共服务协作、资源共享、制度对接作用。鼓励和倡导长三角、珠三角等发达地区率先实现基本公共服务一体化。

3）基本公共服务设施的空间布局均等化

除了优化基本公共服务配置总量和倾向，还需在空间上实现基本公共服务布局的均等化。基本公共服务设施的均等化是落实基本公共服务均等化的载体，从空间规划与建设角度推动城乡统筹发展的技术支撑（罗震东等，2011）。基本公共服务设施均等化包括：

（1）设施间资源获取的均等化：公共政策、人力资本、财政投入等的均等化；

（2）居民获取基本公共服务机会的均等化：取消准入门槛、限制交通成本等；

（3）居民获取基本公共服务结果的均等化：控制服务结果的质量差距。

实现基本公共服务设施均等化必须与健康城市化发展相辅相成。在不考虑人口流动的静态思维下，基本公共服务设施的服务质量与设施可达性之间的矛盾难以调和。城市化带来的人口集中是缓解矛盾的唯一和关键出路。而优质基本公共服务设施的集中高水平建设，对于集约城镇化道路具有促进作用。基本公共服务设施建设与维护中的责、权范围必须在各级政府中明晰，改革完善公共财政制度，特别是要将改革重点放在增强镇一级基层政府的基本公共服务财政保障能力上，建立城乡统一的公共服务制度与绩效评价和监测体系。基本公共服务设施均等化需要规划技术支撑,制定切实可行的均等化发展技术标准(罗震东等，2011)。

4）基本公共服务均等化的保障机制

实现基本公共服务设施的均等化，重点是要增强公共财政保障能力，建立与经济发展和政府财力增长相适应的基本公共服务财政支出增长机制，切实增强各级财政特别是县级财政提供基本公共服务的保障能力。包括明确政府间事权和支出责任、完善转移支付制度、健全财力保障机制。在供给模式上，推动基本公共服务提供主体和提供方式多元化，加快建立政府主导、社会参与、公办民办并举的基本公共服务供给模式，分类推进事业单位改革，鼓励社会力量参与。

专栏 9–3

广东省推进基本公共服务均等化的保障机制

1. 调整完善财政体制

进一步推进省以下财政体制改革，构建以基本公共服务均等化为导向的财政投入及保障机制。结合推进区域协调发展、实施主体功能区规划等一系列政策措施，进一步调整完善激励型财政机制，对生态优化区域引入生态保护激励型财政机制，充分发挥激励导向和基本保障作用。逐步建立县级基本财力保障机制，保障基层政府实施公共管理、提供基本公共服务以及落实中央和省各项民生政策的基本财力需要。增强欠发达地区基层财政保障能力，促进各地区财政能力均衡。探索建立与现行省财政纵向转移支付保持衔接的区域间横向转移支付机制，落实先富帮后富，实现区域间基本公共服务供给能力的适度均等。逐步推进省直管县财政管理体制改革，积极推进镇（乡）财政和村级财务管理方式改革，逐步实现财政管理层级的扁平化，提高基层政府和组织运转的财力保障水平。

2. 实施人口迁移

通过实施人口迁移，将流动人口纳入基本公共服务均等化范围，促进人口由农村向城市转移，由欠发达地区向珠江三角洲地区迁移，不断缩小城乡间、区域间基本公共服务差距。加快产业结构调整，以合理的产业布局带动人口的合理布局。完善分配制度，推进职业技能培训，稳步提高流动人口收入水平。加强对流动人口基本公共服务的供给，建立流动人口子女义务教育制度，加大对流动人口公共卫生事业、文化事业等的投入，建立流动人口居住保障、社会保障等制度，逐步取消对流动人口在子女入学、户口和社会保障等方面的差别政策，实现城乡体制对接，最终实现流动人口与当地社会的融合。

3. 推进事业单位改革

推进事业单位改革，创新公共服务体制，使事业单位成为公共服务供给的主体，降低提供基本公共服务的成本。对事业单位实施分类改革，逐步建立现代事业单位管理体制和运行机制。调整事业单位经费供给方式，变“以钱养人、养机构”为“以钱养事”，采取政府购买服务、合同委托、服务承包等多种方式支持事业单位发展。推进事业单位所有权与管理权的分离，建立新型事业单位法人治理结构，实现对事业单位有效的激励和约束。

4. 建立基本公共服务多元化供给机制

在坚持公益事业发展由政府主导的原则下，探索基本公共服务多样化供给形式，建立基本公共服务供给的市场机制，提高公共服务效率和质量。放宽基本公共服务投资的准入限制，通过招标采购、合约出租、特许经营、政府参股等形式，创新政府基本公共服务投资体制，将原来由政府承担的部分公共职能交由市场主体行使。探索基本公共服务供给的社会参与机制，充分发挥社会组织在提供基本公共服务方面的积极作用。逐步建立政府行政承诺制度、听证制度、信息查询咨询制度，确保基本公共服务供给充分体现公众需求。

5. 建立基本公共服务均等化绩效考评机制

通过建立以基本公共服务为重要导向的政府绩效考评体系，强化对公共部门的约束引导，提高政府提供基本公共服务的效率和水平。将基本公共服务均等化纳入政绩考核体系，建立激励约束兼顾、以基本公共服务为导向的政府绩效考评体系。引入外部考评机制，引导社会中介机构和公众对基本公共服务供给的绩效进行考评，保障公众参与的权利，形成多元化考评主体。按照导向性、整体性和客观性的原则，根据基本公共服务均等化涵盖范围及发展要求，结合整体考评和类别考评需要，设计一套完整、科学、合理的考评指标体系，全面反映和考评基本公共服务均等化的水平以及体制机制、政策实施效果。

资料来源:《广东省基本公共服务均等化规划纲要》(2009—2020)

(二)统筹城乡社会保障体系

新中国成立后为了加快工业化进程，我国实行了优先发展城市和工业的战略，建立了城乡二元化经济社会体制，社会保障也呈现城乡二元结构。改革开放以后，包括养老、医疗、工伤、失业等社会保险制度，老弱病残、流浪乞讨人员的社会救助制度，住房公积金制度、经济适用房和廉租房的住房保障制度等完整的社会保障体系在城镇普遍建立。在农村进行了农村养老保险制度的试点，建立了新型农村合作医疗制度等。但与城市社会保障相比，农村社会保障层次低下、范围狭小、覆盖失衡、社会化程度不高、保障标准欠科学(石宏伟，2013)。1998 年以后,我国逐渐建立起“国家—社会”模式的新型社会保障体系。进入 21 世纪，我国城乡发展失衡严重，进入工业反哺农业的阶段，城乡社会保障一体化的呼声逐渐强烈。

城乡社会保障一体化并非意味着所有社会成员享受一模一样的保障待遇，而是城镇和农村社会保障的框架体系、政策制度应一脉相承，保障项目大体相同，保障水平相对合理，基金管理办法原则一体化以及相互之间可以自由选择与转换，城乡社会保障体系实现整合与衔接（杨影等，2012）。通过相关经济结构、土地制度、户籍制度、社会公共服务制度的配套改革，逐步消灭城乡社会保障之间的基本差别，促进社会保障全面、协调、可持续发展（石宏伟等，2008）。我国构建社会保障体系的目标是所有家庭都加入养老保险和医疗保险。养老保险和医疗保险制度应尽可能实现不同人群（农村居民、城市居民和农民工）和不同职业（一方面是公务员、事业单位工作人员和企业职工，另一方面是城镇居民和农村劳动者）的整合（国务院发展研究中心，2012）。

杨影等（2012）提出了实现我国城乡社会保障一体化的政策建议：

（1）打破城乡社会保障体制的二元结构，实现劳动力资源配置市场化。

（2）建立健全社会保障法律、法规，明确社会保障出资主体的责任。社会保障的核心问题就是“钱”，必须明确出资主体的责任。

（3）完善社会保障机构，促进城乡社保一体化的发展。

（4）创新社保基金管理模式。

党的十八大提出社会保障是保障人民生活、调节社会分配的一项基本制度。要坚持全覆盖、保基本、多层次、可持续方针，以增强公平性、适应流动性、保证可持续性为重点，全面建成覆盖城乡居民的社会保障体系。2014 年 2 月 7 日，国务院决定合并新型农村社会养老保险和城镇居民社会养老保险，建立全国统一的城乡居民基本养老保险制度，推行全国统一的社会保障卡，使全体人民公平地享有基本养老保障。有利于促进人口纵向流动、增强社会安全感，也有利于使群众对民生改善有稳定的预期，对于拉动消费、鼓励创新创业，具有重要意义。2014 年全国也全面推开城乡居民大病保险试点工作，减轻人民群众大病医疗费用负担，防止因病致贫返贫。

六、政府职能转变

（一）转型发展中的中国政府

戴慕珍（Oi，1996）根据政府对经济干预的程度，将政府的角色划分为三种：最小干预型（The Laissez Faire minimalist State）、中央计划型政府（The

Centrally Planned Leninist State）、发展型政府（Developmental State）。发展型政府兼具了前两种类型的特点，以亚洲新兴工业国家为代表，如日本、韩国、新加坡等。廖良浩（Liew，1995）对中国渐进式改革的研究表明，一个强有力的中央政府对中国经济改革的成败至关重要。我国的经济体制改革采用的是政府主导型的发展策略，这种发展策略的核心是地方政府在经济增长中扮演重要角色。中国改革的特点，更多的是“启动式”而非“强制式”，改革措施的启动者是政府本身。中国经济改革的本质是渐进的增量式改革，经济改革的结果并没有削弱政府的经济发展中的作用（田莉，2008）。

廖良浩（Liew，1995）将中国渐进式经济改革的成功归因于强势政府和基层的充分参与，为了增加地方政府收入，地方政府具有发展经济的强烈动机。这种情况下,地方政府和企业的利益是一致的。在中国现行的官员考核机制下，GDP 和城市形象是两项重要的政绩指标。随着 20 世纪 90 年代初期分税制的实行，地方政府已成为有自身经济利益的利益集团。

本源意义上的政府职能不是直接推动经济增长，而是提供公共服务，并促进公共服务的均等化。即使是作为发展型政府，在新的发展阶段并面对着更高的社会保护要求的条件下，为了发展的可持续性，政府有激励更多地运用公共服务供给这个手段，吸引人力资源，达到促进地方经济增长的目标（蔡昉，2011）。发展型政府对经济干预过多，也带来了环境污染加剧，收入差距扩大，资源浪费严重以及居民幸福感降低等问题，出现了政府失灵的情况。如公共政策失、公共物品的供给缺失、政府寻租行为等（姜艾佳等，2013）。

（二）服务型政府与职能转变

党的十八大提出行政体制改革要深入推进政企分开、政资分开、政事分开、政社分开，建设职能科学、结构优化、廉洁高效、人民满意的服务型政府。服务型政府是在公民本位、社会本位理念指导下，在整个社会民主秩序的框架下，通过法定程序，按照公民意志组建起来的以为公民服务为宗旨并承担着服务责任的政府（刘熙瑞，2002）。服务型政府最重要的作用是为作为微观经济主体的企业创造良好的经济社会环境,以提供经济发展所需的软件和硬件基础设施。另一方面是应对市场机制失灵，通过转移支付、财政等手段支持教育、科技、社会保障、公共医疗、卫生、环境保护等社会发展项目，为全体参与公民市场竞争创造公平的起点（田国强，2012）。

在城市的制度原型里，政府的角色就是基于空间的公共产品的提供者……政府乃是一个以空间（行政边界）为基础提供公共产品的公司（赵燕菁，

2009）。政府的企业本质决定了其也有自身的利益。政府往往出于自身的利益或利益牵制导致政府失灵（华生，2013）。发展型政府在向服务型政府转型的背景下，需稳步推进加快政府职能转变，处理好市场和政府的关系，明确界定市场与政府的职责边界，做到政府“既不缺位、也不越位”。减少和规范行政审批，改进社会管理方式，提高应对突发事件和风险的能力。尽力在市场失灵时政府及时补位。健全公共服务体系，增加公共产品供给，提高公共服务质量。

专栏 9–4

成都统筹城乡社会发展中的治理创新

成都在统筹城乡综合配套改革框架下推进政府职能转变的基本路径可以总结为“两法一化”，这一路径符合西方最先进的政府再造理论：先做减法，持续推进行政审批制度改革，为社会活力释放创造条件；再做加法，系统推进提供城乡均等化公共服务，构建城乡要素平等自由流动的社会条件；持续促进行政管理规范化，并注重完善统筹城乡发展的制度基础与运行机制（图 9-7）。这一路径的完成是统筹城乡发展取得系统性成就的基本保障。

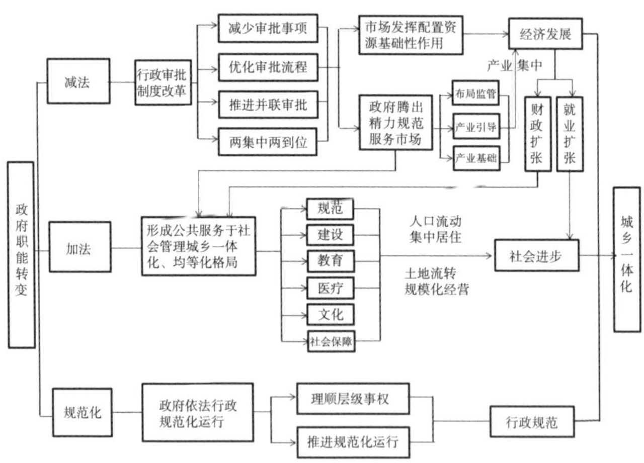

图 9-7　成都转变政府职能推进统筹城乡发展的逻辑架构图

资料来源：叶裕民，焦永利，朱远 . 统筹城乡发展框架下的政府职能转变路径研究——以成都为例 [J]. 城市发展研究，2013（5）：118-127

（1）减法：解决政府越位问题。成都从 2000 年开始在全国率先启动行政审批制度改革，出台《成都市行政审批制度改革若干规定》为市场主体“松绑”，成为同类城市中保留行政审批最少的城市之一。

（2）加法：解决政府越位问题解决越位问题的同时，政府得以腾出精力转向解决“缺位”问题，职能更多转向提供城乡之间趋于均等的公共服务与社会管理，将全域纳入政府规划、建设与管理视野。2008年6月，成都市委、市政府出台《关于深化城乡统筹进一步提高村级公共服务和社会管理水平的意见（试行）》，明确要求“城乡公共服务差距基本消失之前，财政增量部分全部投向农村”，从而建立了城乡一体的公共财政制度和经费保障机制。

（3）规范化：确保权力公开透明运行在政府职能转变基本到位的基础上，着力推进政府的规范化运行，在城市中率先确立较为完善的社会主义市场经济体制。制度化承认基层民主治理、确权颁证等创新实践并迅速推广，推进农村新一轮深层次、基础性制度变革。

（三）科学的政府考核评价体系

政绩考核体系对于领导干部以及地方政府的行为方式具有重要的导向作用。过去那种过于偏重经济指标的考核体系，是重数量、轻质量的粗放型发展方式的重要体制机制性因素（林家彬，2013）。十八届三中全会提出完善发展成果考核评价体系，纠正单纯以经济增长速度评定政绩的偏向，加大资源消耗、环境损害、生态效益、产能过剩、科技创新、安全生产、新增债务等指标的权重，更加重视劳动就业、居民收入、社会保障、人民健康状况。

邵源（2012）认为需重新设计并制定各级政府的政绩考核指标，指标设计要以建立“公共服务型政府”为原则，并向社会发展目标倾斜。GDP增长、财政收入增长等为一般性指标，要加入社会保障率、失业与就业率、家庭收入增长率、教育实现率、生态和环保指标达标率、社会治安破案率、重大责任事故发生率、对突发性事件的应急反应能力、人口自然增长率等社会发展指标。华生（2013）提出将关乎民生的房价收入比和就业人口住宅保障比纳入政府考核体系。李铀建议从“GDP政府”走向建立“民生政府”，应构建以改善民生为导向的政绩考评指标体系（何韬，2013）。这些指标应包括政府公共民生投入情况、教育资源配置情况、劳动力就业情况、社会保障覆盖情况、公共卫生体系完善情况、经济增长和财政收入情况、居民收入情况、恩格尔系数、基尼系数等。并提出建立改善民生社会评价机制，形成政府内部评价、社会评价、第三方评价“三位一体”的综合考评机制。明确群众参与民生事务监督的办法，将政府的民生承诺向社会公开，由群众对实施过程和结果进行监督，促进政府完善绩效评价体系。

总之，新型城镇化导向下，服务型政府考核评价体系应强化政府的公共服务职能、以实现生态文明、促进经济发展、弘扬社会公平正义为主要目标。在考核指标设定上亦需根据不同地区不同级别的城乡发展特点，采用因地制宜、弹性灵活的考核内容。

本章参考文献

[1] 巴曙松．中国保障性住房进入与退出制度的改进 [J]. 发展研究，2012（9）：4-6.

[2] 陈鸿宇．城乡一体发展与新型城市化 [M]. 广州：广州出版社，2013.

[3] 迟福林，殷仲仪．加快转变发展方式与“十二五”基本公共服务均等化的基本目标 [J]. 城市观察，2010（5）：5-14.

[4] 崔庆五．关于成都户籍制度改革模式的几点思考 [J]. 人口与经济，2012，191（2）：60-66.

[5] 耿慧志．大城市人户分离特征综述和对策 [J]. 城市规划学刊，2005（4）：67-71.

[6] 何鹤鸣，张京祥．转型环境与政府主导的城镇化转型 [J]. 城市规划学刊，2011（6）：36-43.

[7] 何韬．李铀委员：建立民生型政府考核体系．[ED/OL].[2013-03-08]. http://www.qstheory.cn/tbzt/tbzt_2013/2013lh/dbwyzs/201303/t20130308_215743.htm.

[8] 韩俊．农民工市民化与公共服务制度创新 [J]. 行政管理改革，2012（11）：19-24.

[9] 韩俊．解决农民工住房应将其纳入保障房体系 [J]. 农村工作通讯，2012（16）：28.

[10] 扈映，米红．经济发展与农村土地制度创新——浙江省嘉兴市“两分两换”实验的观察与思考 [J]. 农业经济问题，2010（2）：70-76.

[11] 华生．城市化转型与土地陷进 [M]. 北京：东方出版社，2013.

[12] 黄小鹏．探索适合中国国情的住房体制 [N/OL]. 证券时报，2011-11-22.

[13] 黄小鹏．寻找适合中国国情的住房体系 [N/OL]. 证券时报，2013-11-5.

[14] 姜艾佳，孙世香．以包容性增长的视角探索克服政府失灵新路径——从发展型政府到服务型政府的转变 [J]. 时代金融，2013（30）：122-123+139.

[15] 贾康，刘薇 . 构建城乡统筹发展的财税体制的建议 [J]. 经济纵横，2011（1）：46-51.

[16] 李涛，任远 . 城市户籍制度改革与流动人口社会融合 [J]. 南方人口，2011，26（3）：17-24.

[17] 楼建波 . 双轨制住房体系下住房保障的范围与形式 [J]. 群言，2012（8）：12-14.

[18] 林家彬 . 对城镇化问题的几点思考 [J]. 中国发展观察，2013（9）：4-6.

[19] 刘开瑞，高艳波 . 对上海、重庆房产税征收的深思考——基于不动产购买者分析视角 [J]. 经济与管理，2012（9）：18-20.

[20] 吕萍，甄辉 . 城乡统筹发展中统一住房保障体系的建设 [J]. 城市发展研究，2010（1）：123-127+133.

[21] 刘润秋 . 中国农村土地流转制度研究：基于利益协调的视角 [M]. 北京：经济管理出版社，2012.

[22] 刘润秋 . 土地流转占补平衡：典型模式与制度缺陷 [J]. 社会科学研究，2011（4）：41-45.

[23] 刘润秋 . 耕地占补平衡模式运行异化风险及其防范 [J]. 四川大学学报：哲学社会科学版，2010（3）：89-96.

[24] 刘守英 . 中国的二元土地权利制度与土地市场残缺——对现行政策、法律与地方创新的回顾与评论 [J]. 经济研究参考，2008（31）：2-12.

[25] 刘守英 . 以地谋发展模式的风险与改革 [J]. 国际经济评论，2012（2）：92-109+7.

[26] 刘守英 . 土地制度变革——“转方式”破局之钥 [J]. 国土资源导刊，2011（Z1）：26-27.

[27] 刘守英，周飞舟，邵挺 . 土地制度改革与转变发展方式 [M]. 北京：中国发展出版社，2012.

[28] 刘熙瑞 . 服务型政府——经济全球化背景下中国政府改革的目标选择 [J]. 中国行政管理，2002（7）.

[29] 林毅夫 . 后发优势与后发劣势——与杨小凯教授商榷 [J]. 经济学：季刊，2003（3）：989-1004.

[30] 罗震东，韦江绿，张京祥 . 城乡基本公共服务设施均等化发展特征分析——基于常州市的调查 [J]. 城市发展研究，2010（12）：36-42.

[31] 罗震东，韦江绿，张京祥 . 城乡基本公共服务设施均等化发展的界定、特征与途径 [J]. 现代城市研究，2011（7）：7-13.

[32] 马福云．当代中国户籍制度变迁研究 [D]. 北京：中国社会科学院研究生院，2001.

[33] 孟兆敏．我国户籍制度改革研究的回顾与展望 [J]. 西北人口，2008，29（1）：93-102.

[34] 宋嘉革．中国户籍制度改革与农村人口城市化转移 [D]. 大连：东北财经大学，2006.

[35] 宋立．深化财政税收体制改革的总体思路、主要任务与战略步骤 [J]. 经济学动态，2008（10）：67-72.

[36] 邵源．关于“土地财政”与财税体制改革问题综述 [J]. 经济研究参考，2010（24）：36-45.

[37] 世界银行，国务院发展研究中心联合课题组 .2030 年的中国：建设现代、和谐、有创造力的社会 [M]. 北京：中国财政经济出版社，2012.

[38] 陶然．保障房出路仍在市场化 [J]. 国土资源导刊，2011（3）：19.

[39] 田莉．处于十字路口的中国土地城镇化——土地有偿使用制度建立以来的历程回顾及转型展望 [J]. 城市规划，2013（5）：22-28.

[40] 田莉．有偿使用制度下的土地增值与城市发展——土地产权的视角分析 [M]. 北京：中国建筑工业出版社，2008.

[41] 田莉．城乡统筹规划实施的二元土地困境：基于产权创新的破解之道 [J]. 城市规划，2012, 36（4）：25-31.

[42] 王洁晶．城镇化：尊重市场规律与推进制度变革并举 [J]. 国际城市规划，2013（4）：45-46.

[43] 王小鲁．关于推进财税体制、土地制度和户籍制度改革的建议 [J]. 行政管理改革，2013（7）：12-20.

[44] 石宏伟，杨颖．转变经济发展方式下的城乡社会保障一体化问题 [J]. 江苏大学学报：社会科学版，2013（1）：85-88.

[45] 石宏伟．社会保障制度改革的回顾与前瞻 [J]. 江苏大学学报：社会科学版，2008（6）：7-12.

[46] 蔡昉．刘易斯拐点到来促进公共服务均等化 [N]. 中国证券报，2011-01-07.

[47] 吴瑞君．大城市内部“人户分离”现象及其对策研究——以上海市为例 [J]. 人口研究，1999（6）：16-20.

[48] 吴思．调整中央地方财税关系 [J]. 中国经济报告，2013（6）：11.

[49] 吴伟科，赵燕菁 . 资产担保债券可作为保障房建设新融资渠道 [J]. 中国投资，2012（10）：115.

[50] 陈杰 . 以 20% 个税为契机筹集保障房 [N]. 中国建设报，2013-4-10.

[51] 温铁军，胡星斗，白南生等 . 户改之辩 [J]. 小康，2008（2）：30-32.

[52] 徐瑗 . 政府与市场的边界——专访上海财经大学经济学院院长田国强 [J]. 南风窗，2012（3）：84-85.

[53] 姚秀兰 . 户籍、身份与社会变迁 [D]. 上海：华东政法学院，2004.

[54] 叶裕民，焦永利，朱远 . 统筹城乡发展框架下的政府职能转变路径研究——以成都为例 [J]. 城市发展研究，2013（5）：118-127.

[55] 杨影，王丽 . 我国城乡社会保障一体化机制之构建 [J]. 学术交流，2012（12）：131-134.

[56] 张京祥，罗震东 . 中国当代城乡规划思潮 [M]. 南京：东南大学出版社，2013.

[57] 赵燕菁 . 城市的制度原型 [J]. 城市规划，2009（10）：9-18.

[58] 赵燕菁 . 城市规划职业的经济学思考 [J]. 城市发展研究，2013（2）：1-9+11+28.

[59] 赵燕菁 . 本地市场与国际竞争：城市化动力的转变 [J]. 城市规划学刊，2006（6）：16-23.

[60] 赵燕菁 . 保障房须广覆盖 [J]. 北京规划建设，2011（6）：160-162.

[61] 赵燕菁 . 破解保障房“两难”之道 [J]. 金融经济，2011（15）：17-18.

[62] 赵燕菁 . 经济转型过程中的户籍制度改革 [J]. 城市规划汇刊，2003（1）：16-20+95.

[63] 湛中乐 . 从行政法学看中国户籍制度改革 [J]. 人口与发展，2009（6）：34-37.

[64] 广东省基本公共服务均等化规划纲要（2009—2020 年）[R]. 2009.

[65] 国家基本公共服务体系“十二五”规划 [R]. 2012.

[66] 坚定不移沿着中国特色社会主义道路前进，为全面建成小康社会而奋斗——胡锦涛在中国共产党第十八次全国代表大会上的报告 [R].2013.

[67] 中央城镇化工作会议公报 [R].2013.

[68] 中共中央关于全面深化改革若干重大问题的决定 [Z].2013.

[69] 中国流动人口发展报告 [R].2013.

[70] 关于全面深化农村改革加快推进农业现代化的若干意见 [Z].2014.

[71] 中央农村工作会议在北京举行，习近平发表重要讲话 [ED/OL]. [2013-12-25].http://cq.people.com.cn/news/20131225/20131225717309452848.htm.

[72] Cheng，T.Dialectics of control：The household registration（hukou）system in contemporary China[M]. Binghamton：State University of New York at Binghamton，1991.

[73] Liew，L.H.Gradualism in China's Economic Reform[J].Journal of Economic Issues，1995，29（3）：883-895.

[74] Mallee，H.Book Review：Organizing Through Division and Exclusion：China's Hukou System[J]. China Journal，2006（55）：173-176.

[75] Oi，J.C.The Role of the Local State in China's Transitional Economy[J]. The China Quarterly，1995（144）：1132-1149.

[76] Rong，W. and Wu，K.B.Urban Service Delivery and Governance in Education in Five Chinese Cities[R]. Washington，DC：East Asia and Pacific Department，World Bank，2008.